SAGGISTICA 22

The Mediterranean
As Seen by Insiders and Outsiders

The Mediterranean
As Seen by Insiders and Outsiders

Edited by
Antonio C. Vitti
Anthony Julian Tamburri

BORDIGHERA PRESS

Library of Congress Control Number: 2016936567

© 2016 by the Authors

All rights reserved. Parts of this book may be reprinted only by written permission from the author, and may not be reproduced for publication in book, magazine, or electronic media of any kind, except for purposes of literary reviews by critics.

Printed in the United States.

Published by
BORDIGHERA PRESS
John D. Calandra Italian American Institute
25 West 43rd Street, 17th Floor
New York, NY 10036

SAGGISTICA 22
ISBN 978-1-59954-107-5

Table of Contents

Antonio C. Vitti • "Preface" (ix)

Salvatore Andò • "Il Mediterraneo dopo le rivoluzioni della Primavera araba" (1)

Daniela Bombara • "Pirandello e i miti dell'italianità: la crisi del melodramma e della cultura italiana tardoromantica nelle novelle *Leonora addio!* e *Zuccarello distinto melodista*" (48)

Lucilla Bonavita • "Il meraviglioso medievale nelle novelle di Boccaccio: il paese di cuccagna" (73)

Cinzia Gallo • "'bianchi e immobili per sempre': Vincenzo Consolo e il Mediterraneo" (81)

Ilaria Guidantoni • "Jean Sénac, poeta "bastardo" alla ricerca del padre: la lacerazione come condizione e il sogno di una liberazione panica, quando il destino di un popolo diventa una battaglia personale" (94)

Mario Inglese • "Vincenzo Consolo e lo sguardo multiplo sulla Sicilia" (102)

Maria Làudani * "Le culture Sinti e Rom in Italia: un esempio di marginalizzazione e 'invisibilità'" (119)

Mauro Mangano • "Piazze, tribune, teatri del Mediterraneo: dalla qualità dello spazio pubblico alla qualità della politica" (135)

Luisa A. Messina Fajardo • "La marginalità nel Mediterraneo: visione di un esiliato" (141)

Ilaria Parini • "Dagos, Mobsters, Cooks, Latin Lovers, Saints and Whores: Italians in Spike Lee's *Summer of Sam*" (159)

Daniela Privitera • "Pasolini, la profezia di Alì e lo scandalo della storia: l'Altro" (190)

Salvatore Riolo • "L'altro Meli, fuori dalla Sicilia e oltre il Mediterraneo" (203)

Rosario Giovanni Scalia • "Voci dal mare: viaggi e viaggiatori nel Mediterraneo degli Antichi" (220)

Anthony Julian Tamburri • *Una quieta pazienza*, ovvero poesie in viaggio: la poesia itinerante di Rita Dinale" (234)

Maria Rosaria Vitti-Alexander • "Il mito mediterraneo della Mater Matuta e le sue applicazioni nel cinema di Giuseppe De Santis" (246)

Antonio C. Vitti • "La Chiesa Cattolica, il Cristo del Vangelo e l'ospite inaspettato" (258)

Assunta De Crescenzo • "Il Mediterraneo: 'Rerum Concordia Discors'?" (277)

Ryan Calabretta-Sajder • "Mediterranean Voices and Amara Lakhous' Accent(s): Arabic, Italian, or Simply Roman" (292)

Index of Names (317)

PREFAZIONE

Questa raccolta di saggi nasce dalla terza conferenza organizzata dal Mediterranean Center for Intercultural Studies (MCIS) che ha avuto luogo a Erice, in Sicilia, nel maggio 2015. MCIS — fondata nel 2012 — è situata a Erice, con l'obiettivo specifico di creare un dialogo tra gli studiosi che si dedicano agli argomenti e ai temi relativi a qualsiasi aspetto della cultura mediterranea, nel senso più ampio del termine.

Questo volume mette in risalto anche il nostro desiderio che si traduce nella necessità di costruire un dialogo attraverso il pensiero meridiano, pertanto gli argomenti dei saggi sono vari ed eterogenei; si occupano della delicata condizione dall'Italia, indagando ulteriormente la diaspora italiana e analogamente quella visibile all'interno del Mediterraneo.

L'attenzione dei saggi raccolti in questo volume è focalizzata anche sull'immigrazione verso l'Italia che a sua volta ha dato vita a un nuovo e diverso volto della penisola, ormai diventata una terra d'arrivo immigratorio in contrasto con la sua posizione storica come paese di partenza emigratoria. Un altro risultato di questo percorso di migrazione inversa è quello che potremmo considerare una colorazione dell'Italia contemporanea, fenomeno non tanto diverso dalla storica percezione statunitense dell'immigrante italiano all'inizio del ventesimo secolo. Altri saggi, a loro volta, esaminano l'eredità culturale meridiana che si estende entro e fuori i confini geografici che conosciamo come Mediterraneo, includendo il discorso cinematografico e documentarista che si è sviluppato nel corso degli ultimi cinquant'anni.

Nel suo insieme, questo nuovo volume sottolinea la nostra continua speranza che i saggi scelti e pubblicati susciteranno nuove e ulteriori riflessioni nei nostri lettori e faranno nascere il desiderio di unirsi a noi in uno dei nostri futuri convegni che organizzeremo a Erice in Sicilia, terra che ispira il dialogo, la conversazione, e l'indagine per un confronto meridiano.

Questo terzo volume segnala il nostro impegno nel dialogo per un futuro sostenibile e più equo.

Antonio C. Vitti,
Bloomington, febbraio 2016

Il Mediterraneo dopo le rivoluzioni della Primavera araba

Salvatore Andò
Università Kore di Enna

1. Premessa:
   Il Mediterraneo: epicentro di un mondo disordinato

Da tempo, il Mediterraneo viene considerato come un "continente" dalle forti contraddizioni.

Infatti, esso è stato da sempre un continente all'interno del quale convivono culture religiose, tradizioni sociali, modelli economici e istituzionali che sono profondamente diversi tra di loro. E tuttavia, il Mediterraneo, nonostante tante diversità, è stato da millenni teatro di conflitti ma anche di dialogo tra le culture, di mescolanze tra tradizioni e lingue, vero e proprio laboratorio di forme di meticciato culturale che hanno conferito al mare tra le terre un fascino particolare.

L'unità del Mediterraneo è costituita dal fatto che i popoli di quest'area condividono uno spazio ecologico unico per la sua singolarità orografica, il clima temperato e una vegetazione particolare.

La vite, l'ulivo, gli agrumi- hanno fatto di questa regione uno spazio ecologico che ha favorito il moltiplicarsi di insediamenti abitativi.

Come hanno avuto modo di osservare alcuni studiosi (Zolo, Alfieri, Barcellona), questa unità culturale viene messa in crisi dalle politiche coloniali quando le potenze cattoliche di Spagna e Portogallo si proiettano nella dimensione oceanica, e successivamente nell'800 e 900 quando si realizzano forme di colonizzazione dell'Africa e dei paesi del medio oriente una volta travolto l'impero romano.

Ciò nonostante, l'intensità delle relazioni comunicative non è mai venuta meno e ha prodotto non solo rapporti commerciali, ma anche importanti travasi culturali.

Scrive Braudel: "Le civiltà mediterranee si sono battute senza pausa, anche se alla cieca, per non essere soffocate dalle masse enormi dei continenti che serrano i suoi mari interni, e si sono scontrate anche con le immensità oceaniche dell'Indiano e dell'Atlantico" (2002).

Sono anche per questa ragione sopravvissute all'atlantismo americano.

L'unità del Mediterraneo quindi non significa uniformità culturale, non significa monoteismo, ma significa inclusione entro il pluriverso di tante diversità.

E per convincersi di ciò basta pensare alle caratteristiche delle potenze che hanno dominato nel corso dei secoli il Mediterraneo.

Venezia ha dominato il Mediterraneo durante cinque secoli dando prova di grande tolleranza religiosa, di grande apertura nei confronti di colori quali provenivano da paesi nei quali non erano tollerate le idee liberali e che chiedevano a Venezia asilo.

E l'impero Ottomano non è stato un regime oscurantista come spesso si crede, ma un sistema politico complesso e sofisticato che ha dimostrato tolleranza religiosa, al contrario di come esso veniva rappresentato nell'Europa dell'ottocento.

Oggi però il Mediterraneo nel mondo della globalizzazione non è solo questo. Esso viene sempre più percepito dalla comunità internazionale come quel mare tra le terre, il "continente liquido" di cui parlava Braudel, da cui provengono le principali minacce alla sicurezza internazionale per i molti conflitti che in quest'area hanno trovato origine e sono tuttora sono in corso. Esso viene anche percepito come la regione destinata ad acquisire nel nuovo scenario geopolitico segnato dalla crisi della centralità euroatlantica una posizione di grandissima rilevanza, essendo il Mediterraneo la porta di accesso all'Europa sempre più utilizzata dalle grandi potenze emergenti del continente asiatico.

Insomma, il Mediterraneo nel mondo dell'interdipendenza viene vissuto come opportunità e insieme come rischio.

Sulle sue sponde, quella nord e quella sud, quella orientale e quella occidentale, continuano a convivere tante diversità che tuttavia si tengono tra di loro e contribuiscono a dare luogo ad una rete di traffici, a movimenti i di grandi masse umane, ad accesi conflitti ideologici che hanno poi come teatro non soltanto l'area all'interno della quale essi esplodono ma l'intero pianeta.

In un mare, tutto sommato piccolo, rispetto agli oceani convivono religioni che si sono via via diffuse in tutto il mondo producendo culture comuni ad un numero di abitanti molto più grande di quello che vive lungo le sponde del" piccolo mare tra le terre", civiltà che si disputano il controllo di territori anche molto grandi, ma anche comunità che divengono sempre più multietniche e che devono affrontare le tensioni che la multi etnicità comporta. Ed inoltre, a poche centinaia di kilometri di distanza all'interno del perimetro del "continente liquido" vi sono paesi certamente fra i più ricchi del pianeta e paesi che sono tra i più poveri, democrazia tra le più evolute e regimi politici fra i più chiusi ad ogni forma di dialogo con l'Occidente ed autoritari.

Insomma, sono queste diversità a causare conflitti e instabilità, ma a fare della regione mediterranea un continente che non ha eguali quanto a ricchezza culturale e a capacità di ospitare relazioni tra tante differenze.

Negli ultimi vent'anni l'esplosione delle "nuove guerre" — guerre cioè combattute, dopo il tramonto dell'ideologia comunista, per imporre il dominio di una parte della popolazione su un territorio per secoli condiviso da cittadini di diversa etnia e religione all'interno di Stati che si volevano fare diventare monoreligiosi e monoetnici, — ha comportato massicce violazioni dei diritti umani. Si sono avute operazioni di pulizia etnica ancora più gravi di quelle prodotte dalle tradizionali guerre. Le "nuove guerre" hanno fatto emergere forme di inaudita violenza: la violenza è divenuta il fine della guerra e non il mezzo per vincerla, perché si trattava di produrre il terrore per indurre alla fuga intere popolazioni-anche perché gli attori che li scatenavano non erano sempre gli Stati ma entità sub statuali o addirittura signori della guerra che privatizzavano i conflitti. Per essi non potevano valere le leggi del diritto internazionale umanitario, né le tradizionali forme di prevenzione e contrasto dei conflitti.

Mai come negli ultimi vent'anni i diritti umani sono stati oggetto di Carte dei Diritti che hanno arricchito la tipologia dei diritti umani da ritenere universali, e mai tali diritti sono stati così ripetutamente e pesantemente violati. Si sono fatte guerre a difesa dei diritti, in territori anche lontani dai paesi che si muovevano in armi per difendere popolazioni oppresse, ma si sono anche da parte degli stessi paesi "soccorritori all'estero" rifiutati doverosi atti di accoglienza e soccorso a intere popolazioni che fuggivano dalla fame e dalla guerra e affrontavano in condizioni impossibili la traversata del Mediterraneo, andando incontro a naufragi che hanno prodotto migliaia di vittime innocenti.

Tutto ciò è accaduto nel Mediterraneo, lungo un arco di tempo che va dalla fine della guerra fredda ad oggi.

Quando sono caduti i muri, si annunciava una lunga pacifica stagione politica, a livello internazionale che doveva essere caratterizzata da un modello di sicurezza cooperativo in grado di garantire la pace anche dove essa non c'era mai stata. Una stagione, così si diceva, in cui si sarebbe affermato un nuovo ordine internazionale ottenuto attraverso il concorso di tutti gli stati, quelli grandi e potenti e quelli piccoli e non in grado di difendersi da se, nonché il riconoscimento del primato dei diritti umani che dovevano avere una funzione costituente attraversi nuovi limiti da porre alla sovranità degli stati per consentire l'azione di giustizia svolta da organi chiamati a garantire la legalità internazionale. Si trattava, una volta inseriti nell'ordinamento costituzionale degli stati i principi del diritto internazionale generale, di costituzionalizzare finalmente l'ordinamento internazionale così da rendere prevedili i comportamenti degli Stati e di sanzionarne gli abusi.

Tutto ciò sarebbe dovuto avvenire con il consenso delle maggiori potenze. E, sarebbe dovuto avvenire nel Mediterraneo per scongiurare quel conflitto tra le civiltà da alcuni geopolitici annunciato all'indomani della fine del conflitto est-ovest.

Nulla di ciò è accaduto nel mondo e soprattutto nel Mediterraneo divenuto epicentro del conflitto nord sud, specialmente dopo la dichiarazione di guerra all'Occidente fatta dal terrorismo jihadista.

È cominciata una nuova guerra, diversa da quelle che abbiamo conosciuto. Una guerra dei terroristi contro l'Occidente, una guerra asimmetrica, imprevedibile, non finalizzata alla conquista di un territorio, perché, da una parte, c'erano i terroristi impegnati a colpire attraverso i kamikaze obbiettivi emblematici prevalentemente in Occidente, ma anche nei paesi nei quali essi non riuscivano a penetrare, e, dall'altra, paesi costretti a difendersi anche attraverso strategie improprie per delle democrazie mature quali quelle della guerra preventiva, della tortura, della torsione dei principi dello stato di diritto costretto a piegarsi ad una stato di necessità in alcuni luoghi quasi permanente che certamente distruggeva le faticose conquiste della civiltà del diritto.

Le guerre contro il terrorismo sono state guerre combattute in nome delle sensibilità offesa della comunità internazionale, ma spesso sono state guerre unilaterali, combattute da un solo stato, gli S.U, a difesa dell'occidente senza che vi fosse la copertura delle N.U apparse sempre più deboli in un contesto internazionale così disordinato e violento.

Si è spiegato, da parte del presidente Bush jr, che il terrorismo si combatte "bonificando" gli Stati, abbattendo i dittatori ostili all'Occidente ed i regimi autoritari dei cosiddetti stati canaglia, imponendo i governi democratici e costringendo questi governi, amici dell'occidente, ad accettare Costituzioni che venivano imposte dalle truppe di occupazioni senza che si fosse prima formata una diffusa coscienza democratica, e quindi nuove *elites in* grado di padroneggiare gli strumenti della democrazia. Le guerre preventive e la Costituzione imposte per realizzare sistemi democratici sono fallite a giudicare da quanto è avvenuto nei paesi del Golfo.

Le rivolte per la democrazia che invece hanno avuto luogo nei paesi teatro della primavera araba via via, in alcuni casi faticosamente, stanno producendo nuove abitudini politiche e sociali e soprattutto fanno emergere un'opinione pubblica esigente che chiede ed ottiene le riforme e si batte perché esse vengano attuate nel rispetto della loro ispirazione originaria.

2. AL MEDITERRANEO NON SI ADDICONO GLI UNIVERSALISMI TIPICI DI UNA CONCEZIONE MONOTEISTICA DELL'OCCIDENTE

È sbagliato giudicare i percorsi che il costituzionalismo sta seguendo nei paesi teatro delle rivolte della Primavera araba con l'atteggiamento di chi pretende che essi si uniformino alle categorie del costituzionalismo occidentale.

Anche in questo campo il processo di democratizzazione non può non tenere conto del Mediterraneo come continente delle differenze.

Se il Mediterraneo è un pluriverso di civiltà, di culture, di lingue, di universi simbolici ed espressioni che si contrappongono tra di loro ma che anche si attraggono non pare dubbio che le vie della transizione democratica in ciascun paese della sponda sud saranno diversi, e diversi saranno in definitiva i modelli costituzionali. Anche in questo campo tante differenze possono costituire come si dirà meglio in seguito una" alternativa culturale e politica alle derive oceaniche della globalizzazione" (Zolo). La globalizzazione, del resto, è una dimensione che non si addice a questa condizione culturale. Al Mediterraneo " non si addicono gli universalismi, né i fondamentalismi tipici di una concezione monoteistica dell'Occidente" e dei suoi valori, così come pretende un certo americanismo che giudica le guerre per la democrazia nell'area mediterranea come una necessità, considerata l'incapacità del mondo islamico di aprirsi alla democrazia, e quindi come destinate a fallire le rivolte che si sono avute negli anni passati, che hanno prodotto crisi dei regimi politici e in qualche modo aperto la via islamica alla democrazia.

Il Mediterraneo, che è luogo di incontro tra le civiltà, si deve confrontare anche in materia di modelli costituzionali non accettando per principio ogni pretesa egemonica di una civiltà, quella occidentale, sulle altre anche nel campo dei sistemi giuridici. E perché ciò venga accettato occorre conoscere meglio la civiltà islamica, accettarne i valori senza porla pregiudizialmente ai margini della modernità.

Occorre quindi accettare l'idea che vi possa essere una versione islamica della democrazia.

Il Mediterraneo nel contesto dei fenomeni di trasformazione economica e politica prodotti dai processi di globalizzazione può essere, quindi, una credibile alternativa a quel sistema euroatlantico che ha vinto nel confronto-competizione con il comunismo, se saprà valorizzare la grandezza delle civiltà che ha espresso.

Bisogna cancellare attraverso il dialogo i guasti che le politiche coloniali hanno prodotto, compromettendo l'unità del Mediterraneo. E bisogna fare ciò sapendo valorizzare i segnali di novità che vengono dalla parte meridionale della regione.

3. LA LEZIONE CHE CI VIENE DALLE RIVOLUZIONI DELLA PRIMAVERA ARABA.

Muovendo da questo convincimento, bisogna considerare la natura della rivolte avutesi tra il 2011 ed il 2014 nei paesi della sponda sud del Mediterraneo e nel Medioriente e gli sviluppi di esse.

Non sempre l'Occidente, e da qualche tempo soprattutto l'Europa, ha saputo riconoscere ed utilizzare correttamente le potenzialità che emergevano in quel mondo alle prese con diffuse rivoluzioni sociali spontanee. Sono rivelatori di queste difficoltà, l'imbarazzo, la diffidenza, l'indecisionismo che si manifestavano da parte delle cancellerie europee di fronte alle rivolte della primavera araba che travolgevano dittature ritenute da sempre affidabili dal punto di vista dell' occidente perché in grado di garantire la stabilità politica dell'intera regione mediterranea, ed in primo luogo la tranquillità sociale dei paesi europei.

Si è sottovalutato il fatto che nel giro di poche settimane sia emerso un protagonismo della società civile che si mobilita spontaneamente e discute apertamente delle libertà che si addicono ad una democrazia che si vuole muovere all'interno dell'Islam, ma che reclama il pluralismo politico e la tutela dei diritti umani.

Si è trattato di rivolte imprevedibili che hanno avuto un andamento assai diverso da quelle che si erano svolte in passato, nei paesi usciti dall'esperienza coloniale. Laddove dove si è avuto il crollo di regimi che sembravano molto solidi, non si sono avute azioni volte a favorire una svolta autoritaria, magari invocando la necessità di "proteggere" la democrazia attraverso l'intervento dell'esercito o di altri apparati dello Stato, né tentativi di destabilizzazione da parte di governi stranieri. La mobilitazione della piazza protrattasi anche dopo la fuga dei dittatori ha scoraggiato chi pensava di potere approfittare del vuoto di potere venutosi a creare. È proprio questa mobilitazione insieme pacifica ed intransigente che costituisce l'antefatto del processo democratico. E ciò è stato possibile perché non si trattava di rivolte a sfondo religioso, o di conflitti tra diverse tendenze dell'Islam, né di rivolte scaturite alla volontà di imporre una particolare ideologia politica. Si sono avute, insomma, delle libere rivolte di popolo. La gente in piazza chiedeva più libertà, soprattutto più rispetto dei diritti umani e più democrazia, oltre che un impegno concreto contro la povertà e per il rispetto della dignità umana.

La Primavera araba, se così spiegata, costituisce una straordinaria novità, al di là degli esiti da essa prodotti nei vari paesi in termini di costruzione di un verro stato liberale.

Siamo di fronte in molti paesi (Tunisia, Egitto, Marocco) a società civili in grado ormai di porsi come protagonista del processo di sviluppo destinato a cambiare la stessa natura dei rapporti tra potere società.

All'inizio le rivolte parevano destinate a dare vita ad un movimento di protesta incapace di esprimere un progetto politico, o destinato ad esaurirsi sull'onda delle pressioni esercitate dall'Islam popolare nella dimensione puramente religiosa.

Attraverso contestazioni e resistenze che opponevano la piazza a chi voleva considerare le rivolte come una parentesi da chiudere al più presto per tornare alla normalità, magari solo con qualche cambiamento di facciata, è emersa una precisa strategia riformatrice attraverso una nuova ondata di rivolte(in Egitto contro i militari che avrebbero voluto prolungare all'infinito il regime transitorio, in Tunisia contro l'Assemblea costituente che voleva sostituire al principio della parità di genere quello ambiguo della complementarietà).Il risultato è che si sono fatte delle buone Costituzioni, si va organizzando un sistema di partiti leali ad esse, prende forma un sistema istituzionale basato sul pluralismo culturale e politico, sulla libertà religiosa, e sulla parità di genere tra uomo e donna. Ed in questo contesto si affronta anche il problema della interpretazione della Sharia non nelle discussioni tra i dotti, ma attraverso la discussione pubblica che si sviluppa nelle piazze occupate dai manifestanti. E i protagonisti della rivolta hanno spiegato che si trattava di una rivoluzione nell'Islam e non contro l'Islam: l'obiettivo non era quello di modernizzare l'Islam liquidando un sistema di poteri costituiti rimasto in parte in piedi nonostante i cambiamenti di regime, ma di promuovere un rinnovamento culturale e delle classi dirigenti.

La volontà di cambiamento che ha attraversato con effetto-domino tutti paesi della regione meridionale del Mediterraneo al Medio Oriente, dal Marocco fino ad alcuni paesi del Golfo, da sempre ritenuti refrattari ad ogni apertura verso la modernità.

E anche dove non sono cacciati dittatori e si conferma la stabilità di un certo quadro politico — esemplare in questo senso, il caso del Marocco — si mettono in moto, processi formatori molto seri che riguardano la costituzione ed i codici, ed importanti riforme si fanno anche in paesi — simbolo dell'autoritarismo arabo come l'Arabia Saudita.

La lezione egiziana in questo senso pare essere emblematica. Si sono avuti dopo la caduta di Mubarak una seconda Repubblica guidata dai Fratelli Musulmani, ed una terza guidata da un militare, Al Sissi, eletto dal popolo ma non con maggioranza plebiscitaria.

È però anche ove non si è avuto una crisi di regime, le rivolta hanno prodotto processi riformatori che sono ancora in atto e che producono significativi cambiamenti anche nel metodo di governo. Si tratta di cambiamenti che sono destinati a modificare profondamente la vita sociale ed a consentire l'ascesa al potere di nuove classi dirigenti. È in questo senso emblematico il caso del Marocco, ma anche di alcune monarchie del Golfo, soprattutto le cosiddette petrolio monarchie. La paura di un'altra ondata di rivolte ha prodotto significative concessioni sul piano dei diritti di libertà, ma anche una diversa considerazione da parte dei regimi della discussione pubblica come fonte di legittimazione di un potere che in occasione della rivolte in era nella è parso vulnerabile e isolato come non mai nel contesto della comunità internazionale.

È un fatto che le piazze sono rimaste mobilitate per tanti mesi e che le rivolte ancora oggi possono riesplodere di fronte a tentati vi di restaurazione del vecchio ordine. Basti pensare alle reazioni dei giorni scorsi nei confronti dei giudici che hanno giudicato ed assolto Mubarak. Della Corte che ha giudicato il "faraone" facevano parte anche giudici che avevano solidi legami con le vecchie classi dirigenti. Anche in questo caso l'opinione pubblica ha reagito indignata alla sentenza dimostrando che la mobilitazione popolare continua.

La società civile, insomma, è divenuta attraverso le rivolte della Primavera araba più esigente e finalmente consapevole della propria forza che si può esercitare in vario modo. Essa, soprattutto, non sembra più paralizzata dall'idea di mettere a rischio l'unità della *ummah*. È questa la grande novità che scaturisce dalla Primavera araba, che sembra resistere ai processi di stabilizzazione in corso spesso fondati su un patto più o meno esplicito tra poteri costituenti e poteri costituiti.

Questa chiave di lettura non vale ovviamente per paesi come la Libia e la Siria che non paiono nelle condizioni di garantire un ritorno alla normalità in tempi brevi, a causa anche di pressioni esterne quali quelle esercitate dalle monarchie del Golfo per imporre, soprattutto in Siria, un regime amico e potere disporre di quel territorio considerato che avendo uno sbocco al mare è di grande importanza strategica. Ed ancora più drammatica pare essere la situazione della Libia ove non esiste uno Stato, non è mai esistito, come non è mai esistita una Costituzione. Le diverse tribù sono in guerra tra di loro per garantirsi il controllo delle risorse. In queste condizioni è difficile che possa organizzarsi uno Stato nazionale retto da un governo legittimato da un largo consenso.

Dovendo fare un bilancio delle novità prodotte dalle rivolte, che hanno preso le mosse da episodi isolati, atti di ribellione posti in essere da piccoli gruppi in Tunisia ed Egitto, si può ritenere che La Primavera araba è stata una importante rivoluzione che ha dato vita ad un conflitto politico tutt'altro che concluso. Un intero popolo si è ribellato contro dittatori e classi dirigenti corrotte non in nome dell'Islam ma dei valori universali della democrazia e della libertà (Cantaro).

Si tratta di un altro '89. Anche nella regione mediterranea sono caduti muri e spetta soprattutto all'Europa adesso far sì che da quei conflitti possa nascere un altro Mediterraneo più coeso, in grado d promuovere una crescita condivisa. Il mondo arabo deve sapersi riappropriare del proprio passato, un passato che non è fatto soltanto di chiusure al mondo esterno e di regresso, ma di grandi conquiste nel campo della scienza e di una straordinaria capacità di interagire con altri mondi e con altre culture. Oggi esistono le condizioni per una modernizzazione dell'Islam capace di dare lustro ad una grande civiltà mondiale, così da ridare il giusto orgoglio a popoli che per secoli avevano espresso una indiscutibile grandezza e che sono stati umiliati dai colonizzatori, dovendo accettare una condizione servile.

Con la Primavera araba quel mondo ha dimostrato che la civiltà araba non è per nulla esaurita.

È giusto che l'Occidente riconosca nelle rivoluzioni che si sono avute a partire dal 2010 una grande novità.

I popoli che non accettano il dispotismo si sono candidati, non muovendo da un atteggiamento anti occidentale, a scrivere un'altra storia. A questa disponibilità non si può rispondere chiudendosi nel pregiudizio antislamico.

Dire che le rivoluzioni sono fallite a causa delle comprensibili difficoltà incontrate dal processo di transizione democratica — difficoltà che ha conosciuto nei secoli passati anche l'Europa — significa ignorare le novità che sono emerse attraverso il protagonismo rivendicato con successo dai giovani, dalle donne, da servitori dello stato desiderosi di operare nella legalità, che hanno chiesto una nuovo patto sociale che non si basa sul primato della religione.

Le rivolte della Primavera araba ci hanno fatto conoscere aspetti e personalità del mondo arabo di cui sconoscevamo l'esistenza.

Sappiamo ancora poco del rapporto tra potere e cultura nel mondo arabo. Ignoriamo che in molti di questi paesi si dà un grande spazio alla poesia, alla saggistica. Ed ignoriamo il grande apporto dato dalla cultura alla politica. Basti pensare, in proposito, a due recenti ministri marocchini, Ben Salem Himmish che è stato ministro nel 2010 e Mohammed Achaari che è stato ministro della cultura nel 2005/2006 che sono importanti romanzieri nella considerazione di tutto il mondo arabo e non solo del Marocco.

I loro romanzi ricevono il consenso della comunità culturale del mondo arabo. Essi hanno conseguito premi a livello nazionale e internazionale molto importanti. Himmish per esempio ho ricevuto il premio Nagib Mahfuz, dedicato al premio Nobel egiziano, e Achaari ha vinto il Booker Prize, il più importante nel mondo arabo. Questi uomini, sono ministri, ma sono anche persone di cultura che dedicano il loro tempo alla letteratura.

E la Primavera araba ci ha fatto riflettere sulle rivoluzioni silenziose portate avanti dalle donne, sulle conquiste che sono riuscite a strappare, sulla dignità con cui contestano in pubblico i pregiudizi che non consentono di utilizzare al meglio la grande risorsa costituita dalla loro capacità. Esse sono riuscite in un paese, in Marocco, a farsi autorizzare a guidare la preghiera. È così caduto forse il più resistente dei tabù che le penalizzava.

Insomma, c'è una parte del mondo arabo che non viene mai preso in considerazione, pur avendo al suo interno, identità diverse che non si risolvono nella identità religiosa. Concentriamo in Occidente tutta l'attenzione esclusivamente sui movimenti religiosi e non facciamo nulla per conoscere le altre rappresentanze civili che senza rendercene conto vengono messe in disparte.

Non conosciamo, per esempio, nulla delle associazioni sindacali, eppure negli anni passati, sotto i rais, esse hanno fatto battaglie memorabili in Egitto, in Tunisia, mettendo alle corde i regimi. Non conosciamo nulla delle associazioni femminili nonostante che i movimenti femministi esistono in alcuni paesi del Nord Africa dalla fine dell'ottocento e già all'inizio del novecento hanno organizzato proteste e portato avanti istanze politiche e azioni di lotta contro il colonialismo.

Insomma, anche l'Occidente, in primo luogo l'Europa, e non solo il mondo islamico, deve aprirsi al confronto. E ciò deve fare abbandonando un atteggiamento di superiorità nei confronti del mondo arabo che è anacronistico, che come è stato giustamente detto trova il suo momento emblematico nella spedizione napoleonica in Egitto (Luigi Alfieri). Da quel momento l'Europa ritenne di potere vantare nei confronti del mondo arabo una superiorità che non è soltanto politica e militare, ma anche culturale, insomma di civiltà. Da questa idea trae origine quella serie di stereotipi che possono essere tutti ascritti alla categoria dell'orientalismo (per come esso è definito da Edward Said). E sotto la categoria di "oriente verranno classificate tante cose, come esotismo, fascinosa decadenza, corruzione e violenza, rese interessanti da un'estrema, estenuata sensualità, insomma l'idea di una rovina e di una crisi di civiltà orai irrimediabile, l'idea di un mondo immerso in una sorte di lussureggiante putrefazione. Un mondo, insomma, cadaverico, mummificato, chiuso in una sorta di medioevo irrigidito, fascinoso e pittoresco, ma tagliato completamente fuori dalla storia" (Alfieri).

La conseguenza di questa visione del mondo arabo islamico è che esso può salvarsi solo modernizzandosi, ma in forma tale da rifiutare i propri stili di vita e quindi cercando di essere ciò che non è, accettando soprattutto di essere una brutta copia dell'Occidente.

È chiaro che il mondo arabo islamico non può accettare questo destino, e quindi rivendica orgoglioso la propria storia, quella di una grande civiltà mondiale che è stata ridotta al rango di colonia, che ha visto disconosciuto i segni della propria grandezza e reagisce a questi tentativi di occidentalizzazione abbracciando nel seco lo passato la tradizione nella sua versione più chiusa, più conservatrice.

Questa rappresentazione del mondo arabo islamico oltreché essere oggettivamente fuorviante, sorvola sulle differenze che esistono tra i vari paesi arabi, sulla loro peculiarità. Ci sono differenze molto forti all'interno delle diverse società, solo che noi tutto ciò non lo sappiamo proprio perché non ci siamo impegnati a conoscere, a studiare questo mondo eppure così vicino alle nostre sponde.

L'altro errore che si compie attraverso questa rappresentazione assai sommaria della variegata realtà del mondo arabo islamico è di concentrarsi, nel descriverne le caratteristiche, in modo quasi ossessivo sul problema religioso, come se in tutti questi paesi la religione venisse vissuta nello stesso modo. La storia dei movimenti religiosi presenta molte differenze, anche perché all'interno di ciascuna di esse coesistono tendenze loro diverse o addirittura diversissime. Basta considerare da questo punto di vista la storia dei Fratelli musulmani, e lo sforzo che essi hanno fatto per adeguarsi alle caratteristiche delle diverse realtà nazionali nelle quali si sono radicati.

La storia politica di questo mondo non può essere assorbita nelle vicende che riguardano la religione e le diverse appartenenze religiose, ignorando che vi sono altri soggetti rappresentativi delle società nazionali. Di questi ultimi non si conosce nulla, mentre molti studi sono stati dedicati alla storia dei Fratelli musulmani dell'Egitto. Insomma, non c'è dubbio che la dimensione religiosa costituisce un aspetto importante del mondo arabo islamico ma la componente religiosa non è la sola componente delle società arabe che andrebbero conosciute e studiate attentamente.

C'è una componente laica di cui non si sa nulla, che è stata protagonista della rinascita del mondo arabo alla fine dell'ottocento, e che ha avuto un ruolo importante nella storia dell'Egitto, della Siria, del Libano, dello stesso Iraq. C'è la vicenda del partito

Baath che è stato protagonista pur tra molte contraddizioni di una rivoluzione sociale di stampo socialisteggiante dando vita a classi dirigenti che volevano attenzione ad esigenze diverse da quelle religiose. Ma di questo mondo laico sappiamo poco o addirittura pochissimo. Così come si sa poco del ruolo dei cristiani all'interno di queste comunità. Si tratta di minoranze che in alcuni casi hanno pacificamente convissuto con la maggioranza islamica, e che sono state protette anche da governi dal chiarissimo tratto autoritario o comunque non sono state certo discriminate da regimi come quello degli Assad. Anzi sono stati difesi di fronte ad atteggiamenti di insofferenza che venivano dalla maggioranza islamica.

4. Il Pregiudizio antislamico il ruolo dell'Europa per promuovere il dialogo euro mediterraneo.

Lo scetticismo di quanti guardano all'esito delle rivolte come ad un fallimento e parlano di requiem della primavera araba è uno scetticismo che sa di antico. Si tratta di un atteggiamento di chiusura culturale che va bene al di là delle alterne vicende che riguardano le relazioni tra i paesi delle due sponde.

C'è alla base di questa difficoltà a capire il senso delle rivoluzioni che stanno cambiando la storia del mediterraneo l'idea che i paesi del nord forti di una superiorità economica e militare siano perennemente chiamati a valutare l'attendibilità delle trasformazioni che avvengono nelle società della sponda rilasciando poi ad esse una sorta di passaporto di ingresso nella modernità.

Tutto ciò ha stravolto le tradizioni di un dialogo tra le culture che non può non fondarsi su un rapporto paritario e non gerarchico tra i diversi attori coinvolti. Sul piano delle reciproche influenze culturali era accaduto nel corso dei secoli che sentimenti di attrazione e ripulsa si erano combinati tra loro facendo della civiltà mediterranea il crogiuolo ideale di esperienze culturali che si ricercavano a vicenda pur essendo assai diversi i contesti sociali e politici religiosi in cui esse venivano a compimento. I classici della letteratura latina e greca ci parlano di grandi passioni, di questo controverso rapporto di attrazione e rifiuto nei rapporti tra le culture, anche attraverso le storie come quella tra il romano Antonio e l'egiziana Cleopatra, tra l'orientale romanizzato Enea e l'africana Didone. Si tratta di narrazioni attraverso le quali si indagavano le stesse basi culturali dell'incontro tra due antropologie.

Il mondo arabo che nell'800 aveva vissuto dopo la fine dell'impero napoleonico un periodo di nuovo splendore anche nel campo culturale, ha poi, a seguito delle guerre coloniali tra la fine dell'800 e l'inizio del 900, registrato non solo una sconfitta militare e politica ma subito l'umiliazione di vedere mortificata la propria identità e disconosciuta la propria grandezza. Da ciò il sogno coltivato da tanti di una rivincita del mondo arabo attraverso la ricostituzione della sua unità politica e magari il ritorno di un califfo, che desse visibilità e prestigio alla unità culturale di esso.

In questa prospettiva, l'Occidente è apparso nel giudizio di molte popolazioni della sponda sud lontano ed ostile, ed il dominio culturale e politico, esercitato dopo la seconda guerra mondiale dagli Stati Uniti all'interno del mondo arabo, anche attraverso il sostegno dato ad Israele antagonista militarmente insuperabile, come la più seria minaccia ai valori dell'Islam.

La battaglia per la difesa dell'identità, di fronte all'incapacità di costruire in quei territori un sistema di alleanze politiche che potesse nella regione di bilanciare il potere dell'Occidente, ha costituito l'unica linea di demarcazione possibile tra Islam e Occidente. Non si trattava di rifiutare la modernità, ma di non accettare l'americanizzazione dell'Islam attraverso una difesa della tradizione che non poteva non passare attraverso l'applicazione rigorosa dei principi della Sharia. Si trattava di difendere nelle forme possibili il diritto alla sopravvivenza di una civiltà, scegliendosi come alleato di volta in volta una potenza nemica degli Stati Uniti e del loro alleato più fedele pronto ciò, il Regno Unito. È accaduto così che nell'età della guerra fredda il mondo arabo guardasse all'Unione sovietica come garante della libertà dei popoli senza porsi il problema della compatibilità tra il comunismo ateo e la religione vissuta come elemento fondativo della comunità islamica. Era questa una scelta compiuta soprattutto in odio ai vecchi colonizzatori alleati degli Stati Uniti. I regimi insidiatisi dopo la fine del colonialismo propagandavano ideologie che dovevano conciliare nazionalismo e trasformazione sociale attraverso l'azione svolta da partiti, come quello Baath, dai programmi socialisteggianti. Era l'unico modo di conciliare Islam e intangibilità della sovranità dei singoli Stati della regione.

Ed il rapporto con gli europei era condizionato da questo atteggiamento di chiusura verso gli Stati Uniti ed il Regno Unito. Non si chiedeva all'Europa di essere antiamericana, ma di essere rispettosa delle peculiarità culturali della regione, di dialogare con i paesi della sponda sud in modo più convinto anche a costo di consumare ragionevole infedeltà atlantica. L'Europa nelle intenzioni di quei regimi doveva essere il volto mite di un Occidente considerato rapace e cinico.

È in questo senso, va dato atto all'Italia di avere espresso una propensione mediterranea, pur nel rispetto dei vincoli atlantici che ha prodotto dei buoni risultati. Ed anche la Francia con De Gaulle ed i suoi successori, si è mossa in questa direzione. Si trattava di essere atlantisti senza divenire, con riferimento alle politiche mediterranee, servi di Washington.

La fine della guerra fredda ha stravolto questo scenario. La caduta della "cortina di ferro", infatti, ha reso possibile ricostruire l'unità culturale dell'Europa. I paesi dell'est si sono aperti ad un processo democratico che non può avere in tutti i territori le stesse modalità e tempistica, ma che comunque era basato sull'idea che l'unità culturale dell'Europa si ricompone attraverso la condivisione dei principi dello Stato di diritto. Alcuni paesi, avendo compiuto questa scelta, sono entrati nell'Unione europea ed altri ne hanno fatto richiesta.

L'Europa dei muri, insomma, non esiste più e da questo punto di vista l'unificazione della Germania, che ha dato vita alla più grande potenza europea, rappresenta l'evento più importante in seguito alla fine del comunismo. Un evento destinato, però, destinato a dare allo stesso processo di integrazione europea una deriva che rende più periferici i territori meridionali dell'Europa e più lontana l'Europa dalla parte meridionale del continente mediterraneo. La torsione dell'Unione Europea verso est ha reso più lontani sul piano delle attenzioni politiche, insomma, i paesi della sponda sud del Mediterraneo e meno influente l'Europa mediterranea in ordine alle decisioni riguardanti la politica esterna dell'Unione europea.

Da più parti si sollecita un riorientamento dell'Unione Europea, che renda incisivo il suo ruolo nelle politiche mediterranee. Si tratta di vincere un atteggiamento di diffidenza, di paura della società europea verso quanto avviene in quest'area, che si è andato affermando dopo l'attacco portato dai fondamentalisti all'Occidente con l'attacco alle "due torri" dell'11 settembre del 2001. Oggi in Europa vivono molte comunità di cittadini islamici, sempre più numerose. L'Europa è sempre stata aperta ad accogliere gli stranieri. Oggi pare che questa disponibilità sia venuta meno e che addirittura vengano perseguiti con poca convinzione. Si tratta di una forma di disimpegno che non giova all'Europa. Un disimpegno dimostrato dalla sorte toccata al processo di Barcellona e ad altre iniziative similari. Non era questo che ci si attendeva dalla fine della guerra fredda. Si parlava Barcellona di un nuovo mondo mediterraneo, di una cooperazione finalizzata alla maggiore sicurezza dell'area, della capacità degli Stati della regione mediterranea di interagire sulla base di relazioni paritarie. Il processo è fallito anche per la visione eurocentrica che fu dato ad esso da alcune cancellerie europee.

Con la conferenza di Barcellona l'Unione Europea si impegnava non solo a promuovere sul piano istituzionale la creazione di quei presidi che dovevano dare vita ad una sorta di cittadinanza mediterranea, ma si impegna a definire un nuovo modello di cooperazione economica, un nuovo modello di sicurezza per la regione basata sul principio cooperativo, sostenuto da tutti gli stati, non più distinti tra Stati produttori di sicurezza e stati consumatori.

Il processo di Barcellona non ha funzionato neppure sul piano del dialogo culturale tra le due sponde che doveva coinvolgere le diverse società civili nazionali.

Si sono purtroppo eretti dei veri e propri muri soprattutto dopo i fatti dell'11 settembre. Sono emersi in Europa fenomeni di islamofobia che si esprimevano attraverso l'emergere di sentimenti razzisti, che ricordavano le vicende più vergognose delle politiche antiebraiche, e è addirittura forme rozze di avversione verso la religione islamica. L'islam è diventata la religione della minaccia, e gli islamici sono stati più o meno tutti considerati come candidati terroristi o simpatizzanti per il terrorismo, non tenendo assolutamente conto del fatto che il mondo islamico non è un monolite dal punto di vista culturale. È emerso, come si è osservato, una sorta di monoteismo occidentale con riferimento a ciò che bisogna intendere per società ben ordinata, una società che con riferimento alla cultura istituzionale e alle abitudini di vita dovrebbe seguire pedissequamente i il modello occidentale. E chi non ci informa questo modello per ciò solo diventa fattore di destabilizzazione politica offrendo il suo territorio come terreno di cultura per la predicazione jihadista.

È del tutto comprensibile che i paesi della sponda sud che avevano dato nel corso del dopoguerra vita a processi riformatori che si basavano su una convinta apertura alla democrazie e che incoraggiavano la secolarizzazione sociale, di fronte a questo atteggiamento si sono chiusi in se stessi manifestando ostilità verso l'Occidente identificato con gli Stati Uniti, Si sono sviluppati processi di reislamizzazione che più che dettati da una volontà di ritorno alla tradizione, così com'è spiegata dall'Islam ortodosso, esprimeva il bisogno di riappropriarsi di una identità che si sentiva minacciata dall'invadenza occidentale anche con riferimento agli stili di vita.

In questo contesto, il ritorno del velo in paesi in cui prevalevano modelli di vita occidentale va spiegato come un sussulto di dignità di fronte ad un mondo occidentale che si presentava con la pretesa di imporre un pensiero unico, universale, una volta liquidato il comunismo.

L'atteggiamento di superiorità manifestata dall'Occidente è stata una causa non secondaria dei processi di re islamizzazione. Ed il bisogno di un ritorno alla purezza islamica è stato ancora più forte man mano che i governi occidentali usavano le dittature amiche per assecondare gli interessi delle multinazionali nelle diverse realtà locali, favorendo una stabilizzazione politica dei regimi che rendeva possibile la privatizzazione degli stati considerati patrimonio privato dei rais. A questo processo di privatizzazione dello Stato si accompagnava un dilagare della corruzione in tutti gli apparati pubblici. Questo atteggiamento tollerante, e certamente interessato, dell'Occidente spesso trovava una giustificazione nell'esigenza di tenere meglio sotto controllo i territori attraverso regimi autoritari, considerato che si andava diffondendo un'Islam popolare sempre più politicizzato e che i gruppi fondamentalisti facevano sempre più proseliti.

L'Occidente dei diritti e della guerra alla democrazia nel Mediterraneo si è trovato così a difendere le dittature che non manifestavano certo una grande considerazione in materia di diritti umani. L'Occidente, insomma, si è reso responsabile di azioni che in questo senso contraddiceva apertamente le tradizioni dello Stato di diritto, le battaglie a favore dei diritti umani erano state condotte con successo per creare delle democrazie emancipanti. La *real politique* ha soffocato l'ansia di giustizia che stava base della politica dei diritti.

5. IL PROBLEMATICO RAPPORTO TRA ISLAM E DEMOCRAZIA. LA LEZIONE TUNISINA.

Che tipo di democrazia si addice al mondo arabo nello scenario del tramonto delle democrazie?

Espressione del pregiudizio antislamico è l'idea che tra Islam e democrazia vi sia una incompatibilità di fondo. Si tratta di un luogo comune duro a morire.

L'evoluzione dei processi di transizione verso la democrazia che hanno preso le mosse dai fatti dalla primavera araba in alcuni paesi e soprattutto in un paese come la Tunisia ove si sono svolte le elezioni che hanno registrato la vittoria dello schieramento laico, stanno a dimostrare che il processo di democratizzazione anche se ricco di contraddizioni comunque può conseguire obiettivi che sono strategici ai fini della realizzazione di uno Stato di diritto. Esso non può non tener conto dell'identità del mondo islamico e dell'importanza che all'interno di esso ha la comunità dei credenti, l'hummah.

Quando parliamo del rapporto tra Islam e democrazia spesso siamo eccessivamente severi nel giudicare i processi in corso avviatisi in paesi che non hanno mai conosciuto esperienze democratiche. Si tratta di processi tutt'altro che lineari e dalla tempistica certa. E tuttavia sbagliato assumere posizione di scetticismo, muovendo dal preconcetto che l'Islam sia un monolite all'interno del quale nulla si muove.

È invece prevedibile che, nelle dovute forme e tempi, si realizzi nei paesi teatro delle primavere arabe, o almeno alcuni di essi, una organizzazione del sistema politico basato sul principio del potere limitato attraverso una efficace separazione dei poteri.

Non c'è dubbio che sono numerosi coloro i quali, in quel mondo — e si tratta anche di studiosi di prestigio e che godono anche di ampia udienza sociale-temono il contagio culturale dell'Occidente e vedono nel processo democratico una sorta di minaccia alla tenuta di un modello sociale, di abitudini di vita che si ritengono essenziali per garantire l'unità della comunità dei credenti. Costoro spiegano che la democrazia consentirebbe all'uomo di sfidare Dio, che essa costituisce uno stimolo alla conquista di un potere da parte del popolo che può mettere in discussione il primato della legge coranica.

Si tratta di posizioni che hanno caratterizzato anche l'evoluzione del pensiero politico dell'Occidente. Si pensi al conflitto tra diritto positivo e legge naturale, che tuttavia non ha impedito che la legge naturale venisse accettata come limite ineludibile all'esercizio del potere e che lo *ius gentium* che ne recepiva i principi fosse considerato il fondamento di comunità sociali ben ordinate, e della stessa comunità internazionale, e che le costituzioni dovessero avere un impianto valoriale che si informava a quei principi ritenuti giustamente universali. Si tratta di un universalismo dei valori che si pone come limite alle decisioni contingenti assunte dai governanti.

Non ci si deve scandalizzare se analoga pretesa venga dal mondo islamico con riferimento alla legge coranica, i cui principi ritenuti universali hanno come destinatari non i regimi ma i membri della comunità che è la migliore delle comunità mai create da Dio.

Su questo tema dei rapporti tra religione e storia si discute da sempre e si continuerà a discutere a lungo.

Ciò che non si può, non si deve ignorare è che all'interno della società civile nel mondo arabo, come si diceva, operano movimenti culturali guidati da personalità che sono ben note anche nel mondo occidentale per i loro libri, per i romanzi che sono letti da un vasto pubblico nei paesi europei. Si tratta di uomini di cultura che partecipano alla vita politica e che hanno anche avuto importanti responsabilità di governo. Costoro in questi anni si sono battuti contro i regimi e in occasione delle rivolte della Primavera araba hanno parlato di diritti e di un nuovo islam immerso nella modernità non soltanto nei salotti letterari, ma rivolgendosi alle masse che si raccoglievano nelle piazze. Le loro posizioni hanno influito molto sugli atteggiamenti del mondo giovanile. Costoro ci sono battute in condizioni difficili, anche accettando l'esilio, per favorire la prospettiva di regimi liberali del mondo arabo.

I regime ma autocratici hanno trovato delle forti resistenze nel mondo del libero pensiero, proprio perché esso reclamava delle riforme, ma hanno trovato delle resistenze anche in alcuni settori religiosi che denunciavano le pratiche corruttive dei regimi, il clima di ingiustizia che regnava nel paese, e che ritenevano questi regimi colpevoli di clamorose violazioni della legge sciaraitica. Basti pensare ai conflitti tra Mubarak e fratelli musulmani, ma anche alle contestazioni subite da Ben Alì in Tunisia per gli arricchimenti illeciti consentiti ai membri della propria famiglia e del proprio clan.

Le novità emerse in occasione delle rivolte della Primavera araba, che sono state delle rivolte assolutamente impreviste anche perché erano rivolte di popolo e non di pezzi di apparato che insorgevano contro un dittatore per sostituirlo con un altro, dimostrano che c'erano fermenti di libertà molto forti nel corpo delle popolazioni di questi paesi.

Di fronte a quanto è avvenuto a partire dal 2010 nei paesi teatro delle rivolte c'è da chiedersi se il dispotismo sia un connotato dell'Islam o invece il connotato della struttura sociale del mondo arabo organizzata attraverso clan, tribù, o famiglie patriarcali. Non è un caso che la rivolta si sia scagliata contro le classi dirigenti e gli apparati pubblici al loro servizio che con le loro ruberie avevano impoverito ulteriormente le popolazioni, e non invece contro la tradizione islamica. I ragazzi dalle rivolte spiegavano che la loro non era una rivoluzione contro l'islam ma una rivoluzione nell'islam.

È questa spiegazione avvalorato dal fatto che questa rivoluzione ha rafforzato i movimenti religiosi consentendo il successo elettorale di essi, almeno in una prima fase del dopo-rivoluzione.

Si è trattato del successo di un islam popolare, molto forte nelle zone interne, che però non comportava una deriva autoritaria.

L'autoritarismo non è connaturato alla religione islamica. Per convincersene basta riflettere sull'esperienza di grandi paesi islamici come l'Indonesia o come l'India che ha una comunità islamica assai numerosa, circa duecento milioni di persone.

Non pare che gli islamici abbiano dimostrato in queste realtà insofferenza o difficoltà nel padroneggiare gli strumenti della democrazia.

L'organizzazione delle comunità islamiche peraltro non è fondata su un principio autocratico. L'interpretazione della legge coranica può comportare anche una lettura evolutiva dei principi che sono in essa contenuti. E ciò è avvenuto nel corso dei secoli anche se molti contestano questa possibilità. Si è infatti avuta in quasi tutti i paesi del mondo arabo islamico a livello applicativo una evoluzione della legge islamica, sostenuta dal consenso della comunità, considerato che il consensus costituisce un elemento che non snatura il principio della piena osservanza della legge divina.

L'esperienza di questi anni dimostra che di fronte ai tentativi che ci sono stati di costruire sistemi costituzionali che potessero portare alla transizione verso uno Stato islamico si sono avute delle reazioni molto forti da parte dell'opinione pubblica, che hanno prodotto anche il collasso dei regimi che pure erano stati espressi da un voto popolare finalmente libero. Si veda il crollo del regime di Morsi in Egitto.

C'è da dire che i sistemi politici che stanno via via emergendo non costituiscono delle copie della liberal-democrazia europea. È innegabile che ci sia una forte influenza della cultura islamica nella disciplina degli istituti attraverso i quali dovrebbero prendere forma uno Stato di diritto in versione islamica. Ma non pare dubbio che in questa fase il processo costituzionale non può non tener conto delle forti spinte che ci sono per preservare l'identità islamica. Esse non sono però il risultato di un'ingerenza della religione negli affari dello Stato.

Nasce insomma uno Stato che via via può diventare un vero Stato di diritto, che, però, deve necessariamente avere dei caratteri peculiari.

E, del resto, anche le discussioni che avvengono in Europa sulla crisi della rappresentanza politica rivelano l'obsolescenza delle tradizionali categorie della politica e del costituzionalismo messe a dura prova di fronte ad una crisi economica che si configura sempre più con una crisi strutturale e non congiunturale, e ad un declino delle tradizionali forme di mediazione affidata ai partiti politici.

La convinzione che Islam e democrazia siano incompatibili e che su questo tema il dialogo tra i paesi della sponda del Mediterraneo sia un dialogo del tutto infruttuoso pare, quindi, destituita di fondamento.

I ragazzi che protestano nelle grandi metropoli europee nei confronti delle banche e dell'incapacità dei governi di garantire il funzionamento di uno Stato che si presentava nella forma di Stato caritatevole, non sono poi tanto diversi dai ragazzi che hanno fatto la primavera araba e che chiedono regimi politici più giusti e meno corrotti.

L'idea che per sua natura l'Islam sia incompatibile con la democrazia discende anche dalla scarsa conoscenza che abbiamo della storia dell'Islam e del dibattito che si è svolto tra i teologi nel corso dei secoli, nonché del travaglio subito dal mondo arabo dopo la fine dell'impero Ottomano.

Quando si spiega che la costituzione di una sfera pubblica nell'Islam — e l'esistenza di una sfera pubblica è essenziale per la realizzazione di un regime costituzionale che garantisca una transizione democratica — rappresenta un obiettivo impossibile, si usa di solito l'argomento secondo cui l'ideale dell'Ummah, cioè della comunità di tutti i credenti, comporta l'accettazione di questa comunità come l'arena più importante per l'implementazione della visione morale e trascendentale dell'Islam. Da ciò discenderebbe inevitabile sovrapposizione della religione allo Stato, in forme tali da non consentire l'emergere di una società civile forte e autonomo.

Si tratta di un'idea dell'orientalismo occidentale secondo cui l'esistenza stessa dell'Ummah comporterebbe che regimi politici che si sviluppano nel mondo islamico siano tutti i candidati ad assumere le forme tipiche del dispotismo orientale, con il potere quindi concentrato nelle mani di pochi governanti e con una società civile a cui non viene riconosciuta alcuna autonomia.

Insomma, la debolezza della sfera pubblica e della società civile sarebbe la causa delle difficoltà che inevitabilmente si incontrerebbero nell'instaurare dei veri sistemi democratici.

Ci pare che l'errore di questa rappresentazione del mondo islamico scaturisca dalla confusione che si fa tra sfera pubblica e società civile. Come ha avuto modo di osservare Einsenstadt, sfera pubblica e società civile sono realtà diverse. Non ogni sfera pubblica implica una società civile(sia di tipo economico che politico), così com'è concepita almeno la sfera pubblica in Europa attraverso una partecipazione diretta nel processo politico nei diversi rappresentanti di interessi più o meno organizzati. La sfera pubblica infatti deve essere considerata "una sfera a metà strada tra ciò che è privato e ciò che è ufficiale. Si può quindi parlare di società civile e spazio pubblico dove sia possibile l'instaurarsi di una dialettica vera autorità - libertà, e quindi la contestazione del potere da parte dei cittadini titolari dei diritti, dove cioè è consentita la negoziazione ed il conflitto tra istituzioni pubbliche e società. Non importa come il conflitto si svolga, quale dinamica esso assuma. L'importante è che in via di principio non sia precluso. Ora non pare dubbio che nelle società musulmane la sfera pubblica registri una varietà di gruppi autonomi che consentono o dissentono da chi esercita il potere pur riconoscendosi tutti nell'unica comunità dei credenti. La condivisione della Sharia e l'assolvimento dei doveri che essa comporta non creano una sovrapposizione tra autorità politiche autorità e autorità religiosa (ulama). Anzi, tale condivisione pone oggettivamente dei limiti all'esercizio del potere da parte del sovrano (M. Hoexter, N. Levtzion, S. N. Eisenstadt, eds, *Public Sphere in Islam* [Suny Press, Albany, 2001]). Dentro la sfera pubblica dell'Ummah si svolge una discussione, vi sono anche delle tensioni che riguardano il modo come rapportarsi alla concezione islamica, proprio al fine di garantire l'eguaglianza di tutti i credenti. Esiste quindi un diritto a partecipare nell'arena religiosa che regime politico non può negare. Gli ulama tradizionalmente hanno interpretato la legge dialogando con i governanti come anche con gli attori sociali. Nella sfera pubblica operano scuole di diritto di diverse tendenze che hanno prevalso le une sulle altre.

Questa originaria visione della funzione dell'Ummah nell'Islam ha consentito per secoli una totale fusione delle collettività politiche e religiose, non sempre facile perché vi sono state anche contrasti molto forti, persino all'interno dello stesso Islam sunnita. E tuttavia, ciò ha consentito l'affermarsi di una concezione universale della visione islamica che presuppone la separazione tra comunità religiosa e governanti. Una separazione sancita dalle diverse funzioni a cui assolvevano rispettivamente il califfo ed il sultano essendo il primo simbolo dell'unità della comunità dei credenti, mentre il secondo era il reale governante che veniva legittimato dal consenso che gli tributavano gli ulama. E ciò è vero soprattutto nell'Islam sunnita. Autorità religiose ed autorità politica erano separati e ciò comportava una tensione tra l'ideale dell'Ummah e le realtà socio politiche.

Si può ritenere che via via questa sfera pubblica si sia rafforzata con l'emergere di un Islam popolare, un Islam politicizzato. Ciò è dovuto soprattutto al lavoro svolto dalla Fratellanza musulmana. I Fratelli musulmani sono stati autonomi nei confronti degli apparati del potere, così come autonomi erano gli ulama. Ciò ha consentito il formarsi di reti e di tendenze interpretative della Sharia sulla base anche di appartenenze etniche.

Insomma, è una tensione antica quella che si registra tra una sfera pubblica vitale, anche se non organizzata nelle forme attraverso cui si declina il principio pluralista in Occidente, considerata l'egemonia indiscussa della Sharia, e la realtà dei regimi politici. Nella sfera pubblica non prendono forma gruppi che si candidano a conquistare il governo-ciò non è accaduto neanche dopo i fatti della Primavera araba considerato che i poteri costituiti — per esempio i militari — hanno continuato a pesare rispetto al potere costituente e la legittimazione dei governanti non è stata messa in discussione mediante il dissenso sociale in via di principio. Qualcosa però in questo senso comincia a cambiare. Stavolta i rais non sono stati deposti da un pronunciamento venuto da apparati dello Stato, ma da una rivolta popolare.

La sfera pubblica, com'è emerso dalle rivolte e dal doporivoluzione, è popolata da attori, non sempre stabili, che contestano, scrivono, occupano le piazze, minacciano la ripresa delle rivolte, chiedono di esercitare i diritti politici più che per ottenere un dittatore giusto e generoso per ottenere insieme giù democrazia e più sviluppo, nonché una protezione dei diritti umani che non distingua tra la visione universalistica islamica e quella occidentale.

Le costituzioni che sono state approvate sono delle buone costituzioni, nelle quali sono sancite (a) delle libertà per le minoranze anche per quelle religiose (per esempio per i copti che sono stati attaccati dall'ala integralista dei fratelli musulmani), e (b) e parità di genere e non semplice complementarietà tra uomo e donna.

Si tratta di affermazioni di principio di straordinaria importanza. Finché la differenza tra uomini e donne non scomparirà del tutto, e questo è un problema che non riguarda soltanto i paesi islamici ma riguarda anche i nostri paesi, occorre che siano le leggi ad assicurare un tipo di protezione che super e anche le resistenze che spesso si frappongono all'interno della famiglia all'interno di una società sessista che non consente di realizzare l'eguaglianza imposta da importanti riforme. Figurarsi se di fronte a tali minacce si può fare a meno della tutela prevista dalla legge, soprattutto allorché vengono previste forme di protezione economica e che rendono le donne meno dipendenti dei maschi della famiglia, si tratta del padre o dei figli.

Se vincono le donne, la battaglia per i diritti delle minoranze sarà vinta definitivamente, e sarà vinta anche la battaglia per dare una diversa legittimazione al potere di chi governa ai quale non si chiede soltanto di assicurare il mantenimento della Sharia ma anche di consentirne l'interpretazione. Ai governanti infatti non si chiederebbe soltanto di mantenere l'ordine sociale garantendo l'unità dell'Ummah, ma di realizzare la democrazia attraverso il perseguimento della giustizia sulla base dei principi della legge coranica.

Paradossalmente per secoli è stata accettata la distanza che esisteva tra l'ideale del governante islamico come custode di una visione dell'Islam immutabile e la realtà di un governo spesso dispotico e tutt'altro che giusto. Oggi ciò non viene tollerato. Non si tratta di pretendere una reislamizzazione di stampo oscurantista, cioè di islamizzare la modernità, ma di modernizzare l'islam.

Anche i settori della società che paiono più intransigenti nel pretendere il rispetto dell'identità islamica, non sono disposti a rinunciare al diritto di partecipare ai processi di decisione politica. La vicenda del declino di Morsi da questo punto di vista è una vicenda assolutamente emblematica.

Con riferimento ai problemi di cui si tratta, il Marocco pare essere un modello di transizione democratica ben riuscita, anche perché qui il processo riformatore ha avuto come punto fermo la corona e quindi non c'è stato alcun vuoto di potere. Coniugare il mantenimento dell'ordine sociale da parte di chi governa — chiamato ad operare una rivoluzione nell'Islam non contro l'Islam — e insieme la raccolta di un libero e democratico consenso costituiscono l'oggetto di una sfida che pare possibile vincere. Essa ha bisogno di nuovi concetti giuridici e gli attori sociali realmente liberi.

Il malcontento sociale che emerge nella sfera pubblica è destinato insomma ad essere interpretato non dittatore illuminato, giusto e generoso, ma da soggetti che hanno il compito di rappresentare il malcontento nelle istituzioni.

Da questo punto di vista un fatto nuovo di straordinaria importanza è costituito dalle recenti elezioni tunisine dove si è avuto l'alternanza al potere, è passato dai partiti religiosi allo schieramento laico. Tutto ciò è avvenuto in un clima di tranquillità sociale. Si riteneva che una volta battuti i dittatori e registrata il successo dei partiti religiosi questi avrebbero prodotto un giro di vite tale da favorire l'emergere di un blocco di potere destinato a bloccare il sistema politico e a vanificare i diritti del pluralismo riconosciuti dalla Costituzione. In Tunisia non è stato così. Si tratta di un grande successo conseguito dal movimento democratico che lascia ben sperare per il futuro politico di questo paese. Le elezioni sono riuscite perché tutti hanno accettato il risultato elettorale, riconoscendo che il vero successo era proprio questo: il passaggio del potere da uno schieramento all'altro senza che vi fossero atti di forza destinati a capovolgere l'esito del voto.

In campagna elettorale, i contendenti hanno detto all'unisono che tutti i musulmani sono eguali, che ogni musulmano ha il suo rapporto con Dio di cui si assume la responsabilità, che l'Islam e democrazia possono andare insieme perché il Corano impone l'uguaglianza fra gli esseri umani, fra uomini e donne. Anche se vi sono dei partiti religiosi fondamentalisti che non credono nella democrazia, che la considerano un peccato, occorre che i partiti che si candidano al governo sappiano difendere il primato della costituzione riuscendo a esprimere " delle ideologie che costituiscono un ponte in questo senso fra la storia e la realtà, fra la terra e il cielo", come ha affermato il leader di Ennhada Rachid Gannouchi in campagna elettorale. Concetto questo, che ha poi ribadito nel momento in cui ha restituito il potere ottenuto col voto in nome della transizione alla democrazia.

Occorre che la lezione tunisina venga meditata anche dagli occidentali. L'Occidente deve sapere accettare la vittoria elettorale anche di quegli schieramenti che si segnalano per una scarsa apertura nei confronti del dialogo con l'Occidente. Chi vince le elezioni ha il diritto di governare, e non bisogna ripetere da questo punto di vista l'errore fatto qualche anno fa quando le elezioni nei territori palestinesi sono state vinte da Hamas. Con i governanti legittimi bisogna dialogare fintantoché essi non attentano ai diritti umani o minacciano il buon funzionamento delle istituzioni democratiche.

5. LA RISPOSTA REAZIONARIA CHE SI È CERCATO DI DARE ALLA PRIMAVERA ARABA

Al risveglio del mondo arabo di cui si è detto, oggi, si risponde con le guerre minacciate dallo jiadismo, con la creazione di uno stato terrorista quale lo Stato islamico che dovrebbe unificare, attraverso il califfato, il mondo arabo, travolgendo gli stati nazionali nei paesi islamici, e quindi muovendo poi in armi contro l'occidente.

È una follia questa alla quale non si può rispondere solo sul piano militare, ma sul piano politico dando forza ai movimenti scaturiti dalle rivoluzioni che non esprimono certo una domanda di ritorno alla tradizione.

E la risposta, da parte dell'occidente e soprattutto degli europei, alla minaccia del califfato deve essere costituita da manifestazioni di fiducia verso gli sforzi compiuti dal mondo arabo per rinnovarsi. Occorre, insomma, superare quell'atteggiamento di sfiducia con cui spesso si guarda dalla sponda nord a ciò che accade nel mondo arabo islamico, convinti come si è che nessuna rivoluzione della modernità può mettere radici nei territori dell'Islam.

Le rivolte della Primavera araba non annunciano un irrisolvibile conflitto di civiltà. Anzi, prefigurano una volontà di dialogo con l'occidente, ed in particolare con l'Europa, proprio nell'ottica del perseguimento di una modernizzazione sociale e culturale del mondo arabo che non comporti, però, l'americanizzazione delle società islamiche.

Con le rivolte si è, invece, aperto un conflitto sociale dentro l'Islam che tende ad assumere un carattere stabile, anche se non esistono le condizioni per un conflitto di classe quale quello prodotto dalle rivoluzioni industriali in Occidente..

Il fatto che si tratta di rivoluzioni nell'Islam e non contro l'Islam non significa che le rivolta della primavera araba non siano non siano delle vere rivoluzioni che producono anche delle forti divisioni sociali, così' come è avvenuto in occasione delle elezioni svoltesi dopo la fine di alcune dittature. Emerge un conflitto tra partiti religiosi che hanno nel corso degli anni realizzato un forte radicamento popolare, e partiti laici che non riguarda solo il modo come la religione deve porsi all'interno dello spazio pubblico, ma riguarda lo stesso modo di intendere la giustizia sociale, e le azioni che si rendono necessarie per ottenere una diversa distribuzione della ricchezza. Lo scontro riguarda le politiche dell'eguaglianza, sia che si tratti dell'eguaglianza di genere, che i rapporti tra la maggioranza della popolazioni e le minoranza etniche, religiose. È uno scontro che ha ad oggetto non solo il conseguimento di un dominio politico da parte di gruppi politici e apparati pubblici, ma anche le libertà culturali, attraverso la difesa del diritto all'identità dei gruppi minoritari.

Non sempre ciò emerge con chiarezza dalle analisi compiute dai politologi di fronte alle difficoltà che alcuni paesi hanno dovuto affrontare per realizzare un vero ordine democratico, soprattutto dove i partiti religiosi hanno riportato un largo successo elettorale che li ha fatto sentire legittimati a mettere in discussione le concessioni che erano state fatte al popolo delle rivolte una volta destituiti i rais.

Proprio il tentativo di rispondere alla Primavera Araba ed alle rivendicazioni per la democrazia ed i diritti che venivano dalle piazze, nonché la scelta compiuta dai partiti religiosi moderati di partecipare alla vita politica ha prodotto la risposta reazionaria che si concretizza nella nascita del califfato in un territorio compreso tra la Siria e la Iraq. Cioè, si vuole costruire uno stato terrorista che dovrebbe non solo unificare attraverso una guerra di conquista la nazione islamica ma in prospettiva andare alla conquista dell'Occidente cristiano.

6. LE DINAMICHE DELLA FRAMMENTAZIONE DEL MONDO ARABO ISLAMICO. IL CONFLITTO TRA RIVOLUZIONE E CONSERVAZIONE

Le rivolte della Primavera araba, un lato, e, dall'altro, la guerra lanciata al mondo intero, e non solo all'Occidente da parte del califfo che vuole realizzare uno Stato islamico paiono destinati a produrre uno scenario mediterraneo diverso da quello che abbiamo conosciuto all'indomani della fine della guerra fredda, soprattutto con riferimento ai paesi della sponda sud e del Medioriente.

Vi sono alcuni elementi quale bisogna riflettere per capire anche le dinamiche che una situazione mediterranea caratterizzata dal complessivo disordine può determinare.

Stati da sempre ferocemente lotta tra di loro adesso si alleano contro la minaccia del califfato. Basti pensare allo storico conflitto tra Iran e Arabia Saudita per conquistare l'egemonia nella regione. Di fronte alla minaccia del ritorno del califfato tutti gli Stati della regione sembrano destinati ad assumere posizioni convergenti per fermare questa minaccia e a fare prevalere la linea del dialogo con gli Stati Uniti, che finiscono così con il dismettere i panni di un Satana perennemente in agguato per colpire il mondo islamico. Alla base di tale convergenza dei comportamenti pare, tuttavia, che vi sia la paura delle petromonarchie di vedere minacciati i propri interessi dall'emergere di uno Stato islamico sovranazionale che alleandosi con le tribù riesca a costruire una rete di controllo delle risorse petrolifere tale da mettere in crisi lo storico primato conquistato in questo campo da alcuni paesi dell'area. Se questa convergenza dovesse realizzarsi non pare dubbio che lo Stato islamico per l'Occidente possa diventare un "utile" nemico. Il conflitto all'interno del mondo arabo islamico non è più tra filooccidentali e antioccidentali, bensì tra coloro i quali difendono una concezione autoritaria dell'islamismo anche con riferimento all'organizzazione delle strutture dello Stato, e che ritengono che all'interno dello spazio pubblico deve prevalere la legge religiosa (e non semplicemente costituire essa un fattore di influenza culturale) e coloro i quali invece ritengono, nel momento stesso in cui scelgono di emigrare verso i grande centri urbani, sempre più saturati dall'afflusso di popolazioni che vengono dalle zone interne, di disimpegnarsi attraverso questa scelta da ogni forma di obbedienza verso strutture di tipo patriarcale che vengono dissolte dal fatto stesso che il clan attraverso queste fughe, prodotto dalla ricerca di beni e servizi che consentano una vita dignitosa, viene a rompersi. I fenomeni di urbanizzazione rompono l'unità del clan, anche se l'appartenenza all'Islam non viene messa in discussione — e non lo era stata neanche nei giorni delle rivolte della Primavera araba — non pare dubbio che questi fenomeni di massiccia urbanizzazione incidano sugli stessi stili di vita, sempre più orientati a modellarsi sulla base delle immagini di benessere che attraverso le diverse forme di comunicazione arrivano dall'Occidente. Coloro i quali hanno fatto la rivoluzione insomma vogliono essere islamici e non jihadisti, vogliono più benessere e soprattutto che venga a stabilirsi un diverso rapporto tra religione e politica. Ma soprattutto vogliono un vero Stato nazionale che si regga sul principio del potere limitato diviso e che cancelli ogni traccia dello stato patrimoniale che costituiva la regola prima dalle rivolte della Primavera araba in molti territori, e che in alcuni, basti pensare all'Arabia

Saudita, pare essere principio fondante dell'intero sistema istituzionale e sociale. Si tratta di un rifiuto dello stato patrimoniale che pare essere condiviso sia dall'Islam politico che dai suoi oppositori laici.

Al Baghdad con il progetto del califfato vuole cancellare gli stati nazionali della regione. L'idea di una nazione islamica senza frontiere che dichiara guerra all'Occidente e si pone come alternativa agli Stati uniti e l'obiettivo perseguito dal califfo. Ed esso può essere scongiurato se l'Occidente riuscirà a stabilire un nuovo rapporto con il mondo islamico liberandosi dal peso dei tabù che hanno caratterizzato l'America di Bush jr.

Pare che l'America di urbana abbia sconfessato il paradigma di Bush ir, già peraltro sconfitto sul piano militare, che si fondava sulla distinzione tra paesi amici degli Stati Uniti e paesi nemici, questi ultimi tutti indistintamente sospettati di congiurare contro l'Occidente e di proteggere il terrorismo. La difesa degli interessi americani per l'ex presidente americano doveva necessariamente avvenire attraverso una lunga guerra contro gli Stati canaglia. Adesso contro la prospettiva della nascita di uno stato canaglia particolarmente aggressivo paiono schierati sia gli Stati tradizionalmente amici dell'Occidente che quelli considerati contingui al terrorismo di stampo jihadista.

Viene definitivamente sconfitta la tesi dello scontro di civiltà, perché non c'è un dar-al-islam deciso ad attentare alla libertà dell'Occidente. Oggi nei paesi arabi si sono scatenati conflitti non tra gli stati ma tra entità sub statuali o addirittura eserciti mercenari che si muovono sotto le più diverse bandiere che provocano il massacro di cittadini musulmani da parte di altri cittadini musulmani. Si conferma la giustezza dell'analisi di quanti muovendo dalla considerazione che sunniti e sciiti in molti territori avevano a lungo vissuto in pace, hanno spiegato che le rivalità religiose di oggi sono la conseguenza non la causa di rivalità politiche che utilizzano lo schema religioso per risolvere un conflitto che era e rimane un conflitto di potere.

La battaglia dei terroristi che vogliono imporre il califfato con le armi seguendo le gesta del Profeta e ripercorrendone gli itinerari è una battaglia perduta in partenza, così come lo è stata quella di Obama bin Laden che attraverso gli attentati pensava di mettere in ginocchio l'Occidente.

Certo lo Stato islamico dispone di grandi risorse oltre che di milizie internazionali che no n perseguono solo obbiettivi simbolici ma vogliono conquistare territori e ricchezze.

7. PERCHÉ NON PUÒ VINCERE IL CALIFFATO?

Per contrastare efficacemente le milizie dello Stato islamico bisogna conoscere compiutamente le strategie politiche del califfo.

Al Baghdad non è un nuovo Osama Bin Laden pur essendosi formato all'interno del movimento dei talebani. Al Queda aveva scopi ben diversi da quelle perseguite dal califfo. Voleva incutere terrore all'Occidente, farlo sentire insicuro attraverso azioni che colpivano istituzioni emblematiche del potere occidentale o che provocavano delle vere proprie stragi. Non era perseguita, al di là della strategia del terrore, da Osama bin Laden la creazione di uno stato terrorista destinato a sconvolgere l'attuale geografia degli stati nazionali nell'intero mondo arabo.

Al Baghdadi ignora gli attuali confini statali e nelle sue campagne ricalca quelle che erano le strategie di conquista del mondo portate avanti nel settimo secolo. Bin Laden era un terrorista che voleva portare la guerra in casa nostra, lo stratega dello Stato islamico vuole invece sconvolgere l'intera geografia politica prima nel Medioriente e poi nel mondo intero. Il nuovo califfato, insomma, mira alla costituzione di uno Stato islamico senza confini che comporta la ricostituzione di una nazione islamica "larga", in un certo senso compatibile con la sopravvivenza degli stati nazionali. Vuole conquistare un territorio da governare che si espanda con la guerra santa per potere in quei territori imporre i i precetti religiosi del purismo wahabita. Lo Stato islamico non fa riferimento, insomma, ad un particolare territorio. È la nazione islamica che si fa Stato. Si tratta di una interpretazione particolarmente aggressiva dell'Islam politico che mira a galvanizzare il popolo e a mettere in crisi le dinastie.

Al Baghdadi vuole liberare, poi. i luoghi santi per avere un vero potere sulla dar-al-islam. La dimensione territoriale del potere che si vuol affermare supera quindi i clan, le tribù, le appartenenze religiose, che vengono via via incorporate all'interno del disegno del nuovo califfo, pronto acquisirne il consenso attraverso vantaggi di natura economica, e soprattutto attraverso la possibilità di gestire le risorse naturali esistenti nelle rispettive aree di insediamento. L'obiettivo di unificare le tribù sequestrando le ricchezze detenute dagli Stati patrimoniali, comporta che ciascuna entità possa in futuro trafficare nel commercio del petrolio e vendere persino i beni archeologici, stabilendo quindi rapporti organici con un mondo dei trafficanti contiguo ad ambienti della criminalità organizzata.

Tenuto conto dell'obiettivo del califfato di realizzare uno Stato tendenzialmente mondiale, il califfo avversa i movimenti che si battono per il cambiamento prodotti dalle rivolte della Primavera araba in un'area abbastanza vasta in cui via via si sono disgregati alcuni Stati regime, dalla Tunisia all'Egitto, alla Libia, alla Siria ritenendo che i processi di liberazione che quelle rivoluzioni hanno avviato possono portare alla realizzazione dello Stato democratico, che è la negazione dello Stato islamico universale.

In questo senso lo Stato islamico è la risposta reazionaria alla crisi prodotta dai movimenti della Primavera araba, che vengono vissuti come elemento di disordine.

Sul terreno della comunicazione il messaggio che lo Stato islamico manda all'Occidente è quello di essere in grado di colpire qualunque obiettivo nell'area mediterranea e anche altrove grazie alle molte cellule di cui dispone anche in Occidente. Seminando il terrore, l'Is persegue l'obiettivo di ottenere o delle cieche fedeltà o, attraverso operazioni di pulizia etnica, la fuga di intere popolazioni ai territori nei quali esse sono da sempre insediate.

Lo Stato islamico quindi non sarebbe un movimento terrorista qualunque, ma un vero Stato che deve dimostrare all'Occidente la propria capacità di strutturarsi attraverso l'insediamento di apparati amministrativi, l'organizzazione di società civile ben ordinate, di apparati militari dotati di strutture moderne così da potere tempestivamente reagire ad ogni tentativo esterno di occupar i territori che esso ha conquistato.

Le grandi risorse di cui lo Stato islamico dispone, consentono ad esso di dare lavoro nei territori e di formare reparti militari in grado di usare gli armamenti di provenienza americani che sono riusciti a razziare in territorio iracheno, nonché di assistere le popolazioni attraverso elementari ma efficaci forme di welfare, aprendo scuole coraniche, facendo funzionare gli ospedali, e creando reparti di polizia che sappiano garantire l'ordine pubblico e anche vigilare sulla moralità dei comportamenti tenuti dalle popolazioni anche sul terreno nelle abitudini di vita. L'unico modo di sconfiggere politicamente il califfo, che vuole creare il caos planetario, è quello di togliergli il consenso sociale che sta emergendo a suo favore dando forza ai potere locali e costruendo degli Stati federali in Iran e in Libia, così da consentire alle tribù di condividere in modo rilevante la gestione del potere.

Bisogna impedire cioè ad Al Baghdadi di sostituire rais come quello di Damasco e governi fantoccio come quello di Bagdad, contrapponendosi al disegno di chi, soprattutto Erdogan, pensava di poter diventare l'alfiere di un riformismo islamico dando vita ad una serie di regimi satelliti della Turchia che in un certo senso venivano a riprodurre una situazione in qualche modo simile a quella dell'impero Ottomano. Erdogan, nonostante i suoi successi elettorali, oggi pare essere in crisi, pare che il suo momento magico sia finito, e il disegno che coltivava nel momento in cui sono esplose le rivolte non ha possibilità di essere realizzato.

Pare comunque certo che contro Erdogan prima o poi si scatenerà l'offensiva dello Stato islamico, nonostante che allo stato il premier turco mostri di voler temporeggiare di fronte alle azioni militari intraprese dagli Stati Uniti e dai paesi alleati e non intende mettere a disposizione le sue forze militari per sostenere i raid aerei, anche se sta consentendo il passaggio di truppe curde dal territorio turco.

Al disegno del califfato si oppone il presidente americano Obama con argomenti diversi da quelli con il quale il suo predecessore voleva organizzare la guerra al terrorismo in tutto il mondo, e portarla avanti magari da solo, Bush Jr. pensava attraverso la sua guerra di attuare un disegno della provvidenza. Obama non parla come un uomo della provvidenza, né parla del califfato come di un male assoluto, ma come di un regime di tagliagole che vuole mettere a soqquadro il mondo. Non pensa di potere sconfiggere il califfato da solo, ma chiede che più stati si coalizzino per fronteggiare questa drammatica emergenza. E pare determinato ad usare tutti gli argomenti perché nemici storici come Iran e Arabia Saudita possano condividere questa missione con gli Stati Uniti. Obama, a differenza del suo predecessore è assolutamente in linea con il messaggio di papa Francesco secondo cui siamo di fronte ad una terza guerra mondiale a rate. Egli ritiene che non si possono affrontare tutte le crisi, perché non tutte le crisi sono uguali. Oggi, per esempio, la Libia costituisce un caso a sé in quanto che la situazione della Libia somiglia quella dalla Somalia, non c'è uno Stato da espugnare, ma vi è un insieme di tribù che non accettano il vincolo nazionale. In presenza di questa situazione è illusorio pensare che si possa portare l'ordine in Libia attraverso incentivi o disincentivi.

Di una cosa il Presidente americano è giustamente convinto, e cioè che non si può venire a capo dall'esterno nella situazione di caos che regna in Medioriente. Il che significa anche che occorre una certa duttilità nelle strategie con cui si affrontano le crisi, e che non va bene in ogni caso la scelta di un'azione di *peace keping* o di *peace enforcement*, anche perché oggi non si vede all'orizzonte un'autorità internazionale che abbia legittimazione piena nel dare il mandato di intervenire.

Ma c'è soprattutto una differenza sostanziale tra Al Bagdadi e Osama Bin Laden, sulla quale dovrebbe riflettere in primo luogo l'Europa. Lo Stato islamico punta a fare proseliti nei paesi occidentali, ad addestrare nei territori che controlla, i ragazzi che vengono da tutto il mondo, moltissimi dei quali cresciuti nelle città europee, per far sentire sempre più insicuro l'Occidente nel momento in cui esso ha dei nemici in casa in grado di minacciare permanentemente la tranquillità sociale delle popolazioni.

Ciò che è accaduto ad Ottawa, con l'irruzione di un terrorista in Parlamento, non può non seminare terrore oltre che in Canada anche negli Stati Uniti, perché si tratta di un sinistro presagio di minacce che incombono anche sugli Stati Uniti. Il messaggio è che tutti i paesi che fanno parte della coalizione che si oppone allo Stato islamico sono ormai a rischio.

Lo Stato islamico ha costruito una propria legione straniera dalla quale possono emergere terroristi di ritorno pronti a colpire in Occidente. Esso quindi va spazzato via dei territori in cui si è insediato, devono essergli sottratte le grandi risorse che è riuscito ad acquisire occupando quei territori, deve essere sconfitto militarmente oltre che politicamente affinché le popolazioni oggi assoggettate attraverso la violenza possano ribellarsi. Tutto ciò va fatto in tempi rapidi, proprio per dimostrare la vulnerabilità di al Baghdadi.

Lo Stato islamico, infatti, vuole dimostrare al mondo che è in grado di colpire chiunque si ribella al proprio dominio nei territori oggi controllati dagli uomini del califfato o chi si contrappone ad esso dall'esterno del mondo arabo.

Non pare dubbio che la legione straniera di cui si avvale lo Stato islamico è particolarmente pericolosa perché riesce ad operare al buio nelle grandi metropoli dell'Occidente. Il rischio è che si diffonda un sentimento di insicurezza in tutto il mondo destinato a minacciare la tranquillità sociale con conseguenze che possono essere imprevedibili.

Le imprese degli uomini del califfo al Bagdadi impressionano per loro efferatezza-anche se la decapitazione pubblica è una prassi corrente in Arabia Saudita-ma soprattutto per gli scopi in direzione dei quali si muove il califfato e per le strutture di cui si avvale.

A questo fine pare necessario prevedere per tempo quando può avvenire, con la istituzione del califfato, all'interno di un Medioriente in cui molti Stati paiono frantumati o esposti a questo rischio.

C'è poi un altro elemento su cui bisogna seriamente riflettere. Su circa 11.000 jihadisti che hanno risposto all'appello del califfo arruolandosi delle sue milizie il 65% di coloro che stanno combattendo soprattutto insidie viene da paesi considerati stabilizzati come il Marocco(1500), La Tunisia(3000), l'Arabia Saudita(20500). Se costoro diverranno gli agenti del califfato nei paesi di provenienza, il rischio che si possa avere un'opera di destabilizzazione su larga scala.

8. Aiutare i regimi prodotti dalla Primavera araba

Il modo più efficace di combattere lo Stato islamico è quello di assistere politicamente e economicamente i nuovi governi formatisi dopo le rivoluzioni della Primavera araba. Si tratta di governi tutt'altro che stabili. E ancor meno lo saranno i futuri governi che si insedieranno nei territori alle prese con una guerra civile se i conflitti si concluderanno con vincitori e vinti. Tutto ciò può produrre un terreno fertile ai fini dell'affermarsi del terrorismo islamico, perché il richiamo fatto dai jihadisti all'orgoglio islamico potrebbe trovare una diffusa udienza nell'opinione pubblica.

Non è privo di significato il fatto che il nucleo del nuovo Stato islamico sia costituito da territori ricadenti in Iraq e Siria, cioè in territori in cui non c'è più lo Stato, o i regime pare essere in stato di crisi irreversibile. È anche significativo in questo senso che con il califfo vadano schierandosi i perdenti, coloro che sono nostalgici dei vecchi regimi dei due paesi.

Al tempo stesso la spinta propulsiva delle rivolte in direzione di un processo di democratizzazione della vita pubblica non si è esaurita come tanti spiegano, Non è vero che dopo i fatti della Primavera araba siamo di fronte ad un autunno accettato da tutti. C'è un'opinione pubblica nei paesi che sono stati teatro delle rivolte che continua a essere esigente e mobilitata per la conquista dei diritti, e che ha prodotto, in Tunisia ma anche in Egitto, forti reazioni tutte le volte in cui i nuovi regimi hanno cercato di imporre una deriva autoritaria invocando ragioni di ordine pubblico o semplicemente sono apparsi arrendevoli di fronte a gruppi religiosi estremisti che pretendevano il rispetto di un'ortodossia islamica messa a rischio dalle rivolte della Primavera araba e dal sistema delle garanzie inserito nel progetti di Costituzione. È vero che le rivolte sono state contrastate da un fronte controrivoluzionario condotto dall'Arabia Saudita e degli emirati satelliti, e che questi paesi sono parsi impegnati dopo le rivolte a favorire la restaurazione dei vecchi regimi e dei vecchi metodi di governo. E, tuttavia -dove la situazione politica pare evolvere verso una condizione di normalità, si può affermare che gli stati che si vanno ricostruendo pur non rispettando alla lettera i modelli occidentali dello Stato di diritto da questo modello stanno mutuando alcuni caratteri fondamentali, con particolare riferimento ai principi della parità di genere, della libertà religiosa, dell'indipendenza della magistratura, del carattere temporaneo dell'esercizio del potere al vertice delle istituzioni(scoraggiando quindi ogni tentazione di trasmissione del potere acquisito democraticamente per via dinastica) del carattere eccezionale dei regimi di emergenza che venivano dai rais prorogati a tempo indeterminato.

9. Come costruire l'alternativa mediterranea

Di fronte al disordine, ma anche alle speranze, prodotte dalle rivolte della primavera araba l'Europa non può non tornare ad essere un attore fondamentale nella regione mediterranea. L'Europa, soprattutto quella mediterranea, deve tornare a guardare verso sud. E ciò può essere favorito da un riorientamento del processo di integrazione europea che imponga la questione mediterranea come una questione europea.

Occorre tornare all'Europa di Delors, all'Europa che manifestava attenzione e solidarietà verso le popolazioni mediterranee che chiedevano ad essa di essere il volto mite dell'Occidente. Dopo l'86, con l'ingresso di Spagna e Portogallo, i paesi del sud Europa hanno avuto la forza di inserire la questione mediterranea come priorità nell'agenda politica europea. Era proprio la dimensione mediterranea della politica europea che in qualche modo temperava le spinte che venivano dai paesi del nord, interessati a stabilire rapporti di cooperazione privilegiati verso l'Europa dell'est. E segnali importanti in questa direzione sono venuti sin dal 1988 dal Forum mediterraneo aperto ai paesi terzi, e poi con l'avvio del processo di Barcellona che doveva favorire una prosperità nella regione mediterranea al fine di superare alcune disomogeneità di carattere socioeconomico. È, però, un fatto che quella iniziativa per le ragioni considerate è fallita, che gli investimenti europei sono diminuiti paradossalmente a partire proprio dal 1995, al punto che oggi gli investimenti diretti in uscita da paesi europei verso quell'area si sono ridotti al 5%.

L'area di libero scambio non è mai decollata, e non lo poteva perché essa inevitabilmente avrebbe arrecato degli svantaggi alle economie deboli dei paesi arabi che non potevano concorrere con importanti gruppi economici, quali quelle operanti nei paesi della sponda nord del Mediterraneo, senza aggiustamenti strutturali che mitigassero quel " fondamentalismo dei mercati" di cui parla Stiglitz.

Occorre creare adesso, dopo le rivoluzioni per la democrazia, le condizioni culturali per una cooperazione multilaterale in quest'area. E ciò deve essere compito soprattutto di paesi come l'Italia la Francia e la Spagna che hanno la responsabilità di favorire trasferimenti tecnologici e riqualificazione delle risorse umane tali da consentire uno sviluppo destinato ad autoprodursi nei paesi della sponda sud.

Conclusione
Le percezioni sbagliate dell'Occidente e l'assenza dell'Europa nel Mediterraneo

Molti errori compiuti dall'Occidente nel Mediterraneo soprattutto dopo la fine della guerra fredda dipendono dal fatto che le percezioni dei possibili sviluppi delle situazioni di crisi che esplodevano nell'area si sono rivelate del tutto sbagliate.

Coloro i quali ipotizzavano, all'indomani del crollo del comunismo, il trionfo nel mondo di un unico pensiero liberaldemocratico, e quindi un modello di sicurezza unipolare, spiegavano che il nuovo conflitto planetario sarebbe stato un conflitto di civiltà, cioè un conflitto tra il nord e sud del mondo, ed in particolare un conflitto tra l'Islam e l'Occidente. I fatti hanno dimostrato che il mondo arabo era molto diviso al proprio interno sul piano delle tendenze religiose, ma anche su quello dell'atteggiamento da tenere verso l'Occidente, e verso gli Stati Uniti in particolare. Solo dopo l'11 settembre si comincia a distinguere tra Stati canaglia e Stati affidabili dal punto di vista occidentale e ad assumere, da parte delle grandi potenze occidentali i comportamenti conseguenti.

Oggi si compie lo stesso errore quando si parla di una guerra dei fondamentalisti islamici contro l'Occidente, quasi che si sia realizzata l'unità del mondo arabo islamico impegnata a portare avanti una nuova guerra santa.

Le cose non stanno così perché mai come adesso il mondo arabo islamico pare essere realmente unito nella lotta contro il fondamentalismo islamico. E poi bisogna tener conto che oggi all'interno delle milizie che si battono per il califfato militano molti figli dell'Occidente che scelgono la bandiera del califfo non solo per una convinzione religiosa, ma perché ritengono che solo attraverso la lotta armata, da chiunque promossa, essi possano esprimere la loro grande rabbia. I segni di questa dissociazione dei figli dell'Occidente verso l'Occidente dei padri erano chiari quando gli *indignados* negli anni passati marciavano contro le banche, si proponevano di occupare Wall Street, volevano impedire i summit tra i grandi della terra perché convinti che in queste occasioni venivano prese decisioni che erano contro di loro. È insomma l'Occidente che oggi soffre una crisi valoriale che lo porta a regredire rispetto alle grandi conquiste del secolo scorso, come la democrazia rappresentativa ed il modello di Stato sociale o compassionevole verso i più deboli, che ha fatto di esso, e soprattutto dall'Europa, la patria dei diritti. Un riorientamento dell'Europa verso sud, verso il mediterraneo, tale da consentire l'emergere di una alternativa mediterraneo ad un modello di sviluppo che fa della tirannia dei mercati e della competizione senza regole dei valori a cui si deve adeguare la persona umana, che rischia di divenire con i suoi bisogni una variabile sempre più condizionata dalle ragioni dello scambio economico, serve non solo ai paesi della sponda sud ma anche all'Europa ove ormai sono sempre più coloro che nati e vissuti in essa non si riconoscono più.

Bibliografia Consultata

S. Andò, *Transizione democratica e partiti religiosi. La primavera araba ed il caso siriano*, in *Scritti in onore di Augusto Sinagra*, Aracne, Roma 2013, vol. V, pp. 31-65.

A. Andò, *Rivolte arabe, transizione democratica e partiti religiosi*, in *Scritti in onore di Aldo Lojodice*, Cacucci Bari, 2013, pp 1527-1560.

A. Cantaro(a cura di), *Dove vanno le primavere arabe?*, Ediesse, Roma 2013.

S. Rizzo, *Le rivoluzioni della dignità*, Roma, Ediesse, 2012

L. Caracciolo, *Rivoluzioni d'Egitto*, in Limes n. 1, 2013, p. 9.

ID., *La perla di Lawrence*, in "Limes", n. 3, 2013, p. 7.

M. E. Guasconi(a cura di), *Declino europeo e rivolte mediterranee*, Torino, Giappichelli, 2012.

K. Fouad Allam, *Avere vent'anni a Tunisi e al Cairo. Per una lettura delle rivoluzioni arabe*, Venezia, Marsilio 2013.

S. Vaccaro(a cura di), *L'onda araba. I documenti delle rivolte*, Milano, Mimesis, 2012.

L. El Houssi, *Costruire la libertà. Tunisia: dalla modernità alla tradizione?* Padova, Imprimitur, 2012.

D. Quirico, *Primavera araba. Le rivoluzioni dall'altra parte del mare*, Torino, Bollati Boringhieri, 2011.

A. An Na'Im, *Riforma islamica. Diritti umani e libertà nell'Islam contemporaneo*, Roma-Bari, Laterza 2011.

A. Rivera (a cura di), *L'inquietudine dell'Islam*, Bari, Dedalo, 2002

B. Ghalioun, *Islam e islamismo-la modernità tradita*, Roma, Editori Riuniti, 1998.

Pirandello e i miti dell'italianità
La crisi del melodramma e della cultura italiana tardoromantica nelle novelle *Leonora addio!* e *Zuccarello distinto melodista*

Daniela Bombara

> Al di là dell'immagine di un'Italia come paese del bengodi gastronomico, del "dolce far niente" e dell'inettitudine civile, che gode ancora oggi di duratura fortuna, il tratto distintivo di questa terra benedetta dall'eterna primavera appare il canto, considerato connaturato alle melodiose ugole dei nativi, come la bellezza del cielo e la purezza dell'aria (Soldani 5).[1]

Nel vasto e indeterminato universo canoro italiano una componente significativa, perché di grande valore identitario, è certamente il melodramma; soprattutto in età risorgimentale quando, per usare ancora le parole di Simonetta Soldani:

> l'esuberante produzione operistica ha contribuito in modo determinante alla creazione della mitologia nazionale, ma ha soprattutto interpretato la necessità di costruire *il carattere* degli italiani, che notoriamente ne erano privi, e di *virilizzarli* proprio attraverso il primato della musica. [...] Il "volgo disperso" geniale e truffaldino sarebbe divenuto, anche grazie alla musica, un popolo di eroi, di generosi combattenti, di martiri capaci di sacrificio e di coscienza civile (6).

È ormai di dominio comune, infatti, che "la cultura dell'Italia risorgimentale si identifica davvero col melodramma di Verdi più

---

[1] Lo statuto ambiguo di una lingua considerata nelle varie epoche dolce fino all'eccesso, languida ed effeminata, ma anche armoniosa e costituzionalmente musicale, per la presenza di terminazioni vocaliche e di frequenti inversioni dell'ordine delle parole è messo in rilievo da Harro Stammerjohann alla voce *Immagine dell'italiano* dell'Enciclopedia Treccani.

che con il romanzo e con la poesia di Manzoni" (Portinari 137);[2] in questo cruciale periodo storico, che vede la messa in discussione dei privilegi aristocratici, l'opera lirica italiana funziona da efficace "educatore dell'immaginario" di una classe borghese che va consolidando, proprio tramite "la messa in scena delle passioni", un nuovo sistema di valori, incentrato sulla triade Dio, Patria, Famiglia (Cambi 135, 133).[3]

All'estero, dove il teatro musicale italiano è noto al punto che chiunque sia coinvolto nella macchina spettacolare ha "una competenza almeno passiva proprio di quella lingua iperletteraria adottata nei libretti d'opera" (Goldin Folena 27), l'ascolto dell'opera romantica, e in particolar modo verdiana, irrobustisce certamente l'immagine sdolcinata e lasciva che avevano trasmesso all'Europa

---

[2] Sulla stessa linea, in tempi più recenti, Lavagetto: "In questa letteratura subordinata, zeppa di scarti, di resti, di rimasticature, sovraccarica e macchinosa, assurdamente congegnata, si coagulano alcune delle proposte e delle ipotesi fondamentali del Romanticismo italiano" (6).

[3] Si è costituito infatti un pubblico con diverse esigenze rispetto al passato: "Sono le borghesie nazionali che ora si «educano» a teatro, che sorreggono le strutture economiche dell'opera, che aprono su di essa dibattiti di poetica e d'ideologia, che scoprono nello spazio del teatro musicale un luogo di affermazione dei propri valori e della propria identità (legata al conflitto tra individuo e norme etico-sociali, al problema del potere e della libertà)" (Cambi 134). Per questo nuovo tipo di fruitore il melodramma "proietta una concezione-del-mondo, fissa personaggi-miti e situazioni-tipo, offre modelli psicologici e vissuti emblematici, dei quali nutrire la fantasia dello spettatore-ascoltatore e involgerla in una rete di «semantemi» (come farà il romanzo, come farà il teatro drammatico e poi il cinema, ma con una più forte stilizzazione/emblematizzazione, che rende il messaggio dell'opera di più immediata ed evidente lettura, più evidenziata/partecipata attraverso il ruolo di sostegno e enfatizzazione svolto dalla musica). E, insieme con l'immaginario educa i sentimenti: crea «figure» ideal-tipiche che trasmettono messaggi forti e univoci e scava nelle loro anime, radiografando e proiettando il loro vissuto interiore, le dinamiche delle loro passioni stilizzate" (Cambi 135).

sia i cantanti della penisola — spesso castrati, 'mirabili mostri'[4] — che i testi per musica barocchi e arcadici; ma nella ricezione *straniera* del discorso melodrammatico il messaggio patriottico ha una rilevanza limitata, così come la proposta di una costellazione valoriale fondamentalmente conservatrice, qual è quella che le convulse vicende dei libretti d'opera, nonostante tutte le trasgressioni, sentimentalismi, e follie dei personaggi, intendono trasmettere al loro pubblico.[5] Invece risalta al massimo grado "il sentimento romantico dell'amore, la passione incandescente ed assoluta, votata all'eroica, strenua ricerca dell'appagamento" (Bianconi 97), per cui il melodramma appare, ancor più che in Italia, una "rappresentazione sonora dei sentimenti", in grado di fornire un "addestramento collettivo nella conoscenza delle passioni" (Bianconi 97, 86). L'opera in musica diventa quindi emblema di un *Altrove*, carico di energia passionale e connotato da un "eccesso" di slanci emozionali e vitalità, che si contrappone al grigiore del quotidiano. Emma Bovary in Francia, o Anna Karenina in Russia sono entrambe irretite dal teatro musicale: la prima, assistendo alla *Lucia di Lammermoor*, si identifica col personaggio femminile, sentendosi irresistibilmente attratta allo stesso tempo dal tenore e dal corteggiatore di turno; per la seconda "l'opera è una tentazione esotica, affascinante" (Danti 53), ma più che la rappresentazione conta l'intero apparato spettacolare ed il luogo ad esso deputato, dove l'evento teatrale si rispecchia e duplica nello sfoggio di vanità e l'esibizione di secolari privilegi da parte della classe aristocratica. Luca Danti legge queste tragiche figure di donne come 'provinciali', distanti da un centro non solo geografico ma ideologico — il nucleo pul-

---

[4] Innaturali ma fascinosi, così li presenta Vanna De Angelis in *Eunuchi* :"Erano i "mostri" a incantare gli appassionati di musica e a far perdere la testa a donne e uomini" (127).

[5] "L'opera, quindi, modella due percorsi educativi — come quello dell'ideologia e quello del desiderio — che entrano in conflitto e, attraverso una catastrofe, riconfermano la superiorità e imprescindibilità della Norma" (Cambi 144).

sante della cultura romantica — escluse da un'esistenza autentica, vi possono accedere solo virtualmente, tramite l'esperienza, fatalmente passiva, di spettatrici del melodramma.

Esaurita la fase risorgimentale, sarà il melodramma verista ad imporre all'estero l'immagine della Sicilia come stereotipo di italianità: in primo piano l'istintualità primordiale, la violenza, le tematiche della gelosia e del tradimento.[6] Si tratta di una breve stagione: ai primi del '900 l'esasperata drammaticità ed il realismo di un Mascagni o di un Leoncavallo cedono il passo al teatro di Wagner, nel quale suggestioni mitologiche e leggendarie, inserite in un complesso sistema di segni spettacolari che assegna pari rilevanza alla parola drammatica, alla musica e al movimento scenico, esprimono sentimenti, moti dell'animo, ma anche pulsioni inconsce dei personaggi. Il drammone verista, ancora di grande suc-

---

[6] L'ambientazione meridionale funge "da fondale pittoresco, da cornice esotica ambiguamente attraente" (Soldani 181); ma la fortuna dell'opera verista all'estero risiede in altro, nell'accentuare l'immagine superficiale e stereotipata di un paese straccione e primitivo, irrazionale perché dominato da sfrenatezza e disordine sentimentale: "le piaghe della miseria e l'accensione passionale del Sud premoderno affascinavano, associate, come lo erano sempre state, all'immagine solare dell'opera italiana. La neonata moda del «melodramma delle aree depresse», come lo ha definito Celletti, [Rodolfo *Il melodramma delle aree depresse*] con le inevitabili cadute nel bozzetto di maniera o nell'ipertrofia sentimentale, contribuì proprio a identificare (anzi a inchiodare) lo stereotipo dell'italianità con quella del Meridione" (Soldani 181). Di fatto il melodramma verista si situa in una fase *calante* dell'ideologia risorgimentale e ne evidenzia l'involuzione: "Le creazioni musicali post-unitarie riescono, infatti, a riproporre idiomi e immagini appartenenti al patrimonio operistico della tradizione, risolvendoli in stereotipi codificati e svuotati dei loro significati storici" (Sapienza 138). Sull'esaurirsi dello slancio patriottico, la massificazione delle tematiche romantiche e l'imposizione di una *moda* melodrammatica si era già espresso Portinari: "Il verismo aveva significato tra l'altro l'adozione di temi sociali degradati [ma, nel caso del melodramma], il rischio sotteso ed esploso con evidenza è che l'operazione si esaurisca in un cambiamento scenografico, con molto "colore", o nell'oratoria becera [...]. È una corsa al "vero" epigonale, è un'accumulazione ripetitiva. È cioè il caso di parlare di moda" (240, 242).

cesso all'estero, diventa forma residuale, quasi folklorica, di un'italianità musicale che appartiene ormai al passato.

La tensione fra vecchie e nuove forme crea un ampio spazio di discussione e di elaborazione creativa; in quest'ambito si inserisce naturalmente Luigi Pirandello, scrittore impegnato a discutere e 'smontare' stereotipi, come forme del pensiero costrittive che ingabbiano il continuo fluire della vita e della produzione artistica. L'autore pubblica nel 1910 una novella musicale, *Leonora addio!*, nella quale il melodramma si presenta in primo luogo come modello fuorviante di esistenza romanticizzata; poi diventa invece la chiave per comprendere il senso doloroso della vita.[7] Mommina, assidua frequentatrice dell'opera, che ripropone fra le mura di casa cantando arie e cori con madre e sorelle, ha assorbito di quel mondo soprattutto il comportamento passionale e licenzioso, che esibisce sfacciatamente facendosi corteggiare da ufficialetti compiacenti, e suscitando scandalo nel chiuso paesino siciliano dov'è nata. Paradossalmente la protagonista, la cui estrazione meridionale sarebbe vista come indice di italianità da uno sguardo europeo abituato al dramma di tardo Ottocento, si comporta da *straniera* nei confronti dello spettacolo operistico, che interpreta come emblema di un comportamento italiano audace, vitalistico, in grado di svuotare di senso il ristretto codice morale isolano . Ogni licenza, ogni trasgressione, riprende i rituali di corteggiamento, gelosia, esibizione narcisista visti e goduti a teatro; i comportamenti immorali sono accompagnati da una costante frase giustificativa, *Nel Continente si fa così* , che vuole marcare la "moda" oltre lo Stretto, inconoscibile per distanza geografica ma esperita attraverso l'ascolto e la visione del melodramma. La facile formula consente ogni eccesso, ogni trasgressione, scandendo l'esistenza delle quattro audaci ragazze, che ci appaiono più maliziose fanciulle da

---

[7] La novella appare per la prima volta sul "Corriere della Sera", 6 novembre 1910; è poi inclusa da Treves (1912) nella raccolta *Terzetti,* e infine da Bemporad (1928) nel dodicesimo volume delle "novelle per un anno", *Il viaggio.*

opera buffa che eroine tragiche, per quanto si camuffino da personaggi verdiani nelle serate familiari in cui duplicano, in forma amatoriale e con sfrenata allegria, gli spettacoli a cui hanno assistito.

Provinciale quindi come Emma e Anna, Mommina evade da un contesto ambientale soffocante grazie al melodramma, che ascolta e riproduce al tempo stesso; infine decide di rientrare nella *normalità* sposando Rico Verri, geloso ufficiale che ha sostenuto numerosi duelli con i compagni per difendere il suo onore; la furiosa gelosia del giovane viene interpretata come ardore romantico dalla protagonista, che si è ormai identificata a tal punto con l'universo finzionale dei libretti d'opera da non essere più in grado di riconoscere la realtà. Ed essa ci appare come la deformazione desublimante degli stessi drammi di amore, violenza e gelosia che Mommina aveva apprezzato sulla scena: imprigionata con le figlie da un marito follemente sospettoso in una casa/ prigione, la donna soffre in silenzio. Quando trova nella giacca del marito un biglietto de *La forza del destino,* avverte l'insopprimibile bisogno di ricreare quel seducente mondo spettacolare che le è ormai precluso, e canta alle figlie l'intera opera, a cui seguirà il giorno dopo gli *Ugonotti* di Meyerbeer . Rico, insospettito dallo stato di esaltazione in cui trova la moglie, torna improvvisamente a casa, e sente il *Miserere* che precede l'esecuzione di Manrico ne *Il Trovatore,* poi l'aria del tenore, *Leonora, addio!;* entrando nella stanza l'uomo trova Mommina/ Manrico, uccisa dallo sforzo e dall'emozione.

Luca Danti afferma che il provincialismo di Mommina le impedisce di comprendere effettivamente il senso del melodramma, del quale fornisce una versione eccessivamente sentimentale che si sovrappone alla realtà e ne altera i contorni sublimandola: il brutale Rico Verri "diventa agli occhi della futura sposa il Raul degli *Huguenots*, il bandito eponimo dell'*Ernani* di Verdi, ma soprattutto il protagonista maschile della *Forza del destino* (Danti 91).

Leggendo la storia in termini pirandelliani possiamo dire che la ragazza cerca di conquistarsi spazi di libertà dalla *forma* e dalle regole che la comunità siciliana impone cadendo in un'altra trappola, nelle maglie di una italianità musicale posticcia, di un Romanticismo *operistico* male interpretato, che ne segna il destino tragico. Mommina diventa quindi una *Traviata*, costretta a scontare con la morte la trasgressione[8] e il congegno melodrammatico, a cui negli anni della giovinezza si accostava con leggerezza, si chiude su di lei come una morsa:

> Nel caso della prima citazione dalla *Forza del destino* [*né toglier mi potrò l'immagin sua dal cor*, quando la protagonista decide di sposare Verri] è Mommina che cerca la convergenza tra vita e melodramma; nel caso di «Come il dì primo da tant'anni dura / Profondo il mio soffrir», la disgraziata sposa di Rico Verri si imbatte suo malgrado in un pugno di versi che riflettono la sua condizione; infine, nel caso dei brani tratti dal *Trovatore*, [*Sconto col sangue mio L'amor che posi in te! Non ti scordar, non ti scordar di me, Leonora, addio!*] non è l'interprete che seleziona le pagine in base al suo stato, ma è il destino inesorabile e beffardo che fa inverare l'opera lirica nella vita della protagonista fino alla morte (Danti 93).

Il fraintendimento genera quindi gradatamente una nuova forma di conoscenza: nell'orrida solitudine della sua casa/ prigione la donna canta le opere del periodo felice prima del matrimonio e ricrea un mondo, ma soprattutto inventa un ipertesto operistico che mescola arie e cori provenienti da libretti differenti; questo *assemblaggio* di elementi diversi scorre parallelamente alla vicenda, rispecchiandola e fornendo al lettore/ ascoltatore delle musiche citate la chiave interpretativa del testo narrativo.[9]

---

[8] "La protagonista verdiana e l'improvvisata cantante di Pirandello sono entrambe le vittime di un destino ineluttabile. Anche Mommina, come la Violetta dannunziana, è piuttosto in carne, ma la sua non è la grassezza di una donna florida; ella è una donna disfatta, anche fisicamente" (Danti 92)

[9] Bisogna dire che in realtà Mommina canta per intero diverse opere, ma Pirandello cita di esse solo alcuni momenti significativi; si tratta di uno stratagemma

Durante la sua sfrenata giovinezza Mommina era rimasta invece alla superficie del melodramma, distante e *straniera*, sorda alle profonde implicazioni del discorso lirico.[10] Ciò avviene anche perché la protagonista ha fatto esperienza dell'opera lirica in modo mediato: o la vede inserita in un mondo teatrale dove l'*ascolto è* una parte minima, e conta soprattutto l'evento mondano; oppure la rivive attraverso le sue personali interpretazioni da divertita *amateur*; infine l'ascolta in esecuzioni bandistiche. Mi sembra non sia stato rilevato dalla critica la *presenza* sonora della banda, che marca nella storia i momenti nodali della trasgressione sessuale:

> quando la domenica sera sonava nella villa comunale la banda del reggimento, ognuna delle quattro sorelle si allontanava a

---

che consente di estrapolare il frammento operistico e risemantizzarlo, collegandolo concettualmente ed emozionalmente al precedente e successivo. In un'intervista Gesualdo Bufalino osserva come l'abitudine di interpretare le opere per intero fra le mura di casa, da parte di utenti non specialisti e anche non acculturati, fosse del tutto normale per i tempi in cui Pirandello scrive la novella; e la scelta di Verdi (*La forza del destino, Il Trovatore*) deriva, a suo parere, dal fatto che "inclina verso la tragedia dalle tinte più fosche, quella a cui lo spirito siciliano si sente maggiormente vicino" (Dimartino). Il costume tipicamente italiano di riprodurre a memoria i melodrammi viene quindi usato da Pirandello, in un gioco di rispecchiamenti che è proprio della sua poetica, per riposizionare il senso dell'opera nostrana, non più occasione di divertimento o sfogo passionale ma, come vedremo, esperienza di scoperta del tragico sotteso all'esistenza. Per la nozione di ipertesto come assemblaggio di *pezzi* si rimanda a Derrida.

[10] È possibile comunque che il fraintendimento sia intenzionale: Mommina ,"la più saggia tra le quattro sorelle", ci dice il narratore "capiva tante cose", e forse non confonde realmente teatro e vita, ma piuttosto utilizza le categorie del primo per sopravvivere nell'altra; la trasformazione del geloso Rico in eroe romantico serve allora come copertura ideologica per giustificare un matrimonio azzardato, perché era nota la gelosia irrazionale del pretendente. Il melodramma dapprima "suona come elemento ironico e straniante" (Nicastro 23), perché maschera le vere intenzioni della ragazza; poi, quando il passionale Verri ha rivelato la sua natura violenta, l'opera musicale serve alla donna imprigionata " per recuperare la memoria di sé, per riappropriarsi, mediante il gesto della finzione, della sua identità perduta". (Nicastro 24).

braccetto d'un ufficiale per i viali più reconditi a inseguire le lucciole.
[Rico Verri] gli veniva di stringerle le bianche e fresche braccia […] fino a farle mettere un piccolo grido. Nella villa comunale sonava allora la banda del reggimento (Pirandello, "Leonora, addio!" 650, 654)

La banda suona musica operistica 'ridotta', degradata, per adattarla ad un pubblico di massa; specchio della percezione semplicistica del melodramma, come occasione e giustificazione di licenza morale, che ne ha la famiglia La Croce.[11]

Anche nella descrizione del nucleo familiare gli elementi sonori hanno una precisa funzione semantica: il padre, don Palmiro, ingegnere minerario, "Sampognetta, come lo chiamavano tutti, perché, distratto, fischiava sempre" (Pirandello, "Leonora, addio!" 649) è connotato fonicamente: la sua presenza/assenza esprime un grado zero della comunicazione musicale, il fischio, al confine con il rumore; quando Verri si impone violentemente in casa La Croce dopo i duelli "don Palmiro, sordo, se ne stava a fischiare di là"

---

[11] "Le bande, nelle loro consuete esibizioni di repertorio operistico in tutte le piazze d'Italia, erano la testimonianza vivente della particolare familiarità di cui godeva il melodramma nella cultura italiana, dovuta al fatto che, fin dalla sua origine, il codice operistico si era rivelato immediatamente riconoscibile" (Soldani 186). Nell'intervista citata Bufalino si riferisce specificatamente alla situazione siciliana, osservando che per il popolo "l'unico spettacolo concesso restava l'opera dei pupi e il teatro d'opera, nella versione che ne davano ogni domenica sulla piazza principale le bande municipali. In ogni città c'era un corpo bandistico, i cui programmi (non siamo a Salisburgo) ignoravano la musica classica ed eseguivano solo musica lirica. Era quello che chiedevano le orecchie e i sentimenti dell'ascoltatore operaio o piccolo borghese" (Dimartino). L'esecuzione bandistica come principale veicolo di trasmissione dell'opera è comunque un fatto *provinciale,* che ne comporta una percezione falsata e distorta : quando il melodramma arriva in periferia, quindi, il suo messaggio si snatura, non educa più a valori morali, ma fornisce il pretesto per sfuggire ad essi. Il teatro musicale diventa quindi simbolo del mondo audace e sfacciato dello spettacolo; delle idealità romantiche è rimasto solo il vuoto involucro.

(649).¹² Escluso da una famiglia in cui tutti cantano o suonano, Sampognetta è l'immagine rovesciata dei padri del melodramma, incarnazioni dell'autorità: la sua figura è quindi indizio di un parallelo ribaltamento della vicenda, che non sarà affatto un dramma sentimentale, dove i giovani affermano le loro ragioni "contro il padre" (Baldacci) ma piuttosto una tragedia del quotidiano, in cui la passione amorosa si rivela violento desiderio di possesso; Verri, lo si è visto, strattona Mommina nell'impeto della passione e la sposa "per puntiglio" (Pirandello, "Leonora, addio!" 651).

All'insistita dimensione sonora della prima parte — lo spettacolo operistico sia pubblico che casalingo, la banda, il nome 'sonoro' del padre — segue la seconda, dominata da un silenzio che predispone al raccoglimento interiore;¹³ allora "l'anima nostra si spoglia di tutte le finzioni abituali e […] ci sentiamo assaltare da una strana impressione, come se, in un baleno, ci si chiarisce una realtà diversa da quella che normalmente percepiamo" (Pirandello, *L'Umorismo* 140).

---

¹² Anche il nome in sé è significativo, com'è usuale in Pirandello: *Sampognetta* può essere inteso come diminuitivo di *sampogna* (nella 4° edizione (1729-1738) del *Vocabolario degli accademici della Crusca* la definizione è "Strumento musicale di fiato. Lat. *fistula*. Gr. σύριγξ."), e quindi alludere alla musica tradizionale, e simbolicamente ad un ruolo arcaico della persona che porta questo soprannome — anche per la scelta della versione più antica del lemma -; un ruolo sicuramente 'ridotto', come indica il diminuitivo ingiurioso e ridicolo. Si consideri inoltre che il termine nel linguaggio ottocentesco, soprattutto in Italia del Nord, indica anche l'ancia degli strumenti a fiato, per cui Palmiro, nell'orchestra familiare, non sarebbe neanche uno strumento, per quanto sorpassato e rimpicciolito, ma addirittura, metonimicamente, la componente quasi invisibile di una classe di strumenti. Troviamo *sampognetta* nell'accezione di *linguetta, ancia* degli strumenti a fiato nei vocabolari di Ponza (3) e Cherubini (18).

¹³ Nella casa/ prigione della protagonista i suoni distanti si svuotano di senso: "Udiva nel silenzio profondo dalle viuzze più prossime qualche suono di passi; la voce di qualche donna che forse aspettava come lei; l'abbaiare d'un cane e, con più angoscia, il suono dell'ora dal campanile della chiesa più vicina. Perché misurava il tempo quell'orologio? a chi segnava le ore? Tutto era morto e vano. (Pirandello, "Leonora, addio!" 654)

Il biglietto teatrale trovato nella giacca del marito è metonimia di una forma spettacolare che ormai appartiene al passato, e che Mommina può rivivere nella sua essenzialità, senza fascinosi distrattori — sontuose scenografie, costumi, esibizioni di cantanti e pubblico; un 'teatro di narrazione' *ante litteram*, in cui la realtà è rispecchiata ed interpretata attraverso una *mise en abyme* che ne rivela l'assurdità e la sostanza doloristica.

La donna recita alle figlie *La forza del destino*, ma nel racconto sono presenti solo i primi versi dell'aria del soprano al quarto atto: *Pace, pace, mio Dio!/ Cruda sventura/m'astringe, ahimè, a languir; / Come il dì primo/ da tanti anni dura/ profondo il mio soffrir*. Ciò basta per far scattare l'identificazione vita/ teatro, Mommina/ Leonora: entrambe le donne vivono infatti prigioniere in un antro, ma la prima sperimenta su di sé una doppia costrizione, poiché risulta bloccata fisicamente da un corpo gigantesco, "da una gravezza di carne morta, senza più sangue" (Pirandello, "Leonora, addio!" 653), e mentalmente dall'impossibilità di accedere al suo passato felice, poiché il geloso Verri le vieta perfino i ricordi.[14] La donna promette alle figlie che il giorno dopo "avrebbe rappresentato loro un'altra opera più bella, "Gli Ugonotti" (Pirandello, "Leonora, addio!" 656); la nota opera di Meyerbeer è *più bella* in quanto rappresenta per Mommina un successivo momento di consapevolezza

---

[14] Nel tempo della giovinezza la scelta di Verri era stata motivata proprio da un passo della stessa aria, che la ragazza aveva richiamato alla memoria per illudersi di stare vivendo una storia di passione (*Ne togliermi potrò/ l'immagin sua dal cor*); ora l'amore — vero o presunto che fosse — si è rivelato un tragico inganno. Osserva con acutezza Lugnani che Mommina s'interrompe dopo il quarto verso non solo per la commozione, ma anche perché, se continuasse, dovrebbe rievocare la passione per don Alvaro, mentre non può più farlo, una volta che ha acquisito la consapevolezza di quanto la sua percezione romanticizzata degli eventi sia stata distante dalla realtà (Pirandello, "Leonora, addio!" 1349, n. 23).

della propria condizione.[15] Anche se il narratore sottolinea con enfasi che la donna ha cantato e recitato l'opera integralmente, nella memoria delle bambine, e quindi del lettore, restano i due momenti citati nella novella: il primo è l'aria di Marcello, *Pif, paf, pif, Dispersa sen vada la nera masnada;* la citazione ridottissima sembra riferirsi ad un canto allegro e combattivo, la cui onomatopea iniziale attira le bimbe. Ma l'aria di Marcel, servo di Raul, qualifica un personaggio intransigente che sbandiera il suo irriducibile protestantesimo di fronte ad una tavolata di cattolici — fra i quali si trova il suo padrone — intonando il canto di battaglia degli Ugonotti, anticlericale ma soprattutto diretto contro le donne. Anche se le parole con cui prosegue il canto di guerra (*pietade non sento/ di donna al lamento [...] si fuggan sue frodi,/si spezzin suoi nodi,/che pianga, che muora,/ ma grazia non v'è*) non sono citate, il lettore del tempo, conoscitore del melodramma, poteva completare facilmente la citazione, e collegare la misoginia e la violenza del servitore con il sadismo grottesco di Verri: i colpi onomatopeici di archibugio, *pif paf pif* sono diretti proprio alle donne, e ricordano il Mò con cui Verri apostrofava Mommina , "quando pur con la voce la voleva percuotere" (Pirandello, "Leonora, addio!" 654). Nella seconda citazione dagli *Huguenots*, alla dolorosa presa di coscienza si sostituisce la speranza, o anche il ricordo consolante del passato felice, ed infatti il brano musicale è cantato anche dalle bambine; si tratta di un coro di damigelle, nella terza scena del secondo atto, che presenta un momento di calma e gioia, poiché Valentina confessa il suo amore per Raul alla regina Margherita, e questa benevolmente decide le nozze: *Al rezzo placido/ dei verdi faggi/ Correte, o giovani/ vaghe beltà....* Comunque si interpreti la citazione, immagine di un utopico futuro positivo, o ricordo di un passato altrettanto

---

[15] *Les Huguenots* (1836) è un'opera francese di Giacomo Meyerbeer, su libretto di Eugene Scribe e Emile Deschamps. La storia racconta il conflitto fra Cattolici e Protestanti e gli eventi del Massacro di San Bartolomeo.

armonioso, essa esprime il distacco dal presente, una volta che la figura temibile di Verri è stata compresa e *giudicata*.

L'ultima opera è *Il Trovatore*, forse la più vicina alla novella pirandelliana, come ha già notato Guido Nicastro nel saggio citato: un'altra Leonora si sacrifica ad un uomo per amore, come Mommina; in primo piano vediamo inoltre il legame familiare madre/figli, centrale anche nel racconto, dove la protagonista, malata di cuore, si sfinisce a cantare per donare alle figlie, attraverso il teatro, un minimo di esperienza di vita.

Se le citazioni individuano determinate fasi della narrazione potremmo, con tipica titolazione romantica, assegnare ad ognuna un 'quadro', secondo una scansione emozionale e contenutistica che è presente nella stessa opera verdiana: a *Dolore, Rivelazione, Speranza* o *Dolce ricordo*, seguirebbe *Espiazione*, l'ultima tappa del *bildungsroman* di Mommina; la donna ha quindi creato un doppio del melodramma, autentica immagine della vita umana quanto quello della giovinezza ne era invece la copia frivola, sentimentalizzata ed eroticizzata. Nelle vesti di Manrico, Mommina sembra rivolgersi al suo *alter ego* melodrammatico e abbandonare le scene, finalmente libera nella morte: *Sconto col sangue mio/ l'amor che posi in te!/ Non ti scordar, non ti scordar di me/ Leonora, addio!*[16]

Nuovamente *Il Trovatore* funge da commento musicale degli eventi quando Verri, salendo in casa sente il *Miserere* del coro, che all'inizio del quarto atto scandisce il dialogo fra Leonora e Manrico. Si tratta di una citazione imperfetta: in Pirandello *Miserere d'un uomo che s'avvia*; nell'opera *Miserere d'un'alma già vicina/ alla partenza che non ha ritorno!* Più concreto il riferimento all'elemento ma-

---

[16] Anche Lugnani ritiene che Mommina non si sia solamente travestita per esigenze sceniche, ma che si identifichi con Manrico, per riappropriarsi del passato felice e della propria identità. "L'enorme Momma, la deforme e oltraggiata Mò trova pateticamente modo, travestendosi come un tempo, di resuscitare la propria giovinezza e di morire, almeno, tornando Mommina nei panni dell'innamorato Manrico" (Pirandello, "Leonora, addio!" 1350-1351, note 31 e 32).

schile della coppia, rispetto all'astratto *alma*; l'autore vuole indirizzare il suo *Miserere* a Mommina travestita da Manrico, personaggio nel quale la donna si è interamente identificata e *riscattata*? Ritengo invece che lo sguardo pietoso del coro, e la compassione dell'autore, si rivolgano a Verri, imprigionato nell'ossessione di una folle gelosia, personaggio alienato e deformato, che non riesce a *sentire* se stesso. La vera morte è quella di Verri, la cui esistenza perde di senso con la scomparsa del suo unico obiettivo — la moglie da torturare —, mentre Mommina ascende ad una dimensione superiore poiché da inconsapevole spettatrice del melodramma è diventata compositrice; la donna ha infatti costruito un ipertesto operistico che segue gli stessi meccanismi combinatori della librettistica ottocentesca (Beghelli), e funziona da chiave di volta per comprendere l'orrore e l'insensatezza della propria esistenza, e quindi della vita stessa.

L'opera lirica italiana quindi non è più intesa come occasione di distrazione, o di abbandono all'effusione sentimentale: la protagonista ha compreso finalmente l'effettiva sostanza, seria, tragica, ed infine 'educativa', del teatro musicale. Può essere interessante osservare come la prima parte del racconto sia attraversata da un'ossessione del travestimento, poiché i personaggi *indossano* ruoli sentimentali e melodrammatici per mascherare la loro vera natura; anche la madre, soprannominata dagli ufficiali *donna Nicodema*, quindi farisea, diventa per virtù del soprannome esempio di doppiezza, ed infatti copre la sua incapacità di assumere un ruolo patriarcale che ha preso con la forza camuffandolo da apertura mentale, e da adesione ai comportamenti continentali. Nella sua ultima parte *en travesti*, invece, Mommina si incarna realmente nel melodramma verdiano, e lo fa rinascere donandogli la propria carica vitale.[17] Il calcio finale di Verri alla moglie ormai cadavere in-

---

[17] Lo slancio creativo della protagonista costituisce anche la risposta a quell'imposizione di *italianità* — come costumi, leggi, cultura — che in Sicilia era stata avvertita come principale conseguenza, per molti aspetti negativa, dei moti risor-

dica la sconfessione del dramma verista, di cui si fa carico il personaggio più negativo della storia; la morte di Mommina invece mostra l'intatta validità ed il valore conoscitivo della passione romantica.[18]

La protagonista di "Leonora addio!" sconta quindi sulla sua persona il crollo del mito di un'italianità musicale quando essa venga intesa come puro divertimento — sganciata quindi dallo slancio ideale del periodo risorgimentale —, e recupera solo con la morte l'autenticità del melodramma.

Qualche anno dopo il modesto cantante di un'altra novella pirandelliana, *Zuccarello distinto melodista*, brucia invece le tappe, poiché fin dall'inizio si situa volontariamente ai margini dell'esistenza, e del sistema spettacolare, esibendosi in un caffè sotterraneo.[19] È cambiato comunque lo scenario: non siamo in un oscuro paesino siciliano, dove l'opera lirica è ancora la principale forma di intrattenimento delle masse ed esercita un fascino indiscusso, pur generando rischiose identificazioni e pericolosi fraintendimenti; Zuccarello lavora a Roma, nella capitale affollata e convulsa, che può accettare un *melodista*, quindi un esecutore dell'attardato repertorio belliniano o rossiniano, solo confinandolo in un

---

gimentali: quando Mommina assorbiva passivamente la moda continentale essa non costituiva occasione di crescita ma piuttosto di emarginazione; ora invece la donna rielabora l'ideologia romantica del melodramma italiano e arriva a comprendere quanto essa sia ancora adatta a definire il dramma dell'esistenza, in particolare l'antitesi fra desiderio del singolo e le rigide norme sociali.

[18] Osserva infatti Lugnani come la reazione di Verri serva a conferire il sigillo finale alla negatività del personaggio: "L'urlo di rabbia, il suo avventarsi, il gesto di rimuovere col piede il corpo della moglie dimostrano che il delirio spietato di Rico Verri non si placa neppure di fronte alla morte: nel folle teatro della sua gelosia, Mommina è morta cantando d'amore e tradendolo" (Pirandello, "Leonora, addio!" 1351, nota 33).

[19] Il racconto, pubblicato su "La Grande Illustrazione" di Pescara nel dicembre del 1914, viene incluso da Treves nel 1917 nella raccolta *E domani, lunedì...*(Milano: Treves, 1917) ; nel 1928 è ristampato da Bemporad nel tredicesimo volume delle "novelle per un anno", dal titolo *Candelora*.

caffè-concerto profondissimo, a cui si arriva "per due lunghe rampe di scala" (Pirandello, "Zuccarello distinto melodista" 119). Il luogo ha "il rigido squallore di una tomba" (119); gli spettatori sono "morti in anticamera, aspiranti morti, pochissimi e oppressi da una disperata tristezza" (Pirandello, "Zuccarello" 120). Tutti gli elementi della *performance* appaiono ribaltati di segno: "il piccolo palcoscenico, dove una scheletrica *stella italiana* miagolava", il "rombo dell'orchestrina", il pubblico *negato*, poiché "nessuno guardava verso il piccolo palcoscenico" (Pirandello, "Zuccarello" 120). In questo quadro di "abolizione della spettacolarità" (Cordelli 1983) Zuccarello si trova perfettamente a suo agio, ritagliandosi nell'estrema periferia del sistema teatrale, forse al di fuori del sistema stesso, uno spazio infimo; in tal modo il cantante lirico risponde esattamente alle minime pretese di un'industria dell'intrattenimento che ha ormai ben altri obiettivi: ai primi del Novecento si è infatti aggravata la "crisi del melodramma" (Salvetti 241), e "nella dicotomia cultura- divertimento l'opera scende di rango, si svuota e si ripete" (Tedeschi 30). Zuccarello invece raggiunge l'*assoluto*, il massimo risultato possibile consentito alle sue capacità canore, proprio accettando l'emarginazione.

È il narratore della vicenda, Perazzetti, anche lui volontariamente *escluso* da una società in cui solo ai margini sono consentiti spazi di libertà,[20] che si incarica di spiegare il senso delle scelte di Zuccarello. Il giovane vede dalla strada un'insegna illuminata da "due arrabbiatissime lampade elettriche"; le luci "scaraventavano friggendo un violento sbarbaglio livido" (Pirandello, "Zuccarello"

---

[20] Nella novella immediatamente precedente, *Ma non è una cosa seria*, Perazzetti evita le trappole dell'attrazione amorosa e del conseguente matrimonio sposando "per scherzo" una donna orribile, una mendicante che vive per strada; in tal modo il protagonista si mette a riparo dalla passione, ma soprattutto dal rischio di chiudersi in una situazione definita, in un ruolo statico che ne soffocherebbe lo slancio vitale.

117) su un manifesto che annuncia, in latente contraddizione, l'esibizione modesta di un *Zuccarello distinto melodista*.

> Davanti a questo nome, con tanta rabbia folgorato da quelle due lampade, io mi fermai con la certezza acquistata lí per lí che questo signor Zuccarello, il quale si qualificava da sé, con dolce probità, *distinto melodista* doveva aver raggiunto l'assoluto, e dunque, senza meno, essere un dio. [...] Se ci riflettete bene, non può di conseguenza non essere un dio chi abbia raggiunto l'assoluto. [...] Un falso dio si sarebbe proclamato senz'altro: *celebre melodista*. Lui, no. Al signor Zuccarello, dio vero del suo mondo qual è, quale può essere, quale deve essere, basta proclamarsi *distinto melodista*. Tanto e non più. Cioè, quanto basta per esser lui, e non un altro". (Pirandello, "Zuccarello" 117-118)

Zuccarello si sottrae a tutte le trappole dell'arte del mondo di superficie, in particolare alla logica commerciale ad essa sottesa, e quindi alla necessità di *piacere* al pubblico. La sua arte "modesta", "distinta", comunica un senso di libertà, poiché è espressione dell'unicità dell'individuo.

Ecco perché il *distinto melodista* si adira infinitamente quanto Perazzetti costringe il direttore del locale a fare scendere diversi avventori, perché assistano alla sua interpretazione. Gli spettatori improvvisati rimangono inevitabilmente delusi, non comprendendo il valore dell'arte minimale di Zuccarello "quando cominciò a belare, appassionatamente" (Pirandello, "Zuccarello" 123). Come la vecchia imbellettata de *L'Umorismo* il cantante del sottosuolo appare, al pubblico dei vivi, ridicolo nella sua pochezza piccolo borghese, residuo di un'epoca che non esiste più; egli si è concesso una vacanza dal reale e dalle trappole dell'esistenza che può essere compresa veramente solo da altri personaggi 'umoristici', anch'essi dei *sopravvissuti,* come Perazzetti e i clienti mortuari del caffè sotterraneo.

Il personaggio appare quindi un doppio deformato e ribaltato del cantante d'opera italiano : alla "declamazione stentorea" del tenore romantico, alla modulazione convulsa degli interpreti veristi — "sillabazione martellata", "attacchi d'impeto, acuti pesi di scatto, troncature improvvise" (D'Amico 1689) — subentra la flebile, monotona esibizione di Zuccarello, "con un che di caprigno nei capelli fitti, ricci e neri, e anche nella voce"; un artista misurato, che nella conclusione inserisce "un buon acuto finale, smorzato con arte" (Pirandello, "Zuccarello" 123). Alle paghe esorbitanti dei cantanti di cartello (Rosselli, Celletti) si contrappone la povertà del protagonista, rivelata dalla moglie cenciosa, "vestita di un abito nero, inverdito e sfrittellato, con un cappellino frusto" (124), che "senza muovere un lamento, faceva di tutto per tener lui come un damerino" (Pirandello, "Zuccarello" 125). Non vi è traccia, nello spettacolo *ctonio* di Zuccarello e dei suoi colleghi, dell'attenzione che il melodramma ottocentesco e i suoi attori riservano ai gusti e alle attese di un pubblico così avido da trasformare il cantante in *merce*, contesa da impresari ed agenti teatrali; anzi la cacofonia determinata dall'incrocio fra voce sguaiata della canzonettista e orchestra rumorosa provoca "una violenza orribile, d'indegno stordimento, alla tragica, sconsolante solitudine di quelle poche mummie di avventori" (Pirandello, "Zuccarello" 120).[21]

---

[21] Ecco invece un esempio opposto, che appartiene alla ormai trascorsa stagione verista; ne *La serata della diva*, Verga descrive con grande capacità espressiva la corrente di attrazione sensuale che corre fra la cantante, ricomparsa a ricevere gli applausi, e il pubblico plaudente: "Più vicino, dinanzi a lei, dei professori d'orchestra si erano levati in piedi, plaudenti, e sino in fondo alla vasta sala, lungo la fila dei palchi gremiti di spettatori, nel brulichìo immenso della folla variopinta, si sentiva correre, quasi un fremito d'entusiasmo, l'eccitamento delle note d'Aïda ancora vibranti nell'aria e dei seni ignudi che si gonfiavano mollemente, tutta la vaga sensualità diffusa per la sala, che rivolgevasi verso l'attrice e l'avviluppava come una carezza del pubblico intero—colle mani che si stendevano verso di lei per applaudirla—colle grida che inneggiavano al suo nome—col luccichìo dei cannocchiali che cercavano il suo sorriso ancora inebbriato, il sogno d'amore ch'era ancora nei suoi occhi, l'insenatura delicata del suo petto e la curva elegante della

Il protagonista, accettando una posizione defilata, mette quindi in rilievo, con maggiore icasticità di quanto avvenga in *Leonora, addio!*, la crisi del melodramma, arte che non può più adattarsi ad un contesto sociale ed economico ormai mutato; ne deriva il crollo del mito di un' italianità musicale che, declinata in forme spettacolari di grande fascino e successo, era stata veicolo dei valori costitutivi dell'identità nazionale. L'opera romantica, dopo la massificazione subita nel periodo verista, si è degradata, riducendosi a puro intrattenimento — Zuccarello canta una *romanza* innominata, e sganciata da un qualunque contesto narrativo —, e vive in concorrenza con altre forme di spettacolo musicale più attraenti. La stessa figura del cantante ha subito un "imborghesimento", ed è evidente "la sua lenta discesa dal piedistallo su cui l'immaginazione del pubblico l'ha collocato da secoli" (Celletti 1659). Le ragioni sono molteplici: l'avvento del grammofono, che sottrae all'interpretazione dell'artista l'aura di unicità; la concorrenza del cinema; la riforma wagneriana, che conferisce centralità all'orchestra e subordina la *performance* del solista alle ragioni del dramma. La popolarità dell'opera verista, d'altra parte, aveva determinato il proliferare di cantanti di minor livello e di allestimenti improvvisati, in una parola del guittismo, a cui forse allude l'esibizione squallida di Zuccarello. Come i grotteschi *Pagliacci* di Leoncavallo il pro-

---

maglia che balenava tratto tratto fra le pieghe della tunica d'Aïda, trasparente e semiaperta, quasi cedendo già all'invito delle braccia tese verso di lei, mentre essa inchinavasi dolcemente, col sorriso tuttora avido, volgendo sguardi lunghi e molli che cercavano l'amore della folla." (Verga 73-74). Sandra Pietrini traccia un quadro esauriente del rapporto quasi morboso che si instaura, nel contesto del melodramma ottocentesco, fra un pubblico affascinato ma al tempo stesso in grado di imporre i propri gusti e desideri e gli attori della *performance;* all'interno del suo discorso è interessante l'accenno alla "tentazione del melodramma" (299) in cui cade Mommina in *Leonora, addio!* : "il teatro è un fantasma evocato che riemerge con il suo impeto ideale solo per scontrarsi con la triste realtà, dopo che il fascino della scena ha sprigionato tutta la sua influenza nefasta attraverso l'attivazione di un immaginario eroico e passionale" (300).

tagonista è ridicolo e compassionevole insieme nel suo compiaciuto, ma appena accennato, narcisismo marionettistico: "Nelle pause, cacciava fuori la lingua, sorridendo, per umettarsi le labbra, e graziosamente, con due dita, si tirava i polsini di sotto le maniche" (Pirandello, "Zuccarello" 123). Il *sentimento del contrario* investe quindi l'immagine vulgata dell'italiano melodrammatico, che si salva dal ridicolo solo accettando di non rappresentare più le idealità di una nazione ormai proiettata verso altre, nuove forme artistiche.

Come Mommina, Zuccarello svolge in solitudine la sua azione di *smontaggio* dell'italianità musicale; entrambi esiliati ai margini, per provenienza geografica — anche Zuccarello viene dalla provincia[22] —, poi per destino o per scelta, osservano la realtà da una *distanza* che consente l'elaborazione critica. Allora dietro lo spettacolo si intravede la miseria del guitto, nel caso di Zuccarello; al di là delle vicende romantiche dell'opera musicale emerge il nucleo di sofferenza che tali situazioni origina o determina: ed è la storia tragica di Mommina.

Lo stesso ingranaggio distruttivo, in forme ancora più esasperate, è messo in moto in *Questa sera si recita a soggetto*, composta a Berlino nel 1929, rappresentata la prima volta alla Neues Schauspielhaus di Koenigsberg il 25 gennaio 1930, nella versione di Harry Kahn. Nell'opera teatrale il regista Hinkfuss vorrebbe utilizzare la vicenda di Mommina solo come canovaccio per una recitazione *all'improvviso*, ma il lavoro si configura invece come vera e propria riscrittura della novella, di cui potenzia il carattere patetico e insieme la conflittualità fra personaggi, e fra attori e personaggi. Il dispotico Hinkfuss mette in scena il racconto in

---

[22] "In quell'equilibrio perfetto che solamente può dare la piena soddisfazione di sé, egli aveva capito che a lui conveniva d'essere un piccolo dio provinciale, di condurre cioè nei paeselli di provincia la sua modesta divinità; e gli bastava perciò di poter dire, per accrescere colà il suo prestigio, d'aver cantato a Roma, in un caffè-concerto di Roma; quale, non importava (Pirandello, "Zuccarello" 124).

modo *straniato* evidenziando continuamente i meccanismi che regolano la recitazione di una vicenda dalle tinte melodrammatiche, e inglobando la stessa in un 'sistema sonoro' che comprende altre forme di espressione musicale: ad apertura egli ha infatti allestito una processione religiosa tradizionale, il cui denso volume fonico si contrappone ad un moderno *cabaret* presente sull'altro lato della scena. Qui si esibisce una *Chanteuse* da cui è attratto Sampognetta: figura enigmatica, perennemente in lacrime, una vera e propria icona del dolore. Si apre quindi uno spazio di differenza rispetto all'ambientazione inizialmente verista — con il dramma della gelosia e la morte di Sampognetta —, spazio amplificato dalla dimensione puramente rumoristica del campo di aviazione allestito dal regista nell'intermezzo;[23] gli attori intanto si recano a vedere un'opera verdiana *di secondo grado*, perché proiettata su uno schermo. Da un lato quindi abbiamo una gamma di suoni che appartiene alla civiltà umana, dalle forme più tradizionali alle moderne: i

---

[23] Hinkfuss volutamente esaspera la drammaticità della novella seguendo gli schemi di una *sicilianità* deteriore: la morte di Sampognetta come dramma di gelosia è infatti una sua idea, che direziona diversamente il contenuto del testo originario. "Scena capitale, signori, per le conseguenze che porta. L'ho trovata io; nella novella non c'è; e son certo anzi che l'autore non l'avrebbe mai messa, anche per uno scrupolo ch'io non avevo motivo di rispettare; di non ribadire, cioè, la credenza, molto diffusa, che in Sicilia si faccia tant'uso del coltello. Se l'idea di far morire il personaggio gli fosse venuta, l'avrebbe forse fatto morire d'una sincope o d'altro accidente. Ma voi vedete che altro effetto teatrale consegue una morte come io l'ho immaginata, col vino e il sangue e un braccio al collo di quella Chanteuse" (Pirandello, "Questa sera" 530). È nota l'avversione di Pirandello per la teatralità verista, per un'"estetica del coltello" (Tedeschi 73) che non solo falsa la realtà riducendola a stereotipo, ma priva di forza espressiva e di significazione il rivestimento musicale: "Chi musica Tosca o Fedora mostra di non intendere, o di non volere intendere che cosa sia o debba essere un melodramma, per la semplicissima ragione che la musica in tali drammi, comunque sia compiuti, rappresenta non solo un contorno superfluo e ozioso, ma — nel senso classico della parola — una contaminazione indegna. [...] La musica offende perché pone il sentimento vago, che è proprio delle sue forme e de' suoi modi, tra le idee e le rappresentazioni precise d'un dramma realistico" (Pirandello, "Illustratori" 190).

canti sacri, il melodramma, il jazz; dall'altra i rumori della civiltà delle macchine, quindi i motori degli aerei ed il sonoro del film/opera, progettati da Hinkfuss; una contrapposizione che ritroveremo nei *Quaderni di Serafino Gubbio operatore* (1915/25).[24] Ma gli attori si ribellano, rifiutano il freddo meccanismo teatrale, e rivendicano il diritto di *recitare* compiutamente la parte dei personaggi immedesimandosi in loro e soffrendo realmente per Mommina, la cui tragica vicenda è amplificata da un rivestimento sonoro di continue citazioni operistiche, soprattutto da *Il Trovatore* (Nicastro 27- 32; Barnes 275-277; Alfonzetti 239-241; Mellace 456). Al di là delle mode teatrali e dei generi musicali dell'epoca presentati nella *piéce*, si riscopre quindi intatta la grande lezione del melodramma verdiano (Bàrberi Squarotti 163), che comunque può anche essere affiancato da forme espressive più moderne, e insieme ad esse generare un'avvertita comprensione del dolore. La figura della *Chanteuse*, metonimicamente ridotta a 'lacrima' umana, esprime l'assolutezza della sofferenza e l'importanza del coinvolgimento emotivo, educando ai sentimenti; compito già demandato, lo abbiamo visto, all'opera lirica risorgimentale.

La musicalità italiana riscopre quindi il suo nucleo di emozionalità, evitando però la passione urlata e volgare, la meridionalità che il verismo aveva impresso come etichetta nella percezione europea della cultura nostrana, al di là dell'ambito strettamente musicale. Non è solo Mommina il personaggio depositario del senso profondo della storia; anche la figura di Sampognetta è centrale, poiché il personaggio intuisce la verità del pianto della cantante dietro la *posa* jazzistica; padre e figlia condividono un destino di morte , ma la loro fine tragica non deve essere intesa come una

---

[24] Secondo Doireann Lalor, la confusione e mescolanza di suoni in *Questa sera si recita a soggetto* indica una visione pessimista della modernità: "This is a terrifying and desperate vision, characterized by conflict and confusion. The modern consciousness, here, is a space in which dissonant voices crash and collide [...], a vehicle for representing modernity" (7).

sconfitta quanto piuttosto una conferma dell'autenticità del sentire, che un'esperienza musicale complessa, tradizionale e innovativa insieme, veicola ed esalta.

WORKS CITED

Alfonzetti, Beatrice. "Favola e musica nel teatro di Pirandello." *Dal libro al libretto: la letteratura per musica dal '700 al '900.* Ed. Mariasilvia Tatti. Roma: Bulzoni, 2005. 223-244.

Baldacci, Luigi. *Libretti d'opera.* Firenze: Vallecchi, 1974.

Bàrberi Squarotti, Giorgio. *Le Sorti del tragico: il Novecento italiano, romanzo e teatro.* Ravenna: Longo, 1978.

Barnes, John C. Intertestualità operistica in "Leonora, addio!". *Pirandello: teatro e musica.* Ed. Enzo Lauretta. Palermo: Palumbo, 1995. 265-277.

Bianconi, Lorenzo. "La forma musicale come scuola dei sentimenti". *Educazione musicale e formazione.* Ed. Giuseppina La Fauci Bianconi e Franco Frabboni. Milano: Franco Angeli, 2008. 85-120.

Bisicchia, Andrea. *Pirandello in scena: il linguaggio della rappresentazione.* UTET università, 2007.

Cambi, Franco. "Il melodramma e i suoi libretti: un educatore dell'immaginario tra borghesia e popolo (parte prima)". *Studi sulla Formazione.* Firenze University Press: 134-156.

Celletti, Rodolfo. Voce "Cantante". *Enciclopedia dello Spettacolo.* Vol. II. Roma: Le Maschere, 1954. 1650- 1660.

Celletti, Rodolfo. *Il melodramma delle aree depresse.* "Discoteca", 21 e 22, giugno e luglio 1962.

Cherubini, Francesco. *Vocabolario milanese-italiano A-C,* 1, dall'Imp. Regia Stamperia, 1839.

Cordelli, Franco. *Proprietà perduta.* Guanda, 1983.

Danti, Luca. *Il melodramma tra centro e periferia. Scene di provinciali all'opera nella narrativa dell'Ottocento e del Novecento.* Venezia: Edizioni Ca' Foscari-Digital Publishing, 2014.

De Angelis, Vanna. *Eunuchi.* Casale Monferrato: Piemme, 2000.

D'Amico, Fedele. Voce "Canto". *Enciclopedia dello Spettacolo.* Vol. II. Roma: Le Maschere, 1954. 1668-1699.

Derrida, Jacques. *La voce e il fenomeno.* (*La voix et le phénomène,* Paris, Presses Universitaires de France, 1967). Milano: Jaca Book, 1984.

Dimartino, Tania. "U teatru" intervista sul melodramma in Sicilia di Gesualdo Bufalino". *Atti dello psicodramma*, 8, 1983.

Goldin Folena, Daniela. "Seguendo Da Ponte: l'italiano lingua dei teatri musicali europei". *Italiano: lingua di cultura europea*. Atti del Simposio internazionale in memoria di Gianfranco Folena. Weimar 11-13 aprile 1996. Ed. Harro Stammerjohann. Tübingen: Gunter Narr Verlag, 1997. 19-36.

Lalor, Doireann. "Confusion and simultaneity in *Questa sera si recita a soggetto*". *Pirandello Studies*, 27, 2007: 7-26.

Lavagetto, Mario. *Quei più modesti romanzi: il libretto nel melodramma di Verdi*, Edt, 2003.

Mellace, Raffaele. "Letteratura e musica". *Storia della letteratura italiana: Il Novecento. Scenari di fine secolo*. Vol. 1. Nino Borsellino and Lucio Felici, eds. Milano: Garzanti, 2001. 431-496.

Nicastro, Guido. "*Leonora, addio!* o di Pirandello e il melodramma". *Scena e scrittura. Momenti del teatro italiano del Novecento*. Soveria Mannelli: Rubbettino, 1996. 21-32.

Pirandello, Luigi. "Illustratori attori e traduttori". *L'umorismo e altri saggi*. Enrico Ghidetti ed. Giunti Editori, 1994. 189-204.

_____. "Leonora, addio!". *Tutte le novelle*. *II. (1905-1913)*. Lucio Lugnani ed. Milano: BUR, 2007.649- 657. Note 1346-1351.

_____. "L'Umorismo". *L'umorismo e altri saggi*. Enrico Ghidetti ed. Giunti Editori, 1994. 3-147.

_____. "Questa sera si recita a soggetto" *Teatro*. Ed. Giovanni Macchia. Milano: BUR, 2007. 484-547

_____. "Zuccarello distinto melodista". *Tutte le novelle*. *III. (1914-1936)*. Lucio Lugnani ed. Milano: BUR, 2007.116-125. Notes 783-789.

Pietrini, Sandra. *Fuori scena. Il teatro dietro le quinte nell'Ottocento*. Roma: Bulzoni 2004.

Ponza, Michele. *Vocabolario piemontese-italiano e italiano-piemontese*. Torino: Paravia, 1843.

Portinari, Folco. *Pari siamo! Io la lingua, egli ha il pugnale. Storia del melodramma ottocentesco attraverso i suoi libretti*. Torino: EDT, 1981.

Rosselli, John. *Il cantante d'opera. Storia di una professione (1600-1900)*. Bologna: Il Mulino, 1993.

Salvetti, Guido. *La nascita del Novecento. Storia della musica*, vol. 10. Torino: EDT, 1991.

Sapienza, Annamaria. *La parodia dell'opera lirica a Napoli nell'Ottocento*, Napoli: Lettere Italiane, 1998.

Soldani, Simonetta. *"O patria mia". Passione e identità nazionale nel melodramma italiano dell'Ottocento*. Firenze: Le Lettere, 2011.Torino: EDT, 1991.

Stammerjohann, Harro. Voce "Immagine dell'italiano". *Enciclopedia dell'Italiano*. Dir. R. Simone. Roma: *Istituto* dell'Enciclopedia italiana Treccani, 2010.

Tedeschi, Rubens. *Addio, fiorito asil: il melodramma italiano da Rossini al verismo*. Pordenone: Edizioni Studio Tesi, 1992.

Verga, Giovanni "La serata della diva". *Don Candeloro e Ci*. Milano: Treves, 1894. 69-90.

Il meraviglioso medievale nella novelle di Boccaccio
Il paese di cuccagna

Lucilla Bonavita

Il tema della beffa, dei burlatori e dei burlati è assai frequente nelle novelle del *Decameron* tanto che si può affermare che essi esprimano uno dei motivi centrali della raccolta: l'esaltazione dell'intelligenza pronta e sagace, dell'accortezza, di quella saviezza che è armonico dominio di sé e capacità di apprendere la difficile arte del vivere. Nei casi migliori, quale è quello della novella di *Calandrino e l'elitropia*, la beffa si presenta come un lucido capolavoro di intelligenza, un'opera d'arte goduta dal beffatore, senza altra preoccupazione che la gioia del successo. Il beffato, a sua volta, rappresenta lo spirito goffo e grossolano, costante fonte di riso per lo scrittore che lo pone allegramente in caricatura. Calandrino rappresenta la più celebre e artisticamente riuscita figura di beffato del *Decameron*: è l'uomo credulone che si crede intelligente, uomo volgare nei suoi pensieri, intraprendente, pieno di fiducia in se stesso e di vitalità. Fra le novelle dedicate a Calandrino, la presente è quella che lo delinea più compiutamente, con la sua cupidigia ed idiozia sostenute fino all'eroismo di un martirio silenzioso, l'improvviso scoppio di furore contro la moglie, rea, secondo lui, di aver rotto l'incantesimo della pietra che lo rende invisibile, così necessaria per attuare i suoi sogni di potenza, a lui, povero gonzo sempre gabbato e governato dispoticamente dalla moglie.

L'interesse del presente studio, però, non è quello di approfondire l'analisi della tematica della beffa che vede, d'altronde, un proliferare sistematico di studi ad essa dedicata, ma di porre in luce la presenza di un tema nuovo all'interno dell'economia delle novelle del *Decameron*: quello del paese di Cuccagna e la sua appartenenza alla fase estetizzante del meraviglioso medievale.

La terza novella dell'ottava giornata è scandita in tre sequenze distinte che danno vita a tre scene di grande vivacità drammatica: nella prima predominano i preliminari della beffa progettata da Maso del Saggio e, dal punto di vista della tecnica narratologico, in questa parte domina nettamente il dialogo; nella seconda, rappresentata dalla quête della pietra magica, l'azione e il movimento prevalgono sul dialogo; infine, la terza è costituita dal ritorno a casa di Calandrino ed in questo caso il dialogo riprende il predominio.

Il paragrafo nove della prima sequenza permette a Giovanni Boccaccio di effettuare una inserzione meravigliosa all'interno dell'intreccio narrativo: a Calandrino in cerca dell'elitropia

> Maso rispose che le più si trovavano in Berlinzone, terra dei baschi, in una contrada che si chiamava Bengodi, nella quale si legano le vigne con le salsicce e avevavisi un'oca a denaio e un papero giunta; e eravi una montagna tutta di formaggio parmigiano grattuggiato, sopra la quale stavan genti che niuna altra cosa facevano che far maccheroni e raviuoli e cuocerli in brodo di capponi, e poi gli gittavan quindi giù, e chi più ne pigliava più se n'aveva; e ivi presso correva un fiumicel di vernaccia, della migliore che mai si bevve, senza avervi entro gocciola d'acqua. (Boccaccio, 648)

Nella prima sequenza appare un motivo nuovo, quello del paese di Bengodi: è un motivo che ha radici profonde nelle credenze popolari e nel folklore (Cocchiara): il sogno del paese dell'abbondanza, dove è possibile mangiare a sazietà, è chiaramente la proiezione fantasticamente rovesciata di un mondo, come era ancora quello dell'Italia trecentesca, dove quotidianamente i ceti inferiori dovevano lottare con la fame.

Berlinzone e Bengodi rappresentano nomi immaginari di una geografia fantasiosa e grottesca come quella descritta da frate Cipolla: Berlinzone è forse storpiatura di Bellinzona o di Berençon e Bengodi è nome favoloso del paese di Cuccagna al quale vengono attribuiti quei caratteri impossibili, con meraviglie soprattutto alimentari.

A proposito del meraviglioso, secondo le ricerche di Erich Köhler, nell'Occidente medievale si pongono tre grandi questioni. Il primo problema è costituito dalla ricezione del meraviglioso durante il corso del V secolo fino all'XI secolo. Tale periodo sembra caratterizzato da una sorta di repressione, da parte della Chiesa, del meraviglioso in quanto veicolo di una cultura ritenuta pagana a causa del pericoloso potere di seduzione esercitato sulle anime (Köhler). I secoli XII e XIII sono caratterizzati da una penetrazione del meraviglioso nella cultura cortese, rappresentata dalla cavalleria e dalla piccola e media nobiltà, che desiderava proporre una cultura meno vincolata ai dogmi rispetto a quella ecclesiastica (Köhler).

La terza fase è costituita, secondo la definizione datane da Le Goff, dalla "estetizzazione del meraviglioso", secondo delle coordinate letterarie più che sociologiche (Köhler).

Il ruolo del meraviglioso all'interno di una religione monoteista costituisce la seconda questione: per il secolo XII e XIII esiste una diversificazione terminologica nel mondo del soprannaturale che consente di coniugare il meraviglioso in rapporto alla religione cristiana. Una indagine assai accurata sulla suddivisione del mondo soprannaturale occidentale dei secoli XII e XIII in tre ambiti contraddistinti da tre aggettivi, *mirabilis, magicus e miraculosus*, è stata condotta dagli studi di Le Goff che individua nell'aggettivo *mirabilis* il meraviglioso con le sue origine precristiane. Il termine *magicus* di per sé poteva essere neutro per gli uomini dell'Occidente medievale poiché si riconosceva l'esistenza di una magia bianca e di una nera anche se il termine *magicus* e il campo semantico da esso designato scivolò rapidamente dalla parte del male. Dal *miraculosus* invece procede quello che, secondo Le Goff, si potrebbe chiamare il meraviglioso cristiano (Le Goff).

L'ultimo problema è costituito dalla funzione del meraviglioso che nell'Occidente medievale si manifesta attraverso alcuni temi come l'ozio, il benessere alimentare e la licenza sessuale che rappresentano, secondo lo studioso Le Goff, un universo rovesciato che funge da antidoto alla quotidianità. In questo contesto, indipendentemente da ogni casualità, appare il tema del paese di Cuccagna come tipica creazione medievale che rappresenta in sé la concreta manifestazione di una mitica età dell'oro: un mondo a rovescio (Le Goff, 12) che costituisce una sorta di resistenza al cristianesimo ufficiale.

In epoca contemporanea, muovendosi nel campo della definizione, non si può prescindere da quella offerta da Tzvetan Todorov, secondo il quale il *meraviglioso* costituisce una opposizione allo strano poiché il primo non ha delle sue spiegazioni intrinseche e suppone l'esistenza del soprannaturale (Todorov). Il meraviglioso medievale però non può essere concepito secondo la definizione di Todorov poiché esso, secondo Paul Zumthor, richiede un 'lettore implicito' che si orienta verso una spiegazione naturale o soprannaturale. Nel meraviglioso medievale, invece, il lettore implicito viene escluso poiché viene dato come oggettivo, attraverso testi 'impersonali' (Zumthor). Secondo quanto affermato, pertanto, la magistrale descrizione che Boccaccio offre del paese di Cuccagna nel quale si può individuare quella funzione di contrappeso alla regolarità del quotidiano che si manifesta attraverso l'elaborazione di un mondo alla rovescia che trova negli elementi indicati precedentemente la sua ragione inequivocabile di manifestarsi, colloca il 'meraviglioso' del grande prosatore medievale all'interno di quel processo di "estetizzazione" (Le Goff, 12) del meraviglioso che vede interessati i secoli XIV e XV.

Nel Paese di Bengodi che rimanda, in maniera esplicitamente dichiarata dal nome, al paese di Cuccagna che agli occhi dell'ingenuo e credulone Calandrino si profila come un reale paradiso in terra, l'elemento dell'abbondanza alimentare prevale in maniera vistosa rispetto agli altri dati caratterizzanti la funzione della compensazione del paese di Cuccagna: la nudità, la libertà sessuale, l'ozio, infatti, vengono taciuti da Boccaccio. Probabilmente il grande narratore del Decameron conosce il difetto principale di Calandrino che, oltre ad essere un uomo semplice, si profila anche come un gran ghiottone o, in fiorentino, 'berlingaio' termine che si ricollega a quello di Berlinzone e di cui ne rappresenta una storpiatura: le vigne legate con le salsicce, l'oca e il papero acquistabili ad un prezzo irrisorio, la montagna di formaggio grattuggiato e la gente che non faceva altro che fare maccheroni e ravioli per cuocerli poi in un brodo di capponi e in ultimo quel fiumicello di prelibata vernaccia non possono che suscitare un *oh!* estatico e commosso del povero Calandrino che è caduto nella rete e sogna ad occhi aperti.

Successivamente alla descrizione della contrada di Bengodi, segue, vivacissimo ed incalzante, il dialogo tra Calandrino e Maso del Saggio, persona realmente esistita come, d'altra parte, lo stesso Calandrino, nome di fantasia di Giovannozzo di Pierino, pittore insieme a Bruno e Buffalmacco. Maso era, oltre che un gran burlone, un sensale e nella sua bottega si riunivano gli spiriti migliori di Firenze. Nell'economia del dialogo, Maso risponde con delle frasi che sembrano esaustive e chiare ma che in realtà non dicono nulla. Dire, infatti, di essere stato a Bengodi una volta come mille volte, non significa dire di esserci veramente stato, ma è la brama di Calandrino che conferisce alla parola il senso da lui voluto. Di fronte alle altre risposte insensate di Maso, Calandrino non ha orecchio se non per i sogni che cantano nel suo cuore e vede solo il volto serissimo e dignitoso di Maso, e questo basta a togliere dal suo animo ogni sospetto di essere beffato. Una conferma della ghiottoneria di cui soffre Calandrino è data dal sospiro dell'anima emesso di fronte alla consapevolezza della lontananza del paese di Cuccagna: "Troppo ci è di lungi a' fatti miei! Ma se più presso ci fosse, ben ti dico che io vi verrei una volta con essoteco, pur per veder fare il tomo a quei maccheroni, e tormene una satolla" (Boccaccio, 649).

Dopo il sospiro dell'anima, Calandrino erompe in espressioni di ingordigia intensa e trasognata: che bellezza andare a Bengodi e rotolare giù quei maccheroni e farne una scorpacciata! Calandrino si mostra talmente commosso per quel nuovo e mirabile mondo che Maso ha fatto balenare ai suoi occhi, che prima di richiamarlo all'argomento essenziale, le pietre magiche, lo benedice commosso. Infatti, così si legge: "Ma dimmi, che lieto sie tu, in queste contrade non se ne trova niuna di queste pietre virtuose?" (Boccaccio, 649).

Ad una abbondanza alimentare descritta nella prima sequenza, segue una abbondanza di pietre preziose, gli smeraldi, così poco apprezzati tanto da costituire delle montagne intere più alte di Monte Morello e che risplendono nel cuore della notte: "[...] ma ecci di questi macigni sì gran quantità, che appo noi è poco prezzata, come appo loro gli smeraldi, de' quali v'ha maggior montagne che Monte Morello, che rilucon di mezza notte, vatti con Dio" (Boccaccio, 649). L'espressione "vatti con Dio", inserita all'interno della spiegazione data da Maso sulla duplice specie di pietre dotate di grandissima virtù "l'una sono i macigni da Settignano e da Montici, per virtù de' quali, quando son macine fatti, se ne fa la farina [...] L'altra si è una pietra, la quale noi altri lapidari appelliamo elitropia [...]" (Boccaccio, 649) non è neanche percepita da Calandrino che sente solo quello che lo interessa, coglie le immagini che più colpiscono la sua fantasia: le splendide montagne di smeraldi.

L'abbondanza, pertanto, sia essa alimentare o minerale, si presenta come mondo alla rovescia, come una sorta di compensazione della estrema indigenza in cui versavano i contadini nel XIV secolo, pertanto l'arte diventa una sorta di filtro per lenire le ferite, non solo razionali ma concrete provate dall'Assurdo o qualsiasi altro nome lo possa identificare: Sfortuna, Male, Irrazionale. Attraverso il paese di Cuccagna, perciò, Giovanni Boccaccio cerca di lenire, in primo luogo, estetizzando che non significa 'rendere più bello'; con tale espressione s'intende anzitutto dare un nuovo significato all'esistente, ricostruendone una semantica che superi la meschinità del dato oggettivo e lo trascenda. La ricerca estetica permette di avvicinarsi all'Assurdo molto più della ricerca razionale-scientifica o fideistica. Tutto ciò può accadere a causa della sua origine radicalmente umana e ciò emerge in maniera evidente confrontando l'arte, in questo caso intesa come manifestazione letteraria, al fenomeno religioso. La religione, affinchè sia davvero tale, deve ricondurre le sue credenze ad una divinità, ovvero a qualcosa di Inspiegabile, di Trascendente: si cerca così di contrapporre all'Assurdo, un suo pari che è essenziale che abbia un contatto con il nostro mondo. Ugualmente il fenomeno della estetizzazione letteraria supera in efficacia e forza il discorso razionale, interviene laddove la mente fatica ad ordinare: la sua necessità sorge da quegli interstizi di vuoto che il discorso scientifico-razionale non riesce a comprendere e dalla partecipazione al dolore da parte dell'artista dal quale anche la più sofferente delle esperienze umane può essere estetizzata. Alla luce di quanto affermato, si può allora sostenere che il paese di Bengodi appartiene a giusto merito a quella fase che da Le Goff è stata individuata come estetizzazione del meraviglioso avvenuta durante i secoli XIV e XV.

Opere Citate

Boccaccio, Giovanni. *Decameron*, Roma: Mondadori, 2012.
Cocchiara, Giuseppe. *Il paese di Cuccagna*, Torino: Boringhieri, 1959.
Köhler, Erich. *L'avventura cavalleresca, ideale e realtà nei poemi della tavola rotonda*, Bologna: Il Mulino, 2000.

Le Goff, Jacques. *Il meraviglioso e il quotidiano nell'Occidente medievale*, Roma: La Terza, 2002.
Todorov, Tzvetan. *La letteratura fantastica*, Milano: Garzanti, 1977.
Zumthor, Paul. *Essai de poétique médiévale*. Milano: Édition de Seuil, 1972.

"bianchi e immobili per sempre"
Vincenzo Consolo e il Mediterraneo

Cinzia Gallo

"Bianchi e immobili per sempre" (Consolo, 2012: 116): è questa la riflessione di Vincenzo Consolo, nel saggio *Porta Venezia*, del 1985, di fronte agli Africani che lo avvolgono, in questa zona di Milano, con "un'ondata di mediterraneità, di meridionalità", che gli procura "una sensazione di distensione, di riconciliazione" (Consolo, 2012: 112), di vitalità, rafforzata dalle varie famiglie di siciliani, calabresi, pugliesi che affollano i marciapiedi di corso Buenos Aires. Di fronte, allora, agli Eritrei che mangiano il loro "*zichinì*" (Consolo, 2012: 114), prendendolo con le dita da un piatto comune, in modo da favorire l'instaurarsi di rapporti di socialità, di fronte alla musica egiziana che sembra essere "la matrice d'ogni musica mediterranea, del *cante jondo* andaluso, dei canti dei carrettieri siciliani, delle serenate napoletane" (Consolo, 2012: 115), l'intervento di tre poliziotti costituisce la reazione di un mondo chiuso in se stesso e vicino all'agonia. Consolo non può fare a meno, quindi, di collegare il bianco con la vecchiaia, di ricordare il crogiuolo di razze succedutesi nel corso dei secoli in Sicilia, di opporre il mondo contadino del Sud, in cui si mangiava da un piatto comune, al Nord industrializzato, che rappresenta, invece, "la rottura della comunione, la separazione dei corpi, la solitudine, la diffidenza, la paura d'ognuno nei confronti dell'altro" (Consolo, 2012: 114).

Non si può che concordare, dunque, con Norma Bouchard e Massimo Lollini, che, presentando alcuni testi di Consolo, vedono nella regione del Mediterraneo, appoggiandosi alle interpretazioni di Fernard Braudel e Franco Cassano, "a space of paroxysmal interaction and dynamism" (2006: 15), "a geo-cultural space capable of providing many examples of the coexistence of different cultures and ethnicities and of anthropological acts of resistance to conflict, strife, and barbaric regressions" (2006: 18). Ed infatti lo stesso Consolo afferma, a proposito dello stretto di Messina:

> [...] in quel Mediterraneo che era una volta l'intero mondo, nessun canale è risultato più provvidenziale, più benefico, vale a dire più "naturale": per ogni passaggio da oriente a occidente, dal nord al mezzogiorno, per ogni scoperta, per ogni scambio, per ogni traffico, per il cammino della storia e della civiltà (Consolo, 1999: 69)

Anche lui, del resto, in varie circostanze, si richiama esplicitamente a Braudel, per corroborare l'immagine di un Mediterraneo continuamente percorso, già nel passato, da uomini di diversi Paesi, (la stessa pirateria, così, "è vecchia quanto la storia. La troviamo in Boccaccio, come più tardi in Cervantes" [Consolo, 1999: 49]) e per sottolineare i problemi, ancora insoluti, che questo comporta:

> Di fronte a episodi di contenzione di questi disperati in gabbie infuocate, di ribellioni, fughe, scontri con le forze dell'ordine, scioperi della fame e gesti di autolesionismo, si rimane esterrefatti. Ci tornano allora in mente le parole che Braudel riferiva ad un'epoca passata: "In tutto il Mediterraneo l'uomo è cacciato, rinchiuso, venduto, torturato..." (Consolo, 1999: 222).

> Questo odierno terribile Canale di Sicilia, questo Mediterraneo di miti e di storia, è divenuto oggi un mare di dolore, un mare di morte. E sono, sì, sempre attuali le parole di Fernard Braudel: "In tutto il Mediterraneo l'uomo è cacciato, rinchiuso, venduto, torturato, e vi conosce tutte le miserie, gli orrori e le santità degli universi concentrazionari" (Consolo, 2012: 222).

Per Consolo, dunque, le vicende della Sicilia, sia quella del suo presente, sia quella del passato, sintetizzano tutti questi concetti.

Da una parte, infatti, essa accoglie immigrati animati dal desiderio di guadagnare quanto necessario per poter migliorare, ritornati in patria, la propria posizione: è il caso, in *Malophòros*, ne *Le pietre di Pantalica*, di Samìr, un tunisino che lavora a Monastìr, venuto in Sicilia per imparare l'italiano, per poi spostarsi in Spagna, in Germania e cercare di ottenere, in patria, un posto migliore grazie alla sua conoscenza delle lingue, oppure di Camel, emigrato da un villaggio vicino Tunisi, che lavora come cameriere a Nicolosi per ricomprare la sua barca, persa in una tempesta (Consolo, 1994: 44). A volte il percorso è inverso. Alla fine di *Nottetempo, casa per casa* Petro, sul piroscafo per Tunisi, è combattuto tra due alternative: da un lato progetta di fare la vita dell'emigrante e, perciò, cercare un lavoro, una casa, costruirsi una dignità, dall'altro pensa di raccontare, di dare "ragione, nome a tutto quel dolore" (Consolo, 1992: 175), di cui è stato testimone. La letteratura, allora, appare "come ultima consolazione (solo la scrittura può 'sciogliere i grumi del dolore') e ultima possibilità di spiegazione del 'dolore' del mondo" (Luperini, 1999: 166).

Non sempre, però, la Sicilia si presenta come una terra ospitale, nonostante sia separata dalle coste africane da appena un centinaio di miglia, per cui il suo mare è anche il "mare africano" (Consolo, 1994: 143), come pure Pirandello ha sottolineato[1], e sia battuta, in agosto, dal "levante secco, [...] turbine africano" (Consolo, 1994: 109). Negli anni Sessanta del Novecento, Consolo ricorda, da varie località della Tunisia giunsero, insediandosi a Salemi, Partanna, Campobello, Salaparuta, Castelvetrano, Marsala, gruppi, più o meno numerosi, di individui, per svolgere i lavori più faticosi, scartati dalla popolazione locale. In particolare, a Mazzara del Vallo, occupando l'antica "casbah a ridosso del portocanale,

---

[1] Ecco il passo di Pirandello citato da Consolo: "Una notte di giugno caddi come una lucciola sotto un gran pino solitario in una campagna d'olivi saraceni affacciata agli orli d'un altipiano d'argille azzurre sul mare africano" (Consolo, 1999: 164).

della foce del Màzaro" (Consolo, 1994: 137), diedero vita ad un vero e proprio quartiere, in cui i tuguri si snodavano in un dedalo di vicoli. Questa situazione del presente contrasta, dunque, con l'importante ruolo svolto, nel passato, dagli Arabi, in Sicilia. Per testimoniarlo, ne *L'olivo e l'olivastro*, Consolo menziona alcuni testi di Michele Amari e di Idrisi, che definisce Mazara

> città splendida, superba e veramente insuperabile per la posizione e il prestigio, [...]: ha mura robuste e alte, case notevolmente graziose, arterie larghe, molte strade, mercati rigurgitanti di merci e prodotti vari, bagni sontuosi, vaste botteghe, oltre ad orti e giardini con piante pregiate; [...] Il suo distretto è di considerevole estensione e comprende prosperi casali e masserie (Consolo, 1994: 139).

Ed appunto il merito di questa felice condizione è degli Arabi: Consolo ricorda come siano stati questi ad avviare in Sicilia, "incolta, spoglia, depauperata" al loro arrivo, nel 827, una riforma agraria che conduce ad una "coltivazione intensiva delle terre" (Consolo, 2012: 130): "Si coltivano frutti d'ogni sorta; e la canna da zucchero, i datteri, i gelsi, ortaggi di ogni tipo; e lo zafferano, il cotone, la canapa..." (Consolo, 2012: 130). Anche la pesca del tonno è positivamente influenzata dall'arrivo degli Arabi. I tonnaroti, in virtù del "senso di liberalità, di giustizia e di tolleranza a cui era improntata quella dominazione", organizzano la tonnara su una sorta di "collettivismo, di comproprietà ed egualitaria distribuzione del reddito" (Consolo, 1999: 40). Appare così, in primo piano, l'importanza della memoria. "non so scrivere di Milano, non ho memoria..." (Consolo, 2012: 97)), confessa difatti Consolo che, ne *Lo Spasimo di Palermo*, individua nello smarrimento della memoria, "sepolta sotto il cemento" (Consolo, 1998: 123), la causa della degenerazione della città, metafora dell'intero mondo, come si afferma ne *L'olivo e l'olivastro*: "Via, via, lontano da quella città che ha disprezzato probità e intelligenza, memoria, eredità di storia, arte, ha ucciso i deboli e i giusti.

Ma è Palermo o è Milano, Bologna, Brescia, Roma, Napoli, Firenze?" (Consolo, 1994: 125).

E proprio perché "L'eredità mediterranea della cultura europea è al centro della riflessione dello scrittore siciliano" (Lollini, 2005: 25), che, tra l'altro, giudica inaccettabile qualsiasi violazione dei "diritti fondamentali dell'uomo" (Consolo, 1999: 222), con tono di denuncia egli più volte condanna lo sfruttamento a cui gli immigrati sono stati, negli ultimi anni, sottoposti, l'insorgere di idee xenofobe, gli episodi di razzismo, sfociati, spesso, nella violenza. È una "tragedia di questo nostro tempo" quella che ogni giorno porta tanti "poveri esseri umani" (Consolo, 2012: 230), partiti dal Maghreb, dall'Africa, ad annegare nel Canale di Sicilia. In quest'ambito dobbiamo considerare il *Memoriale di Basilio Archita*, che, imbarcato su una nave greca, assiste, impotente, alla decisione del capitano di gettare a mare undici neri clandestini. L'io narrante orienta molto abilmente le opinioni del lettore, mettendo in evidenza da una parte la crudeltà dell'equipaggio, dall'altra la disperazione dei neri. Non si può, allora, non rimanere inorriditi, di fronte al cuoco e ai "tanti altri" che, "divertendosi come cow-boys con gli indiani", chiudono i negri "in un ripostiglio fetente vicino alla cambusa, un bugigattolo già pieno di utensili, detersivi e veleni per gli scarafaggi e i topi: c'entrarono tutti e undici all'impiedi a malapena" (Consolo, 1998: 150). Quando poi Basilio, turbato dai loro lamenti "insopportabili", va dal terzo ufficiale, questi gli risponde "di pensare ai fatti" suoi; ma "l'indomani [...] successe tutto" (Consolo, 1998: 150). I periodi brevi, a volte uniproposizionali, essenzialmente paratattici, esprimono tutta la drammaticità della situazione, mentre il punto di vista del narratore emerge dall'aggettivo "disgraziati", dal sintagma "Quel boia", dal paragone "come un lupo", dal diminutivo "ragazzino":

> Di primo mattino, quei disgraziati riuscirono a sfondare la porta del fetente ripostiglio e si precipitarono, come spinti dall'istinto, in cucina. "Maji, maji!" imploravano, acqua, acqua!, tendendo le mani nere, magre. Quel boia del cuoco e il suo sguattero subito li affrontarono e li respinsero coi coltelli. Suonarono l'allarme. Vennero immobilizzati, i negri, portati sul ponte, vicino alla murata. Arrivò il capitano. Aveva un fucile nelle mani. Questa volta parlò, ululò anzi, ululò in greco come un lupo puntando la canna del fucile. I negri erano atterriti, ma stavano immobili. La loro pelle luceva sotto il sole, gli occhi mostravano di più il bianco e le labbra erano secche, screpolate. Al ragazzino esile scendevano lacrime, ma la faccia era impassibile, sembrava che piangesse in sogno (Consolo, 1998: 150-151).

Se, allora, Consolo qui esprime, in modo quasi "profetico", l'alto "livello di degenerazione raggiunto dalla civiltà greca e mediterranea" (Lollini, 2005: 39), un dovere s'impone allo scrittore. "Questo [...] lo scrittore oggi ha il compito di dire, di narrare. Narrare oggettivamente, in terza persona, dei mostri, delle mostruosità che abbiamo creato, con cui, privi ormai di memoria, di rimorso, privi dell'assillo di raggiungere una meta, da alienati, felicemente conviviamo" (Consolo-Nicolao, 1999: 22). Scrivere è, dunque, importante, perché "Con lo scrivere si può forse cambiare il mondo" (Consolo, 2012: 92); "E c'è, nella narrazione, un'idea pratica di giustezza e di giustizia, un'esigenza di moralità" (Consolo, 1999: 144).

Il messaggio che egli vuole trasmettere è quello della pluralità, dell'integrazione. Ancora la storia della Sicilia, che ha subito "tutte le invasioni, ma ha accolto e sviluppato tutte le civiltà" (Consolo, 2012: 130) ne è testimonianza; essa appare "ricca di frantumi di civiltà, [...] composita culturalmente" (Consolo, 1999: 138): caratteri arabi, per esempio, hanno i canti, le melodie che accompagnano i momenti della cattura del tonno, così come "la terminologia della tonnara" (Consolo, 1999: 40). Facendo propria l'opinione di Sciascia, Consolo afferma, anzi, che *"il modo d'essere siciliano"* comincia "proprio dalla dominazione araba" (Consolo, 1999: 212): la cultura araba, infatti, ha lasciato un segno profondo, soprattutto nella parte occidentale dell'isola, "nel carattere della gente, nelle fisionomie, nei costumi, nell'architettura, nella lingua, nella letteratura, popolare e no" (Consolo, 1999: 212), fino ai nostri giorni, fino a quando, cioè, non è prevalsa l'omologazione promossa dalla società di massa. Contro questa, Consolo si scaglia in diverse occasioni. Oltre alla notissima presa di posizione de *Lo Spasimo di Palermo*[2], ne ricordiamo qualche altra, meno conosciuta. In un intervista del 2007, Consolo osserva che con la mutazione antropologica "teorizzata da Pasolini. Il nostro Paese si modernizzava velocemente, subendo però i modelli importati dall'esterno. Da qui un asservimento culturale, linguistico negli usi, nei costumi e nei consumi. [...] Da qui la perdita di ogni forza espressiva e di ogni verità storica" (Consolo, 2007: 1). Tre anni prima, del resto, ha ricordato con piacere come "il poeta ed etnologo Antonino Uccello, [...] nel momento della grande mutazione antropologica, vale a dire della fine della civiltà contadina", sia riuscito a raccogliere "antichi canti popolari" (Consolo, 2004: 2).

Consolo affida allora allo spazio, da sempre, per lui, oggetto di indagine, il compito di mettere in rilievo quella commistione di culture che, in definitiva, "è il segno del cammino della civiltà" (Consolo, 1999: 267). L'uomo, infatti, ha "bisogno di esplorare l'ignoto" (Consolo, 1999: 267) e, se "Dobbiamo [...] giocoforza navigare per il breve mare, il Mediterraneo, muoverci per una esigua terra, l'Italia, dei quali abbiamo maggiore cognizione", siamo comunque consapevoli "che questo mare e questa terra non sono separati da oceani e continenti, che con essi hanno relazioni, ad essi e da essi danno e ricevono esperienza e conoscenza" (Consolo, 1999: 263). Sottolinea, perciò, gli strettissimi rapporti, instauratisi fra Sicilia e Tunisia, "geograficamente e culturalmente" (Consolo,

---

[2] Ricordiamo, inoltre, le critiche alla televisione mosse ne *La pallottola in testa* (Consolo, 2012: 157-162).

1999: 215) uguali, attestati, per esempio, dal letterato Ibn Rashîq, e in seguito ai quali tantissimi trasferimenti si sono verificati, "di siciliani nel Maghreb e di maghrebini in Sicilia" (Consolo, 1999: 216). Salonicco, poi, in *Nero metallicò*, a mettere in rilievo come tale situazione non riguardi solo la Sicilia, è diventata meta di tantissimi immigrati: ha completamente mutato volto, allora, in quanto il numero dei suoi abitanti e il traffico sono aumentati a dismisura. Appare chiara, dunque, "La spazialità della vita umana, così come le sue componenti storico e sociali, [...]" (Soja, 1996:47), per cui di fronte, soprattutto, agli spazi urbani, "Il ruolo della letteratura [...] non si risolve [...] in una tradizionalmente riconosciuta funzione descrittiva, ma affonda direttamente ed immediatamente nell'azione interpretativa" (Papotti, 2014: 37). Questa mette in risalto, in particolare, i passati intrecci di culture e civiltà.

Marsala è, così, detta "Il porto di Allah" (Consolo, 2012: 70), "araba", dotata "d'antica, islamica saggezza" (Consolo, 2012: 71), Palermo mostra tracce arabe al castello della Zisa, alla Favara, ai bagni di Cefalà Diana, alla Cuba, alla Cubula, al quartiere della Kalsa, ai suq, ai mercati della Vucciria, di Ballarò o dei Lattarini, a San Giovanni degli Eremiti, alla Martorana, alla stessa cattedrale.

Cefalù, poi, è il punto di incontro tra la civiltà araba e la normanna, che, ne *La ferita dell'aprile*, don Sergio considera ancora "due razze, due classi ben distinte", fra cui "la seconda s'impose sulla prima e si produsse questo spacco netto che dura fino ad oggi" (Consolo, 1977: 26). La conformazione della città riflette questo stato di cose (il Duomo "o fortezza o castello di Ruggiero" è accanto alle "casipole con archi, altane e finestrelle del porto saraceno, del Vascio o la Giudecca" (Consolo, 1994: 124)) o, comunque, la doppia anima della cittadina: le "case saracene sopra il porto", con "finestrelle balconi altane terrazzini tetti muriccioli bastioni archi, acuti e tondi, fori che s'aprivano impensati, a caso, con tende panni robe tovaglie moccichini sventolanti" creano un "brulicame chiassoso" che contrasta con la parte alta, dominata dal "gran duomo", le cui torri sono "con cuspidi a piramidi, bifore e monofore, soffuse [...] d'una luce rosa sì da parere dalla rocca generate" (Consolo, 1997: 29).

E' come, perciò, se il potere di cui sono segno (secondo la leggenda, infatti, Ruggero II avrebbe fatto costruire il duomo, in onore di Dio Salvatore) fosse del tutto naturale, legittimo, quindi. Non a caso, allora, il barone Mandralisca, che non crede a questa leggenda ("Oh le fesserie, le fesserie!" [Consolo, 1997: 17]) e che riflette sulle storture della storia, abita nella strada Badia che, "dritta e stretta come una lama", conduce "fino al piano della chiesa", dove "dominava in fondo [...] la torre campanaria di sinistra, [...] del Duomo" (Consolo, 1997: 35), quasi per porvisi in contrapposizione. Non stupisce, quindi, come egli, che scorge davanti a sé l'immagine di uccelli migranti verso l'Africa e riflette sull'ingiustizia degli uomini, faccia servire biscotti "col sèsamo" (Consolo, 1997: 21), mentre i suoi ospiti discutono "sul cuscus e le spezie di Tunisi e di Malta" (Consolo, 1997: 43). Su questa linea, Consolo individua in Cefalù, la sua Yoknapatawpha (Consolo, 2012: 102), un luogo, cioè, al tempo stesso reale ed ideale, il punto di incontro tra "un oriente di natura e d'esistenza" e "un occidente di storia e di linguaggi logico-critici" (Consolo, 1999: 278); gli sembrano acquisire l'immagine di minareti le torri del duomo, che, così, coniugherebbe la volontà di dominio, di conquista di Ruggero II con l'apertura, l'invito al dialogo, alla distensione degli Arabi. La compresenza di queste due culture, araba e normanna, a Cefalù, è ancora testimoniata dalla coesistenza di individui "Alti, chiari" con altri "scuri e crespi, camusi" (Consolo, 1994: 123-124). E se Cefalù sembra anticipare e fa "immaginare ogni Palermo o Cordova, Granada, Bisanzio o Bagdad" (Consolo, 1994: 123), altri luoghi si impongono all' attenzione, ne *L'olivo e l'olivastro*, come esempi di commistione fra culture diverse, nel passato e nel presente. Milazzo mostra mura saracene, sveve e aragonesi; la pianura intorno è ricca di agrumi e di gelsomini[3], provenienti dall'Oriente. Se poi la Caltagirone moderna sorge "Al di qua del paese saraceno, giudeo, genovese e spagnolo" (Consolo, 1994: 70), a Siracusa egli ricorda il viaggio compiuto, al di là del mare, lungo la costa africana, fino ad arrivare ad Utica. In questo caso è il mare Mediterraneo ad unificare luoghi diversi, in parte dimenticati: Tindari, Solunto, Camarina, Eraclea, Mozia, Nora, Argo, Thuburbo Majus, Cirene, Leptis Magna, Tipaza, Algeri con le sue moschee. Andando poi verso Occidente, alla riscoperta di un passato senza dubbio migliore del presente, secondo l'"inversione storica" (2001: 294) di Bachtin, approda a Palermo, "fenicia e saracena" (Consolo, 1994: 123).

In *Lunaria*, infatti, è questa l'immagine di Palermo messa in evidenza: le "cupole moresche" (Consolo, 1985: 5) ed altre parti della città possono collegarsi a passi della *Storia dei Musulmani di Sicilia* di Michele Amari, de *Il libro di Ruggero* di Idrisi, del *Viaggio in Ispagna, Sicilia, Siria e Palestina, Mesopotamia, Arabia, Egitto* di Ibn Gubayr, come lo stesso Consolo mette in evidenza nelle *Notizie conclusive*. Egualmente, in *Retablo*, dalle varie tappe del viaggio di Fabrizio Clerici si precisa la fitta rete di contatti della Sicilia con altre popolazioni del Mediterraneo. Ad Alcamo, per esempio, si rievoca la figura di Ruggero d'Altavilla, che libera la Sicilia dai Saraceni; ad Egesta, il pensiero di Clerici va ai "chiusi bagni vaporosi, di marmi e d'azulejos, odorosi d'essenze e unguenti, a quegli hammam che [...] erano in Cordoba o Palermo al tempo del dominio musulmano" (Consolo, 2000: 56), a cui rimanda "la cubbàita, un dolce di sesamo e di miele" (Consolo, 2000: 95). Se, quindi, Marsala è "il porto di Dio, di Allah" (Consolo, 2000: 124), quello di Trapani è punto di incontro di traffici che mettono in comunicazione Nord e Sud, Est ed Ovest e, in particolare, Cipro, Rodi, Canda, Malta e Pantelleria, Amalfi, Procida, Livorno, Lucca, Pisa,

---

[3] Questo fiore, originario della Persia, viene presentato, ne *L'olivo e l'olivastro*, quasi come il simbolo della Sicilia.

Genova Milano, Venezia e Ragusa, Barcellona, Cadice, Malaga, Minorca. Parallelamente, pescatori trapanesi del corallo si spingono, "sfidando le galee barbaresche" (Consolo, 2000: 131), fino alle acque di Tabarka o dell' antica Cartagine. Ne *Le pietre di Pantalica*, la magia dei luoghi fa dimenticare il presente e richiama il passato. In particolare, a Selinunte, il tempio di Zeus, facendo pensare a Rahl' al' Asmam, a Casale degli Idoli, costituisce una "guida all'orizzonte di carovane arabe" (Consolo, 1988: 89). Ne *Il barone magico*, poi, Consolo ricorda come Lucio Piccolo, nella sua casa di campagna di Capo d'Orlando, avesse dato nome arabo ai suoi cani: "Alì Faruk Muhammed Mustafà Omar Mamoud..." (Consolo, 1988: 108).

Se il viaggio, dunque, che già di per sé implica un contatto tra luoghi e culture diverse, è il modulo espressivo preferito da Consolo, "non si nasce in un luogo impunemente, [...] senza essere subito segnati, nella carne, nell'anima da questo stesso luogo" (Consolo, 2012: 135). Ne *Lo Spasimo di Palermo*, difatti, il padre di Mauro, sentendo parlare, sul treno, dei ragazzi, individua facilmente, e con piacere, "le città e i paesi da cui quei ragazzi provenivano. [...] Leggeva in quel concerto la storia d'ogni luogo, i segni [...] superstiti delle migrazioni, dei remoti insediamenti" (Consolo, 1998: 95). Egli, pertanto, considera negativamente, al punto da definirla "trucida" (Consolo, 1998: 94), la nuova lingua annunciata da Pasolini, in quanto segno di un'omologazione negatrice della storia. Identità nella pluralità è, allora, il messaggio di Consolo e, appunto per questo, egli non può fare a meno di lodare le "antiche migrazioni", gli "incroci fruttuosi di culture" (Consolo, 2012: 191) della Sicilia. Così egli può affermare di essere "da una svariata commistione nato per caso bianco", "frutto dell'estenuazione bizantina, del dissolvimento ebraico, della ritrazione araba, del seppellimento etiope" (Consolo, 2012: 113). Allora, giustamente, una delle donne arrivate a Cefalù, al seguito dei mormoni, dichiara di essere ""Du monde entier"" (Consolo,1992: 23), facendo eco a Robert che, ne *Le pietre di Pantalica*, ha esclamato: """Oh... Vive le monde tout entier!""" (Consolo, 1988: 24).

Ed è appunto questa esclamazione a sintetizzare il messaggio pluralistico di Consolo. E' vero, difatti, come abbiamo visto, che egli è consapevole della degenerazione, determinata dalla perdita della memoria storica, della Sicilia e di tutto il mondo, per cui, allo scrittore, non rimane che l'afasia, interrotta, solamente, dalla scrittura poematica. Afferma difatti:

> [...] è caduta la fiducia nella comunicazione, nella possibilità [...] della funzione sociale, politica della scrittura. Non rimane che la ritrazione, non rimane che l'urlo o il pianto, o l'unica forza oppositiva alla dura e sorda notte, la forza della poesia (Consolo, 1993: 58).

> [...] prosa poetica o poematica, la mia, perché in questo nostro contesto, nell'attuale civiltà occidentale l'autore non può più individuare il destinatario del messaggio letterario, e quindi non può più praticare la prosa logico-riflessiva. Dico che ormai si è interrotto il rapporto fra testo letterario e contesto situazionale (Consolo, 2005: 96).

Emblematica è, però, la conclusione de *Lo Spasimo di Palermo*. Se, difatti, il letterato vive in una condizione di esilio e la letteratura non è adeguatamente considerata, tant'è che, quando Chino tenta di fermare Borsellino mentre suona al citofono, il giudice si gira ma non lo riconosce, i due versi de *La storia di la Baronissa di Carini*, che Erasmo, morendo nell'attentato, recita, attestano come, anche se al presente la letteratura non è ascoltata, è da questa, voce delle tradizioni, della memoria storica, che deve venire una salvezza che ribadisca la centralità del Mediterraneo:

> O gran mano di Diu, ca tantu pisi,
> cala, manu di Diu, fatti palisi! (Consolo, 1998: 131).

Bibliografia

Bachtin, Michail. *Estetica e romanzo*. Torino: Einaudi, 2001.
Bouchard, Norma. "Consolo and the Postmodern Writing of Melancholy". *Italica*. 82.1 (2005): 1-23.
Bouchard, Norma; Lollini, Massimo (Ed). *Reading and Writing the Mediterranean*. Toronto: University of Toronto Press, 2006.
Ciccarelli, Andrea (Ed). "Intervista a Vincenzo Consolo". *Italica* (82) 2005, 1. 92-97.
Consolo, Vincenzo *La Ferita dell'aprile*. Torino: Einaudi, 1977.
_____. *Lunaria*. Torino: Einaudi, 1985.
_____. *Le Pietre di Pantalica*. Milano: Mondadori, 1988.
_____. *Nottetempo, casa per casa*. Milano: Mondadori, 1992.
_____. *Fuga dall'Etna*, Roma: Donzelli, 1993.
_____. *L'olivo e l'olivastro*. Milano: Mondadori, 1994.
_____. *Il sorriso dell'ignoto marinaio*. Milano: Mondadori, 1997.
_____. *Lo Spasimo di Palermo*. Milano: Mondadori, 1998.
_____. *Di qua dal faro*. Milano: Mondadori, 1999.
Consolo, Vincenzo; Nicolao, Mario. *Il viaggio di Odisseo*. Milano: RCS, 1999.
Consolo, Vincenzo. *Retablo*. Milano: Mondadori, 2000.
_____. *Pino Veneziano e la canzone pololare*, Milano 19 luglio 2004, (pinoveneziano.altervista.org/consolo_e_fo.html)
"Consolo 'Le ombre della nostra cultura'". Intervista. *laRepubblica.it*, 16 novembre 2007, 1.
_____. *La mia isola è Las Vegas*. Milano: Mondadori, 2012.
Lollini, Massimo. "Intrecci mediterranei. La testimonianza di Vincenzo Consolo, moderno Odisseo". *Italica* 82.1 (2005): 24-43.
Luperini, Romano. *Controtempo. Critica e letteratura fra moderno e postmoderno: proposte, polemiche e bilanci di fine secolo*. Napoli: Liguori, 1999.
Papotti, Davide. "Racconti di città: strategie di interpretazione urbana nella collana 'Contromano'", *La geografia del racconto. Sguardi interdisciplinari sul paesaggio urbano nella narrativa italiana contemporanea*. Bruxelles: P.I.E. Peter Lang, 2004.
Soja, Edward. *Thirdspace. Journeys to Los Angeles and Other Real-and-Imagined Places*. Oxford: Blackwell, 1996.

Jean Sénac, poeta "bastardo" alla ricerca del padre
La lacerazione come condizione e il sogno di una liberazione panica, quando il destino di un popolo diventa una battaglia personale

Ilaria Guidantoni

Ho "incontrato" per la prima volta Jean Sénac ad Algeri nel gennaio del 2014 grazie a un articolo che una rivista algerina gli ha dedicato, ancora una volta per l'anniversario della morte di Camus (deceduto insieme al suo editore Gallimard a causa di un incidente stradale il 4 gennaio 1960) al quale era stato profondamente legato e poi fortemente avverso. Quello che mi ha colpito di un personaggio raccontato come estremo, trasgressivo, emarginato è stato però il parallelo della critica algerina con Pier Paolo Pasolini, non solo per l'assimilazione tragica in termini di destino.

Jean Sénac, nato il 29 novembre del 1926 da padre sconosciuto a Béni Saf, una città costiera dell'Algeria della provincia di Orano, piccolo porto dove trascorse la prima giovinezza, è stato assassinato nella Casbah di Algeri la notte tra il 29 e il 30 agosto 1973 in circostanze violente e misteriose. Il suo omicidio è tuttora irrisolto. Non solo quindi l'epilogo è quello della vicenda Pasolini, archiviata una seconda volta a quarant'anni di distanza; ma al momento fu trovato un capro espiatorio senza un reale colpevole.

Poeta eppure intellettuale ad ampio spettro, omosessuale, critico della morale borghese e cristiana, trasgressivo, di alto profilo intellettuale, oltre gli schemi e le appartenenze facilmente riconoscibili e foriere di successo e protezione, queste sono solo delle alcune somiglianze tra i due personaggi.

Il mio interesse è stato stimolato anche dalla forte amimcizia con l'intellettuale francese, anch'egli algerino di nascita, e con appartenza lacerante tra le due sponde del Mediterraneo, Albert

Camus, al quale fu legato da un'amicizia simbiotica, quale quella di un figlio ad un padre per arrivare poi al parricidio.

Infine, Sénac è stato misconosciuto ed è rimasto nell'ombra, ignoto ai più per ragioni diverse sia in Francia sia in Algeria presso coloro che non esitò a definire "fratelli di sangue", per essere ricordato solo in occasione dei cinquant'anni dalla morte di Camus, come se non avesse né meritasse un'identità propria. Tanto meno è studiato oggi in Algeria e in Francia, quasi ignoto in Tunisia e in Italia dove non è stata tradotta alcuna opera. Per questo ho iniziato per Oltre Edizioni un lavoro sull'opera di questo intellettuale.

Jean Sénac incarna la lacerazione come condizione del vivere e della creatività che anela sempre a superare per restarne nondimeno prigioniero e questo avviene nel tentativo di liberare la sessualità dai confini stretti dell'etica cattolica e dal senso di colpa nel quale lo ha cresciuto la madre; nella pluralità linguistica francese, araba e "berbera", quale condizione indispensabile per promuovere la comprensione l'accoglienza e l'incontro tra i popoli anche se conobbe e scrisse solo in francese; e ancora, la speranza di un mondo aperto e comune tra le due sponde del Mediterraneo che fosse foriero di una società plurale, cristiana, ebraica, musulmana, con diverse ascendenze spirituali arcaiche, tradizionali e ancora accogliesse le istanze dell'ateismo o di spiritualità non confessionali: eppure si è rivelato un manicheo e per questo è stato "condannato" da tutti, berberi, arabi, francesi ovviamente con motivazioni differenti.

Anche l'ossessione per il padre, quel padre che non ha mai conosciuto, il suo essere *bâtard*, che nella sola occasione che può superare, grazie all'incontro con Camus, finirà per affossare. E' nell'ambiguità che Sénac resterà tutta la vita, oscillando da una parte all'altra del pendolo, a partire dal fatto che si sente poeta, tale si definisce, dicendo di non avere interesse per il romanzo, eppure scriverà un romanzo, *Ebauche du père pour en finir avec l'enfance* che ad un certo punto pensa, con manie di grandezza, in più volumi e che, ancora una volta al contrario di quanto dichiara, resterà di fatto incompiuto e pubblicato postumo nel 1989.

Jean Sénac si presenta dunque come un vero enigma culturale: tutti gli scenari identitari rimandano in effetti al *bâtard* qual egli è. Nel romanzo citato rivendica la sua algerianità costituita in identità multipla «*Je suis de ce pays. Je suis né arabe, espagnol, berbère, juif, français. Je suis né mozabite et bâtisseur de minarets* [...]»

La distonia sembra per altro all'origine della sua vita, nato come figlio di immigrati dato che il nonno materno andaluso fu uno dei tanti minatori impiegati nelle miniere algerine quando l'emigrazione partiva dal nord del Mediterraneo verso la riva sud. Figlio di padre ignoto, ricorda questa figura odiata, *tondeur de chiens*, e in qualche modo mitizzata come un *tombeur de femmes*.

Il nome francese Sénac, che sentirà sempre estraneo come il suo essere francese — tanto che dopo la fine della Guerra d'Indipendenza tornerà per sempre in Algeria e chiederà di essere sepolto nella sua patria adottiva — gli sarà imposto dal marito della madre che poi lo abbandonerà, ancora una volta, dopo avergli dato una sorellina.

Il terzo padre, un *mercenaire mais honnête* come ebbe a scrivere, gli viene invece sottratto dall'inflessibilità della madre che lo caccia per aver dato uno schiaffo alla sorellina Laurette, malgrado la ferma e disperata opposizione della stessa bambina all'allontanamento di un uomo tanto amato.

Quando finalmente incontra Camus nel 1945 si fondono per un periodo due esigenze: il bisogno di un padre affettivo, che lo sostenga anche finanziariamente, lo introduca nell'ambiente intellettuale internazionale — parigino *in primis* — con l'affinità intellettuale di una visione del mondo comune, dell'intellettuale come uomo *engagé* e la condizione di una doppia appartenenza mediterranea non scevra da contraddizioni. La visione estremista di Sénac rispetto alla Guerra d'Indipendenza, però, lo porterà nel tempo ad allontanarsi da Camus fino ad una rottura definitiva e straziante. Camus viene giudicato troppo tiepido per il fatto che pur comprendendo il dolore del popolo algerino non riesce a giustificare gli atti del terrorismo e la violenza stragistica, al contrario di Sénac. Il poeta definirà il suo padre "ideale", *maître de l'absolu* e poi implacabilmente *égorgeur*. Il suo posizionamento radicale però lo distanzierà anche da scrittori come l'algerino Kateb Yacine, trapiantato in Francia e autore francofono che per altro ha scritto un'opera imprescindibile per chi vuole conoscere la Guerra d'Indipendenza algerina, il romanzo Nedjma.

All'ossessione per la ricerca del padre fa d'altra parte da contraltare la figura materna, "l'ape notturna operosa" come la definisce, alla quale fu legato da un rapporto fusionale, in parte morboso anche per quell'orizzonte cattolico inculcato pur tra mille contraddizioni della vita errabonda sentimentalmente della madre, che gli creò grandi sensi di colpa. Se ne distaccherà nel tempo con un'incomprensibile trascuratezza verso colei che lo ha amato teneramente sacrificandosi in modo indicibile per superare la miseria, donna alla quale per altro riconosce tante virtù. È la legge inconscia della sopravvivenza che Sénac cercherà di applicare senza trovare il bandolo della matassa nell'armonizzazione del principio maschile e femminile.

Interessante e precursore rispetto ai tempi l'attenzione alle minoranze e pluralità, riconoscendo l'Algeria come il paese dei due popoli, quello arabo e quello multiforme dei nomadi, degli *amaziġ* e ancora della possibilità della costruzione di una società aperta che accolga la comunità cristiana ed ebraica, alla quale è stato molto vicino nella giovinezza presso la quale ricorda miseria ma anche molta felicità e poi il senso di responsabilizzazione per i diritti degli umiliati e offesi dopo l'abolizione del decreto Crémieux che, istituito nel 1870, aveva garantito pari dignità agli ebrei e che, una volta abolito, gli gettò in pasto alle discriminazioni razziali. E ancora la possibilità di convivenza con i musulmani, siano essi "berberi" o arabi e con istanze spirituali diverse e perfino atee. Il sogno svanirà non per Sènac ma nella realtà e quel *peuple de beauté* che canterà all'indomani dell'Indipendenza lo deluderà per cui il colonialismo non sarà più il peggiore dei mali ma uno dei mali il cui seme si propagherà anche presso le vittime.

Nella poetica di Sénac l'esigenza di liberazione della sessualità ed in particolare della sua omosessualità, di una sessualità bastarda perché non riconosciuta, da certa società cattolica del Nord del Mediterraneo, da quella tradizionale del Sud del Mediterraneo per altre ragioni, si fonderà idealmente con l'impegno per la liberazione di un popolo e in questo manifesta un coinvolgeimento totale del poeta alla stregua di Pasolini, senza che la sua arte sia ossessionata dall'omosessualità come in Sandro Penna. E' piuttosto uno dei lati della sua battaglia, più impegnata rispetto al lirismo intimista del greco di Alessandria d'Egitto Kostantin Kavafis; dichiarata, diversamente da Garcia Lorca.

Un altro elemento di grande interesse dell'opera di Sénac è il contributo che conferisce all'estetica e all'arte contemporanea algerina — dirigendo tra l'altro la prima galleria d'arte dell'Algeria indipendente, la Galérie 54, cercando di andare oltre il realismo sovietico come l'unica possibilità per un'arte impegnata allora concepita, superando così di fatto anche la poetica del Nord del Mediterraneo, dalla Spagna all'Italia di quegli anni. Sénac si rivolge piuttosto ad un recupero rinnovato di un'identità archetipa, stimolando l'*école du signe*, del *noûn*, dell'*aouchem*, tatuaggio in arabo, che è la tradizione della minoranza nomade piuttosto che di quella araba.

Intellettuale a trecento sessanta gradi, come Pasolini e in certo senso come Camus, osteggiato dagli uomini del sistema, si dichiara poeta — *le poète, c'est la révolution à l'état nu* — ma sarà anche romanziere con il citato *Ebauche du père*, opera a mio parere speculare a quella di Camus, *Le premier homme*, anch'essa autobiografica, incompiuta, riscoperta solo di recente, denuncia amorevole di un rapporto complesso con la famiglia di origine, con la miseria e con la lacerazione di essere contesi tra due mondi che paiono inconciliabili, ma irrinunciabili per chi vive della tensione tra i due.

E' nel Mediterraneo che Camus intravedeva la possibilità di salvezza dell'Algeria e probabilmente di tutti i popoli che vi si affacciano e in esso avrebbe potuto trovare quiete anche Sénac. La via sulla quale intraprendere un'analisi della sua opera va, a mio avviso, in questa direzione, in quella raccolta nell'opera *Le mythe du sperme-Méditerranée* che offre alcuni spunti di riflessione. Sénac scrive in francese e quindi pensa in francese ma *la mer*, sostantivo femminile in francese con un'assonanza fin troppo facile da rintracciare con *la mère*, la mamma, nel poeta diventa maschile come in arabo: il liquido amniotico che accoglie diventa sperma che feconda ma anche assale, più vicino al *baḥr* arabo con quell'aspirazione gutturale all'interno per dirla con il poeta palestinese Mahmud Darwish che è ruvida, dolorosa. Nella definizione del mare come *lit conjugal* c'è forse la strada abbozzata per ritrovare la sintesi tanto agognata, tra maschile e femminile, tra il destino delle popolazioni e l'unicità della nazione e ancora tra le due sponde del Mediterraneo. E' difficile il dialogo quanto indispensabile per non restare sterili né diventare estremisti.

BIBLIOGRAFIA DI JEAN SÉNAC

Poesia

Poèmes, prefazione di René Char, Paris, collezione *Espoir* diretta da Albert Camus, Gallimard, 1954.

Matinale de mon peuple, following portions of *Diwan de l'État-Major* and *Diwan espagnol*, prefazione di Mostefa Lacheraf, drawings by Abdallah Benanteur, Rodez, Subervie, 1961.

La Rose et l'ortie, engraved slates by Mohammed Khadda, Paris-Alger, Cahiers du monde intérieur, Rhumbs, 1964.

Citoyens de beauté, Rodez, Subervie, 1967; Charlieu, La Bartavelle éditeur, 1997.

Avant-Corps, including *Poèmes iliaques* follow-up to *Diwan du Noûn*, Paris, Gallimard, 1968.
Les Désordres, [poems written between 1953 and 1956], Paris, Librairie Saint-Germain-des-Prés, 1972.
A-Corpoème, seguito da *Les Désordres*, prefazione di Jean Déjeux, Paris, Editions Saint-Germain-des-Prés, 1981 (ISBN errato 2243016827).
Dérisions et Vertiges, trouvures, prefazione di Jamel Eddine Bencheikh, Arles, Actes Sud, 1983 (ISBN 2-903098-61-1).
Le Mythe du sperme - Méditerranée, Arles, Actes Sud, 1984 (ISBN 2-903098-91-3).
Euvres poétiques, prefazione di René de Ceccatty, note di Hamid Nacer-Khodja, Editions Actes/Sud, 1999.
Pour une terre possible, Marie Virolle (a cura di), con una biografia di Hamid Nacer-Khodja, Parigi, Marsa, 1999 ISBN 978-2-9511233-5-9.

Autobiografia
Ebauche du père, prefazione di Rabah Belamri, Paris, Gallimard, 1982.

Saggi
Le Soleil sous les armes, Eléments d'une poésie de la résistance algérienne, Rodez, Subervie, 1957.
Anthologie de la nouvelle poésie algérienne, essai et choix de Jean Sénac, Poésie 1, n° 14, Paris, Librairie Saint-Germain-des-Prés, 1971.
Journal (janvier-juillet 1954), seguito da *Les Leçons d'Edgar*, Edmond Charlot (a cura di), Pézenas, Le Haut-Quartier, collection Méditerranée vivante, 1983; Saint-Denis, Novetlé, prefazione di Jean Pélégri, 1996.
Visages d'Algérie, Ecrits sur l'art, Hamid Nacer-Khodja (a cura di), prefazione di Guy Dugas, con scritti di Mohamed Aksouh, Abdallah Benanteur, Baya, Sauveur Galliéro, Mohammed Khadda, Jean de Maisonseul, Maria Manton, Denis Martinez, Louis Nallard], Parigi, Éd. Paris Méditerrannée, 2002.

Opere su Jean Sénac
Jamel-Eddine Bencheikh, *L'Homme-poème Jean Sénac* (poem), Actes/Sud.
Jean-Pierre Péroncel-Hugoz, *Assassinat d'un poète*, followed by an unpublished text of Jean Sénac, *Heures de mon adolescence*, preface by Tahar

Ben Jelloun, Marseille, Editions Jeanne Laffitte, 1983 (ISBN 2-86604-003-1).
Poésie au Sud, Jean Sénac et la nouvelle poésie algérienne d'expression française [many unpublished materials], Archives de la Ville de Marseille, 1983.
Le Soleil fraternel, Jean Sénac et la nouvelle poésie algérienne d'expression française (Notes from Rencontres Méditerranéennes de Provence, 1983), Marseille, Editions Jeanne Lafitte, 1985.
Rabah Belamri, *Jean Sénac, entre désir et douleur, Etude et choix de textes*, Alger, Office des Publications Universitaires, 1989.
Hommage à Jean Sénac, Paris, Awal, n° 10, 1993.
Jamel-Eddine Bencheikh et Christiane Chaulet Achour, *Jean Sénac: clandestin des deux rives*, Paris, Editions Séguier, 1999.
Dominique Le Boucher, *Les deux Jean; Jean Sénac, l'homme soleil, Jean Pélégri, l'homme caillou* (corrispondenze 1962-1973, poesia inedita), Montpellier, Chèvre-feuille étoilée, et Alger, Barzakh, 2002.
Nicole Tuccelli and Emile Temime, *Jean Sénac, l'Algérien*, preface by Jean Daniel, Paris, Editions Autrement, 2003.
Hamid Nacer-Khodja, *Albert Camus, Jean Sénac, ou le fils rebelle*, prefazione di Guy Dugas. Paris, Editions Paris-Méditerranée, et Alger, EDIF 2000, 2004.
Bernard Mazo, *Jean Sénac*, Aden, 2005.

Films su Jean Sénac
Ali Akika, *Jean Sénac, Le forgeron du soleil*. 58m. Paris, Productions La Lanterne, 2003.
Abdelkrim Bahloul, *Le soleil assassiné*. 85 m. Co-produzione Franco-Belge, Pierre Grise Productions, 2004.

Vincenzo Consolo e lo sguardo multiplo sulla Sicilia

Mario Inglese
NATIONAL UNIVERSITY OF IRELAND, GALWAY

La narrativa di Consolo, raffinata e terragna, attuale e visionaria, affonda in ultima analisi la sua ragion d'essere nel connubio onnipresente di uno sguardo gettato sulla realtà, anche la più cruda e disarmante, e di una fiducia incrollabile nei valori della cultura, della responsabilità etica e della bellezza. Lo scopo di questo lavoro è quello di esplorare sinteticamente alcuni aspetti della mediterraneità, in senso antropologico, mitico e culturale, nella scrittura di Consolo attraverso l'analisi di testi tratti da alcune delle sue opere più significative, fra cui *Lo spasimo di Palermo*, *L'olivo e l'olivastro*, *Le pietre di Pantalica*, nonché di alcuni saggi contenuti in *Di qua dal faro*. Sarà così possibile evidenziare come l'originale cifra stilistica dello scrittore siciliano e la complessa compresenza di motivi e istanze narrative nascono dal bisogno di restituire al racconto e al saggio forte valenza civile oltre che dignità estetica.

Che la Sicilia si trovi spesso a far da co-protagonista in tante opere di scrittori siciliani sembra ormai un luogo comune. La singolarità, infatti, della situazione della letteratura siciliana in lingua italiana, a partire dal Verismo, attraverso Pirandello, la poesia di Quasimodo, la narrativa di Vittorini, la produzione di Sciascia, il capolavoro e i racconti di Tomasi di Lampedusa, i romanzi di Brancati, Bufalino, Consolo, Camilleri, giusto per fare alcuni degli esempi più macroscopici, non può sfuggire neanche al lettore meno attento. Cosa rende dunque così saldi i rapporti tra molti dei maggiori scrittori siciliani e l'isola che li ha prodotti, da cui spesso sono emigrati ma a cui altrettanto spesso sono tornati, e se non in vita almeno da morti? Si sa che uno scrittore dà sovente il meglio di sé quando innerva la propria scrittura in un ambiente specifico, un universo fatto di intima familiarità, congenialità, radici culturali e antropologiche, memorie che lo hanno formato, prima di tutto come essere umano. Basta fare due esempi particolarmente eloquenti: Dante con la sua odiosamata Firenze e Joyce nei confronti dell'altrettanto odiosamata Dublino. Nel caso dei siciliani più che una singola città o cittadina è l'intera Sicilia a fare da sfondo oppure a stagliarsi possente nelle costruzioni mitopoietiche degli autori che l'hanno eletta a terra delle madri, delle origini e dei ritorni ma anche, molto spesso, a metafora di condizioni e destini che travalicano la stretta dimensione regionalistica.

L'esempio di Vincenzo Consolo (S. Agata di Militello, Messina, 1933-Milano, 2012) mi sembra particolarmente emblematico in quanto presenta un'adozione della prospettiva siciliana in maniera complessa, multi-dimensionale, polifonica. Lontani sono i microcosmi volutamente angusti, asfittici, ma appunto per questo rappresentanti un intero mondo, in cui una comunità si identifica, salvo allontanarsene per incontrare una sorte avversa (è l'esempio del Verga de *I Malavoglia*, per intenderci). Oppure nel caso dello Sciascia degli pseudo-gialli la cittadina di provincia, con la sua piazza e il suo 'coro' di abitanti, ancora una volta fornisce la possibilità di affondare il bisturi della scrittura civile nelle dinamiche storiche, sociali e antropologiche con tutte le loro perverse stratificazioni di potere, oppressione, ipocrisia e violenza.

In Consolo ci troviamo di fronte a un mondo radicato sì nel contesto dell'isola al centro del Mediterraneo ma assistiamo a una fenomenologia umana, sociale, politica, molto più fluida. I piani dell'indagine consoliana si moltiplicano, si stratificano, si confondono. E questo vale anche per il modo in cui si svolge il racconto, per le strategie narrative dispiegate con sapiente sprezzatura costruttiva ma anche per la raffinata, certosina ma non gratuita elaborazione linguistica, che costituisce una delle cifre più originali della sua produzione.

Dicevo isola al centro del Mediterraneo e non è un truismo o un mero richiamo di natura geografica. Leggendo Consolo siamo immediatamente investiti, a differenza di quanto può succedere in Verga, Capuana, De Roberto e in certo Sciascia, dalle stratificazioni culturali e antropologiche che connotano la Sicilia e i suoi abitanti. Come scrive Tullio Pagano, "Il soggetto della narrativa di Consolo non può essere che quello mediterraneo, ed in particolare, quello della Sicilia [...]. Lo sguardo di Consolo rassomiglia a quello dell'archeologo, che scava al di sotto dell'apparente uniformità del reale per scoprire gli infiniti sedimenti e tracce che secoli di presenza umana hanno inciso nel paesaggio." (Pagano 366) La Sicilia può essere così concepita come una sorta di palinsesto antropologico, culturale, fisico. Daragh O'Connell insiste sull'aspetto palinsestico della scrittura consoliana, anzi "palincestuoso", così come si esprime lo studioso mutuando l'espressione dal Philippe Lejeune di *Moi aussi*.[1] E ancora, Bufalino sottolinea questo carattere complesso, stratificato, della Sicilia parlando dell'esistenza non di una Sicilia ma di tante Sicilie.[2]

Lo stretto rapporto tra queste stratificazioni storico-culturali e quelle di natura più strettamente letteraria e testuale è stato indagato da Catherine O'Mawe, secondo la quale lo scrittore esegue delle cartografie e topografie della Sicilia unendo in tal modo "both writing and territory in a metaphorical act, an act which also raises loaded questions about the agency attributed to the cartographer" (O'Rawe 80).[3]

---

[1] Di "ipertesto letterario" e "palinsesto" Consolo parla a proposito del suo *Retablo* in Vincenzo Consolo. "La metrica della memoria". Giuliana Adamo (a cura di). *La parola scritta e pronunciata*. Lecce: Manni, 2006, 186.

[2] Cf. Gesualdo Bufalino e Nunzio Zago. *Cento Sicilie. Testimonianze per un ritratto*. Milano: Bompiani, 2008.

[3] "[S]ia la scrittura che il territorio in un atto metaforico, un atto che al contempo solleva onerose domande sul potere di azione attribuito al cartografo". (Tutte le traduzioni dei brani citati sono mie).

Consolo non disgiunge mai il suo sguardo sulla Sicilia dall'eredità mediterranea che sta alla base della sua storia e della sua cultura. Ogni siciliano, ogni sua manifestazione, ogni angolo del paesaggio e delle sue vestigia parlano di questa eredità. In particolare, la cultura greca giustifica uno strettissimo legame con il mare, inteso sia come vastità e indefinitezza degli spazi e delle frontiere, con il suo mito di Ulisse, le sue peregrinazioni, il *nóstos*, ma anche come portato del *pólemos*, del conflitto, della guerra. Scrive Massimo Lollini: "L'eredità mediterannea della cultura europea è al centro della riflessione di Vincenzo Consolo che nell'esperienza di Odisseo ha trovato l'immagine più vera e rappresentativa della violenza che pervade il presente." (Lollini 25) Massimo Cacciari, in *Geofilosofia dell'Europa*, ha ribadito correttamente l'importanza del mare e dei suoi miti all'interno della cultura europea. Il Mediterraneo esercita una forza sia costruttiva, basata sul viaggio, la ricerca dell'altro e del senso dell'umano, ma mostra anche un aspetto distruttivo che attraverso i secoli ha visto conflitti sanguinosi e l'innalzarsi di barriere di odio e intolleranza (Lollini). Per Lévinas,[4] citato da Lollini, sia Abramo che Odisseo "sono avvicinati dal viaggio e dal Mediterraneo" (Lollini 26), anche se nel caso di Abramo il mare è più da identificarsi con la massa altrettanto indefinita e insidiosa del deserto.

Tuttavia la centralità e la ricchezza storica della Sicilia possono diventare persino "povertà, perdita d'identità", come scrive Consolo in un'intervista ad Andrea Ciccarelli (Ciccarelli 93). Lo scrittore sa bene di appartenere a una periferia, a un territorio di frontiera: la Sicilia nei confronti del resto d'Italia e dell'Europa, e la cittadina di origine come area periferica in rapporto all'isola. Non è un caso che, essendo nato a Sant'Agata di Militello, a metà strada tra le città di Messina e di Palermo, Consolo abbia vissuto questa condizione di transizione, la quale in verità assume anche un

---

[4] Cf. Emmanuel Lévinas. « La signification et le sens ». *Revue de Métaphysique et de Morale*, 2 (1964): 125-156.

carattere positivo nella sua visione di testimone, in quanto garantisce la necessaria equidistanza tra mondi diversi. Per Consolo la Sicilia si può, infatti, dividere in due macro-aree: quella orientale e quella occidentale.[5] In questa visione la zona est, di origine essenzialmente greca, è connotata dal prevalere del mito, della passione, del sentimento, da una disposizione più lirica, ma anche dalla violenza della natura (si ricordino le eruzioni vulcaniche e i terremoti, in particolare quelli disastrosi del 1693 e del 1908). L'area occidentale è invece caratterizzata, secondo lo scrittore, da una disposizione più raziocinante, da un discorso più logico, dal senso della storia. È, quest'ultima, la zona che è stata segnata non solo dai fenici ma anche dagli arabi, dai normanni e dagli svevi; normanni e svevi che del retaggio islamico hanno fatto tesoro. A questi due poli appartengono scrittori che esprimono, rispettivamente, queste due anime del popolo siciliano. Così — nella visione di Consolo — Pirandello, Sciascia, Tomasi di Lampedusa, incarnano l'anima razionale, storicizzante, mentre scrittori come Verga, De Roberto, Quasimodo rappresentano la tendenza più esistenziale o lirica. Chiaramente vi sono eccezioni e soprattutto, sempre secondo Consolo, momenti in cui uno scrittore può esprimere anche la polarità opposta in alcune sue opere (è il caso del celebre racconto *Lighea* di Tomasi di Lampedusa, significativamente ambientato nella zona ionica, greca, della Sicilia).[6]

Nel saggio "I ritorni", contenuto nella raccolta *Di qua dal faro* (1999), Consolo spiega la necessità da parte degli scrittori siciliani di far fronte, da un lato, al senso di isolamento e, dall'altro, di

---

[5] Di questa 'doppia natura' della Sicilia lo scrittore dà conto in diversi luoghi, in particolare nel saggio "Sirene siciliane" (in *Di qua dal faro*. Milano: Mondadori, [1999] 2001, 175-181), ma anche nel racconto "La grande vacanza orientale-occidentale". *Quaderns d'Italià* (2005) 10: 11-17.

[6] Su tre esempi di questa bipartizione tra gli scrittori siciliani è particolarmente eloquente il saggio di Consolo dal titolo "Ragione e smarrimento. Verga, Pirandello, Sciascia". *Quaderns d'Italià* 2 (2002): 141-149.

compiere un viaggio di ritorno nella terra delle origini, alla stregua di novelli Odissei alla ricerca di Itaca. Scrive lo scrittore:

> Ma non è più ora, la Sicilia, la fantasmatica isola della primordiale natura minacciosa e devastante, non è più, il suo isolamento, nella terribilità di quel suo stretto passaggio. Ora l'isola è affollata dei più vari segni storici, antichi e immobili per fatale arresto, quali rovine trasferite in una dimensione metafisica, è ricca di frantumi di civiltà, di frammenti linguistici, è composita culturalmente, problematica socialmente. Tutto questo ha fatto sì che nel tempo, paradossalmente, quel breve braccio di mare che la staccava dal Continente si ampliasse a dismisura e la rendesse più estrema rispetto a un centro ideale, la relegasse a causa della sua eredità linguistica, della sua dialettalità, ai margini della comunicazione.
> Da qui la necessità, l'ansia degli scrittori isolani di lasciare il confine e d'accentrarsi, di uscire dall'isolamento e di raggiungere i centri storici, culturali, linguistici. (Consolo 2001: 138).

Ma qual è il senso del ritorno da parte dei siciliani alla propria isola? È, in definitiva, una "esigenza ideologica, necessità etica", scrive Consolo (ivi 141). Ed è un *nóstos* il viaggio compiuto dal narratore in quel singolare libro che è *L'olivo e l'olivastro* (1994), non un romanzo o saggio nel senso canonico, forse un poema narrativo sui generis. È anche una catabasi, una discesa agli inferi, memore di quella che nell'*Odissea* consente all'eroe di scoprire per la prima volta la fonte del pianto e, quindi, della pietà. Il viaggio consoliano si invera in un atto di verifica, di recupero memoriale ma anche di forte accensione etica, dove lo sguardo acuto è accompagnato sia da nostalgia e pietà che da indignazione e invettiva nei confronti delle conseguenze della violenza, dell'acquiescenza colpevole, della perdita di memoria e dignità cui soggiacciono uomini, cose, paesaggio naturale e vestigia-segnacoli di un oneroso passato. La narrazione di questo nuovo Ulisse-*ánghelos*, messaggero di una testimonianza necessaria, assume un senso preciso che la distanza dalla scrittura di finzione. Scrive infatti Consolo in *Di qua dal faro*:

> Dico narrazione nel senso in cui l'ha definita Walter Benjamin in *Angelus Novus*. Dice, in sintesi, il critico, che la narrazione è antecedente al romanzo, che essa è affidata più all'oralità che alla scrittura, che è il resoconto di un'esperienza, la relazione di un viaggio. "Chi viaggia, ha molto da raccontare" dice. "E il narratore è sempre colui che viene da lontano. C'è sempre dunque, nella narrazione, una lontananza di spazio e di tempo". E c'è, nella narrazione, un'idea pratica di giustezza e di giustizia, un'esigenza di moralità. (Consolo 2001: 144)

D'altronde Consolo ha sempre amato definirisi 'cantastorie'. Di fatto *L'olivo e l'olivastro* sembra offrire una risposta alla difficoltà, se non all'impossibilità, di scrivere il romanzo oggi. Lo scrittore ritorna su questa questione metanarrativa in più di un testo, non solo ne "I ritorni" ma anche nell'ultimo romanzo della trilogia (dopo *Nottetempo casa per casa* e *Il sorriso dell'ignoto marinaio*), *Lo spasimo di Palermo* (1998).

> Ma oggi, in questa società di massa, in questo mondo mediatico, esiste ancora la possibilità di scrivere il romanzo? Crediamo che oggi, per la caduta di relazione tra la scrittura letteraria e la situazione sociale, non si possano che adottare, per esorcizzare il silenzio, i moduli stilistici della poesia; ridurre, per rimanere nello spazio letterario, lo spazio comunicativo, logico e dialogico proprio del romanzo. (Consolo 2001: 145)

È per tale ragione che la sua scrittura è diventata nel tempo sempre più lavorata, polifonica, plurilinguistica, ha assunto le movenze della poesia, si è caricata di un'alta metaforicità e analogicità.[7] La lingua standard, l'italiano "tecnologico" deprecato da

---

[7] Ma si veda anche quanto scrive lo scrittore in un altro suo saggio: "Nelle mie narrazioni c'è sempre l'interruzione del racconto e il cambio della scrittura, il suo

Pasolini,[8] nulla può per ridare sbalzo a una moneta ormai consunta, la moneta della lingua. Tuttavia non si tratta neanche di uno sperimentalismo linguistico paragonabile a quello della neovanguardia, creato in un'astratta operazione di voluta oscurità.[9] Consolo non inventa nulla, recupera solo una ricchissima eredità linguistica fatta di termini colti o umili ma afferenti alle varie lingue e dialetti che nello spazio e nel tempo hanno creato un enorme palinsesto espressivo. L'operazione di Consolo è spesso una ri-scrittura o 'sopra-scrittura'. Richeggiando Sciascia, possiamo dire che oggi lo scrittore non può che ri-scrivere.[10] Tuttavia questo non comporta un'adesione supina a formule espressive che, lungi dall'offrire una *koinè* di democratica comunicabilità, suggellano, a ben vedere, l'asservimento dello scrittore alle leggi del mercato, all'omologazione più smaccata, alla reiterazione di uno status quo privo di una qualsiasi tensione autenticamente etica.

Lo sguardo consoliano si traduce in uno scavo archeologico all'interno della realtà, anche la più cruda violenta, disperata,[11] nell'intento di offrire almeno il tentativo del racconto in un'atmosfera di

---

alzarsi di tono, svolgersi in forma ritmica, lirico-poetica." (Consolo 2006: 187). Solo in questo "cambio" può avvenire la "salvezza" o la "plausibilità" della forma romanzo (188). E la poesia, per Consolo, "è memoria, e soprattutto memoria letteraria" (ivi).

[8] Pier Paolo Pasolini. "Nuovi questioni linguistiche" in Id. *Empirismo eretico*. Milano: Garzanti, [1972] 2000.

[9] Sulla questione linguistica si veda Consolo 2006: 177-189. Per Consolo il Gruppo '63, in particolare, "come tutte le avanguardie, opponendosi alle linee letterarie che erano in quel momento praticate, dalla neorealistica, alla illuministica e razionalistica, alla sperimentalistica, programmava l'azzeramento di ogni linguaggio che proveniva dalla tradizione e proponeva un nuovo, artificiale linguaggio di difficile praticabilità". (ivi 182).

[10] Cf. Claude Ambroise. "14 domande a Leonardo Sciascia" in *Leonardo Sciascia. Opere 1956-1987* (a cura di Claude Ambroise). Milano: Bompiani, 1987.

[11] Come scrive Gianni Turchetta, "[...] proprio perché costretta a essere archeologia, la letteratura finisce per testimoniare direttamente la violenza del tempo." (Gianni Turchetta, "Introduzione" a Vincenzo Consolo, *Le pietre di Pantalica*. Milano: Mondadori, 1990, xi.

costruttiva nostalgia o malinconia.[12] In altre parole, lo sforzo di dare voce all'esigenza del pianto, del lamento funebre, che possa generare un'insperata catarsi, quantunque sempre più remota, davanti a tanta forsennata distruzione, indifferenza, orrore. Basti almeno un esempio per illustrare questa speciale indagine, tratto da *L'olivo e l'olivastro*:

> Odia ora. Odia la sua isola terribile, barbarica, la sua terra di massacro, d'assassinio, odia il suo paese piombato nella notte, l'Europa deserta di ragione.
> Odia questa Constantinopoli saccheggiata, questa Alessandria bruciata, quest'Atene, Tebe, Milano, Orano appestate, questa Messina, Lisbona terremotate, questa Conca d'Oro coperta da un sudario di cemento, il giardino delle arance insanguinate. Odia questo teatro dov'è caduta la pietà, questa scena dove è stata sgozzata Ifigenìa, quest'Etna, questa Tauride di squadracce dove si consumano merci e vite, si svende l'onore, decenza, lingua, cultura, intelligenza... (Consolo 1999: 105-106)

Ancora una volta la Sicilia si fa metafora del Mediterraneo, dell'Europa.[13] Lo sguardo è rivolto principalmente alla Sicilia perché della sua terra Consolo ha memoria diretta, una memoria che affonda nella sua infanzia e prima formazione, che si nutre della fitta trama di rimandi culturali, letterari, antropologici, storici e geografici. Lo scrittore come intellettuale moderno può così svolgere la funzione, seguendo le categorie di Zygmunt Bauman (citato da O'Rawe), di 'legislatore' all'interno di una tradizione comune, e come intellettuale post-moderno la funzione di 'interprete'.

---

[12] Si tratta di una malinconia 'eroica' perché sottolinea una ricerca di conoscenza, perché la discesa è foriera di un'ascesa. (Cf. Norma Bouchard. "Vincenzo Consolo and the Postmodern Writing of Melancholy", *Italica* 8.1 (2005): 16.

[13] La Sicilia è una metafora di tutti i sud, "those places where the myth of a utopian North is constructed." (Joseph Francese. "Vincenzo Consolo's Poetics of Memory". *Italica* 82.1 (2005): 44). ("[Q]uei luoghi dove si costruisce il mito di un nord utopico").

Sia Consolo che Bufalino, secondo O'Rawe, assumono entrambi questi ruoli.

Lo sguardo di Consolo sulla realtà siciliana assume una doppia valenza: quella di una ricognizione dell'interazione tra presente e passato e quella di un'operazione ermeneutica, di un'interpretazione dei grumi di senso che questa stessa complessa interazione impone. La metaforicità della Sicilia è costante nello scrittore, pur nella consapevolezza che essa non è mai disgiunta da un'attenta analisi delle specificità storico-antropologiche che connotano la sua terra. Leggiamo in proposito un'altra eloquente pagina da *L'olivo e l'olivastro*:

> Una metafora diventa quel braccio di mare, quel fiume salmastro, una metafora dell'esistenza: lo stretto obbligato, il tormentato passaggio in cui l'uomo può perdersi, perdere la ragione, imbestiandosi, o la vita contro lo scoglio o dentro il vortice d'una natura matrigna, feroce; o salvarsi, uscire dall'orrido caos, dopo il passaggio cruciale, e approdare, lasciare l'utopia feacica, nell'Itaca della realtà e della storia, della ragione e degli affetti.
> Metafora di quel che riserva la vita a chi è nato per caso nell'*isola dai tre angoli*: epifania crudele, periglioso sbandare nella procella del mare, nell'infernale natura; salvezza possibile dopo tanto travaglio, approdo a un'amara saggezza, a una disillusa intelligenza. (Consolo 1999: 21-22).

In realtà Consolo non approda alla sua Itaca, ma a Ilio, un'Ilio distrutta dalla guerra, osserva Lollini. Lo scrittore incontra le sue città, la sua isola, come luoghi di distruzione e violenza, inospitali (si veda la Catania de *L'olivo* o la Siracusa e la Palermo de *Le pietre di Pantalica*)[14]. Milano stessa è contaminata (si veda *Lo spasimo di*

---

[14] Ecco cosa leggiamo su Catania: "Tornò in un'isola che non era l'Itaca dell'infanzia, la Trezza della memoria, ma la Catania pietrosa e inospitale, emblema d'ogni luogo fermo o imbarbarito, che mai lo riconobbe come l'esule che torna, come il figlio." (Consolo 1999: 58) Su Siracusa basti questo passaggio: "La bellissima città medievale, rinascimentale e barocca, la città ottocentesca e quella

Palermo). Persino l'esilio è impossibile a causa della pervasività della violenza, osserva ancora Lollini.

Dopo *Nottetempo casa per casa* in effetti il pessimismo di Consolo è sempre più palpabile. La scrittura rimane sospesa tra l'urlo e il silenzio, l'afasia imposta dalla società attuale. L'olivastro sembra non integrarsi più con l'olivo. Le forze del male e del caos rendono sempre più difficile o del tutto impossibile un riscatto attraverso l'addomesticamento della cultura, della pietà, del canto che scioglie il nodo dell'angoscia. 'Cultura' e 'coltura' hanno, significativamente, la medesima radice, e giustamente memorabili sono i passaggi che lo scrittore, come un novello Virgilio, dedica al paesaggio ubertoso dei campi, ai luoghi ingentiliti dai giardini:

> Vedeva dall'alto del promontorio la vasta piana irrigata dal Mela ricca di agrumi, ulivi, viti, orti. Ricca di gelsomini. Tra sènie e gèbbie, sotto palme e cipressi, era il basso verde di quel fiore che all'apparire del sole schiudeva la corolla, liberava, spandeva il suo profumo d'arancio e nardo. Allora, nel crepuscolo mattutino, quando erba e foglie eran pregne di rugiada, schiere di donne avanzavano tra le file dei cespugli, piegate, il grembiule a sacca, a staccare i boccioli delicati. (Consolo 1999: 24)

Lo sguardo multiplo di Consolo non si manifesta soltanto nella ricognizione da parte dello scrittore delle stratificazioni dei piani di senso che la realtà, la cultura, il mito, la letteratura, rivelano allo scavo paziente e appassionato condotto dall'autore. Il suo

---

dell'inizio del Novecento è completamente degradata: una città marcia, putrefatta. La Siracusa che avevo visto trent'anni prima, quella in cui avevo pensato di andare a vivere, non esiste più." (Consolo 1990: 129) Sul capoluogo siciliano, di cui per altro, in altri suoi testi, lo scrittore non manca di sottolineare importanza e bellezza, leggiamo per esempio: "Palermo è fetida, infetta. In questo luglio fervido, esala odore dolciastro di sangue e gelsomino, odore pungente di creolina e olio fritto. Ristagna sulla città, come un'enorme nuvola compatta, il fumo dei rifiuti che bruciano sopra Bellolampo." (ivi 132) Non sfugga, per inciso, l'abbondanza di esempi di allitterazione e consonanza.

sguardo si traduce anche nel moltiplicarsi dei punti di vista, nell'assunzione di una pluralità di voci e di prospettive che si tramutano in una complessa *mise en intrigue*, una configurazione estetica, che costituisce uno dei punti di forza dell'opera di Consolo, ma anche uno dei motivi che rendono spesso difficile la lettura dei suoi testi.[15] Basti vedere come ne *L'olivo* il primo capitolo inizia alla terza persona, come se il soggetto si disincarnasse in un'autorialità impersonale, o meglio metaindividuale. "Ora non può narrare. Quanto preme e travaglia arresta il tempo, il labbro, spinge contro il muro alto, nel cerchio breve, scioglie il lamento, il pianto..." (Consolo 1999: 9). Si passa subito dopo a una sezione alla prima persona: "Sono nato a Gibellina, di anni ventitré. Imparai il meccanico a Salemi..." (ivi). L'autore qui dà voce a un personaggio, un conterraneo, perché rievochi lo strazio della distruzione causata dal terremoto della Valle del Belice nel 1968. Dopo simili transizioni di punti di vista il capitolo si conclude alla prima persona, una prima persona di forte impronta autobiografica:

> Di tempo in tempo parte e arriva a Milano. Vanno insieme allora, lui e l'amico, per librerie antiquarie, per gallerie d'arte, per negozi di stampe.
> --Lavori?
> --Vorrei scrivere tre o quattro libri ancora prima di smettere, o di morire. C'è qualcosa nell'aria che, si direbbe a Napoli, ti fa cadere la penna di mano. E in Sicilia specialmente. Scrivere è una lotta non solo con la realtà, ma con me stesso. Ma scrivere è la mia vocazione, il mio mestiere... (Consolo 1999: 15)

---

[15] "La pluralità di lingue e di toni implica [...] anche, altra caratteristica fondamentale, pluralità di prospettive. Se in *Retablo*, vistosamente, ognuna delle tre parti ha un narratore diverso, che appunto vede (deforma, interpreta) la realtà dal suo punto di vista, obbligando, a sua volta il lettore a cambiare via via prospettiva, più in generale Consolo sceglie continuamente di raccontare secondo la prospettiva soggettiva, parziale di qualcuno che è all'interno della storia." (Turchetta x) Un altro esempio di prospettiva 'parziale', distanziata, si ha nel personaggio di Basilio Archita ne *Le pietre di Pantalica*.

È significativo che quest'alternanza di voci e di punti di vista si visualizzi anche attraverso una netta spazializzazione tipografica. Come scrive Maria Attanasio,

> Dopo *Nottetempo casa per casa* l'invettiva e il lamento si amplificano, acquistando una totale autonomia rispetto alla narrazione: diffusa voce extranarrante, inclusiva di vicende e destini, che, rispondendo a un consapevole disegno poematico del romanzo, blocca gli eventi, immobilizza il racconto senza possibilità di dialettico sviluppo e di autonoma parola nell'afasia della società di oggi. (Attanasio 29)

L'azione dello sguardo può persino tradursi in una ricognizione letterale di reperti iconici, in un'operazione di *ékphrasis*. È a quanto assistiamo, per esempio, nella prosa "I linguaggi del bosco" all'interno de *Le pietre di Pantalica*. Qui lo scrittore analizza due foto che raffigurano il padre al lavoro con il suo camion. Ma Consolo sa bene che le immagini preservate dal passato resterebbero come mute senza l'intervento di un altro sguardo, quello memoriale e narrativo, grazie al quale esse assumeranno una vita più autentica, caricandosi di significati che solo l'osservatore, un osservatore come lo scrittore, può conferire. In altre parole, non esiste un punto di vista oggettivo sulla realtà ma quella che Francese definisce "an objectifying –not objective- plurality of subjectivity." (53)[16]

> Ora io, con l'aiuto di una lente, cerco di *leggere* e descrivere queste due foto. Ma non voglio fare una lettura semiologica o estetica né barthesiana. Voglio solo fare una lettura oggettiva, letterale, come di reperti archeologici o di frammenti epigrafici, da cui partire per la ricostruzione, attraverso la memoria, d'una certa realtà, d'una certa storia. [...] E ora cercherò di allargarne, di dilatarne l'esigua

---

[16] "Un'oggettivante –non oggettiva- pluralità della soggettività".

superficie di cm 8 x 13, di animarne le scene, di muovere camion e personaggi, toglierli dalla loro stampata fissità, d'aggiungere qualche altro colore alla loro bicromìa di bianco e nero. Di dire d'altre scene, d'altri personaggi e linguaggi che nel bosco vidi e udii. Di raccontarli (Consolo 1990: 118-119).

Ne *Lo spasimo di Palermo* la complessità delle strutture narrative, la diffrazione dei punti di vista, la proliferazione polifonica e l'intensificazione plurilinguistica raggiungono punte estreme. Anche l'intertestualità e la pratica citatoria assumono grandissimo rilievo. Non è un caso che il romanzo si chiuda con un urlo appena soffocato, "muto", con lo sgomento davanti al massacro del giudice a Palermo in Via D'Astorga, evidente allusione al sacrificio di Paolo Borsellino in Via D'Amelio. Non è nemmeno casuale il riferimento al D'Astorga dello *Stabat Mater*, testo che, forse più di qualunque altro, dà voce al dolore più profondo e 'innaturale' che si possa provare, quello della madre davanti alla morte di un figlio. In questa prospettiva la conclusione del libro è affidata non tanto allo scrittore Gioacchino Martinez, protagonista in cui ancora una volta si scorge l'influenza autobiografica di Consolo stesso, ma al fioraio, figura umile ma stranamente presciente dei terribili fatti, la quale emette, realizzando una sorta di ossimoro, un grido che non si articola nelle parole, le parole della sua lingua atavica che può solo invocare nel silenzio della sua meditazione, a metà tra la maledizione e la lamentazione funebre.

> Il fioraio, là in fondo, venne scaraventato a terra con il suo banchetto coperto di polvere, vetri, calcinacci.
> Si sollevò stordito, sanguinante, alzò le braccia, gli occhi verso il cielo fosco.
> Cercò di dire, ma dalle secche labbra non venne suono. Implorò muto
>
> *O gran manu di Diu, ca tantu pisi,*
> *cala, manu di Diu, fatti palisi.*
>
> (Consolo 2000: 130-131)

In Consolo la tensione etica della scrittura non è mai disgiunta da una forte coscienza estetica. Come sostiene Ricœur, il giudizio morale non è mai abolito nelle trasfigurazioni condotte nel laboratorio dell'immaginario della narrativa (Ricœur 194). La prosa dello scrittore siciliano assume sempre più spesso le movenze della poesia perché quest'ultima può forse offrire la maggiore ricchezza espressiva, sul piano paradigmatico ("verticale", direbbe Attanasio), della stratificazione analogica della parola, a fronte di una più lineare articolazione, della sintagmaticità, della prosa. Le scelte linguistiche di Consolo, il suo sperimentalismo espressivo (ben lontano dalla *clarté* illuministica del toscano impiegato da Sciascia) nascono da una precisa motivazione storica, e quindi etico-civile. Scaturiscono dal crollo della speranza di una rinascita dell'Italia post-fascista.[17] Lo scrittore ha cercato l'esilio anche in una sorta di emigrazione linguistica ma l'esilio, come abbiamo visto, non è più possibile e il *nóstos* non può che approdare a un'Itaca distrutta dai Proci. Così si esprime amaramente Consolo: "Questa è la nostra Itaca d'oggi, la matrigna terra della giustizia negata, della memoria cancellata, dell'intelligenza offuscata, della bellezza e della poesia oltraggiate, delle passioni incenerite."[18]

OPERE CITATE

Adamo, Giuliana (a cura di). *La parola scritta e pronunciata*. Lecce: Manni, 2006.

Ambroise, Claude. "14 domande a Leonardo Sciascia". Leonardo Sciascia. *Opere 1956-1987* (a cura di Claude Ambroise). Milano: Bompiani, 1987.

Attanasio, Maria. "Struttura-azione di poesia e narratività nella scrittura di Vincenzo Consolo". *Quaderns d'Italià*, 10, 2005: 19-30.

Bouchard, Norma. "Vincenzo Consolo and the Postmodern Writing of Melancholy". *Italica* 82.1 (2005): 5-23.

---

[17] Cfr. Andrea Ciccarelli. "Intervista a Vincenzo Consolo". *Italica* 82. 1 (2005): 94.
[18] Vincenzo Consolo. "La metrica della memoria" cit., 188.

Bufalino, Gesualdo e Nunzio Zago. *Cento Sicilie. Testimonianze per un ritratto*. Milano: Bompiani, 2008.
Cacciari, Massimo. *Geofilosofia dell'Europa*. Milano: Adelphi, 1994.
Ciccarelli, Andrea. "Intervista a Vincenzo Consolo". *Italica* 82.1 (2005): 92-97.
Consolo, Vincenzo. *La ferita dell'aprile*. Milano: Mondadori, 1963.
_____. *Il sorriso dell'ignoto marinaio*. Milano: Mondadori, 1976.
_____. *Retablo*. Palermo: Sellerio, 1987.
_____. *Le pietre di Pantalica*. Milano: Mondadori, [1988] 1990.
_____. *Nottetempo casa per casa*. Milano: Mondadori, 1992.
_____. *L'olivo e l'olivastro*. Milano: Mondadori, [1994] 1999.
_____. *Lo spasimo di Palermo*. Milano: Mondadori, [1998] 2000.
_____. *Di qua dal faro*. Milano: Mondadori, [1999] 2001.
_____ "Ragione e smarrimento. Verga, Pirandello e Sciascia". *Quaderns d'Italià* 7 (2002): 141-149.
_____. "La grande vacanza orientale-occidentale". *Quaderns d'Italià*, 10 (2005): 11-17.
_____. "La metrica della memoria". Giuliana Adamo (a cura di). *La parola scritta e pronunciata*. Lecce: Manni, 2006: 177-189.
Francese, Joseph. "Vincenzo Consolo's Poetics of Memory". *Italica* 82. 1 (2005): 44-63.
Lejeune, Philippe. *Moi aussi*. Paris: Seuil, 1986.
Lévinas, Emmanuel. « La signification et le sens ». *Revue de Métaphysique et de Morale*, 2 (1964): 125-156.
Lollini, Massimo. "Intrecci mediterranei. La testimonianza di Vincenzo Consolo, moderno Odisseo". *Italica* 82.1 (2005): 24-43.
O'Connell, Darah. "Consolo narratore e scrittore palincestuoso". *Quaderns d'Italià*, 13 (2008) 161-184.
O'Mawe, Catherine. "Mapping Sicilian Literature. Place and text in Bufalino and Consolo". *Italian Studies* 62.1 (2005): 79-94.
Omero, *Odissea*. Torino: Einaudi, 2014.
Pier Paolo Pasolini. "Nuove questioni linguistiche". Id. *Empirismo eretico*. Milano: Garzanti, [1972] 2000.
Pagano, Tullio. "Reading and Writing the Mediterranean"; Book Review. *Italica* 85. 2/3 (2008): 365-369.
Ricœur, Paul. *Soi-même comme un autre*. Paris: Seuil, 1990. [Trad. it. *Sé come un altro* (a cura di D. Iannotta). Milano: Jaca Book, 1993].

Tomasi di Lampedusa, Giuseppe. *Opere*. Milano: Mondadori, 1995.
Verga, Giovanni. *I malavoglia*. Milano: Garzanti, 2015.

Le culture Sinti e Rom in Italia
Un esempio di marginalizzazione e "invisibilità"

Maria Làudani

§. 1 – L'IMMAGINARIO COLLETTIVO SUGLI "ZINGARI":
STIGMATIZZAZIONI POSITIVE E NEGATIVE

Zingari[1], dal Greco Θίγγανοι cioè "intoccabili," sono comunemente definiti anche oggi gli appartenenti ad un cospicuo e significativo gruppo etnico che esiste in Europa almeno dall'alto Medioevo in poi.

Le fonti documentarie e letterarie sugli "Zingari," che attestano la presenza di una popolazione nomade dai caratteri peculiari, sono identificabili con le "Cronache" locali. Così il frate francescano Nicolò da Poggibonsi, in viaggio per Gerusalemme nel 1255, narra di essersi imbattuto in una popolazione nomade:

> "[...] Essi quando sono presso le città vi ficcano un palo e ivi appiccano le loro masserizie e le loro bestie. E poi vanno per la città procacciando chi faccia loro del bene, e poi fanno beffe di chi ha fatto loro bene; [...] Andavano di terra in terra con le loro famiglie e con le loro masserizie, e sempre di dì e di notte stanno alla campestre.[2]"

Il nomadismo degli Zingari assume una connotazione fortemente negativa nella società medievale, perché secondo gli stereotipi dell'epoca il vagare, senza dimora, era associato all'espiazione

---

[1] Starr, Joshia, *An Eastern Christian Sect: The Athinganoi, To the Memory of Prof. Andréas Michael Andréadès (1877-1935)*, in *The Harvard Theological Review* 29.2 (aprile 1936): 93-106, ove citasi la fonte della notizia: *Theophanes continuatus, Joannes Cameniata, Symeon Magister, Georgius Monachus... ex recognitione Immanuelis Bekkeri.*

[2] Narciso, L., *La maschera e il pregiudizio. Storia degli Zingari* (Roma: Melusina, 1990).

del peccato originale di Caino, uccisore del fratello Abele, e per ciò condannato da Dio ad una vita errabonda e ad attività considerate marginali come il commercio.[3]

Significativo il riferimento delle cronache annalistiche di città come Bologna e Forlì che registrano nel 1417 l'arrivo di un gruppo di "penitenti" sotto la guida di un "duca d'Egitto," in viaggio di espiazione per un peccato di apostasia[4]. Notizie identiche ritroviamo nelle cronache della città di Parigi: "in queste cronache si rintracciano le prime testimonianze scritte che attestano la presenza in Europa occidentale di un nuovo e diverso gruppo socio-culturale che sarà variamente denominato...."[5]

Fattore inequivocabile, al di là delle varie denominazioni date a questi gruppi, la consapevolezza della "diversità" culturale percepita come elemento discriminante in senso negativo: addirittura si attribuisce loro la partecipazione diretta al supplizio di Cristo perché gli Zingari, da abili artigiani esperti in metallo tecnica, avrebbero forgiato i chiodi per la crocifissione e, quindi, condividerebbero con gli Ebrei il castigo di una vita errante.[6]

---

[3] *Genesi* 4, 11-12. Cfr. con Le Goff, J., *Tempo della Chiesa e tempo del mercante* (Torino: Einaudi, 1976): 10, 12.

[4] AA VV, *C'è posto all'ultimo banco, Guida alla scolarizzazione dei bambini Rom*, a cura di Arci Solidarietà Onlus (Roma 2013, Edizione Derive approdi) ove bibliogr. in particolare per il XV sec. vedasi Turrini, Mauro, 2009 "Identità e narrative delle nuove etnicità rom" in *Studi culturali* VI (2): 269-283.

[5] AA VV, *C'è posto all'ultimo banco* cit,: 15.

[6] Narciso, L., cit., 27. La tradizione popolare riprende l'immagine del compito scellerato degli Zingari: nelle processioni della Settimana Santa, viene descritta la razza maledetta che ha forgiato i chiodi della crocifissione attraverso una giovane gitana che canta: "Son d'Egitto la Zingarella e porto i chiodi nella sportella per trafiggere il Signore nostro divin Redentore..." cfr. Vaux De Foletier, F., *Mille anni di storia degli Zingari* (Milano: Jaca Book, 1990): 238. A tal riguardo anche Soustre De Condat, D., *Rom, una cultura negata* (Palermo: Sellerio, 1997).

Questa "politeticità"[7], cioè sostanziale indefinitezza della cultura zingara agli occhi dei non-Zingari, sta alla base di molte stigmatizzazioni negative e, in alcuni casi, anche positive.

Alla fine del secolo XV — momento cruciale per l'Europa alle soglie della formazione delle identità degli stati moderni attraverso l'affermazione delle monarchie nazionali, gli Zingari sono fatti oggetto di autentiche persecuzioni legittimate da provvedimenti e norme come quelli che troviamo decretate dalla Dieta di Augusta nel 1498: "chi colpisce gli Zingari non commette reato (Wer Zigeuner schadigt, frewelt nicht) …. niente di buono può venire da questa gente maledetta. È giusto dunque che tutto il mondo di Dio li fugga come la peste."[8]

Di segno opposto sono opere letterarie in cui le Zingarelle sono guardate con pietà o ammirazione come nel caso dell'opera di Matteo Maria Boiardo, *Commedia di un villano e una Zingarella che dice la buona ventura*.[9] Anche Cervantes ne *La Gitanella* esprime simpatia piuttosto che disprezzo verso l'ambiente del popolo nomade e propone un cliché che verrà ripreso ampiamente, quello della trovatella cresciuta dai gitani che ritroverà l'identità perduta in circostanze avventurose.[10]

Il grande Goethe nell'opera drammatica *Götz von Berlichingen* descrive l'esistenza degli Zingari come in equilibrio tra Natura e "cultura"[11] e ne *La vocazione teatrale di Wilhelm Meisters* tratteggia il personaggio di Mignon, giovinetta tzigana, con tenerezza e simpatia.[12]

---

[7] Piasere, L., *I Rom d'Europa, una storia moderna* (Roma-Bari: Laterza, 2004).
[8] Borelli, G., *Editti antichi e nuovi* (Torino: Einaudi, 1981).
[9] Citato in *L'immagine degli zingari nel tempo, Letteratura*, a cura di Silvia Spada, Elena Farruggia, Milena Cossetto, pubblicato sul sito: http://www.emscuola.org/labdocstoria/Pubblicazioni/uBarodrom/capD031f.htm.
[10] Miguel de Cerevantes, *Novelle esemplari*, Introduzione di Gabriele Morelli. Cura e traduzione a cura di Clara Berna (Roma:Newton Compton, 2007).
[11] Goethe, J. W. *Goetz di Berlichingen*, trad. N. De Ruggiero.(Firenze: Sansoni, 1925).
[12] Goethe, J. W., *La vocazione teatrale di Wilhelm Meister*, 1785.

Altri esempi di opere letterarie del periodo romantico che ruotano intorno alle figure compassionevoli o inquietanti di giovani zingare possono essere citati nel romanzo di Achim von Arnim, *Isabella d'Egitto*,[13] o nel personaggio di Prosper Mérimée, *Carmen*,[14] che ha ispirato la protagonista del melodramma di Bizet, o ancora ne *La zingarella* di Aléxandros Papadiamantis. Certo indimenticabile la figura di Esmeralda nel romanzo *Notre Dame de Paris* di Hugo, creatura fascinosa ma innocente che va al martirio per l'amore scellerato dell'arcidiacono della cattedrale Mons. Claude Frollo e a causa di una serie di circostanze sventurate.[15] C'è chi giunge, addirittura, ad abbracciare la vita nomade e si accompagna ad una carovana di Zingari, come il romanziere russo Alexandr Puskin: da tale esperienza vissuta deriverà l'elaborazione del poema *Gli Zingari*.

Un ultimo esempio, lo zingaro Melquíades del celeberrimo romanzo di Gabriel García Márquez *Cent'anni di solitudine*: figura positiva ed avvincente che porta nello sperduto villaggio di Macondo invenzioni di ogni sorta.

Non vogliamo ulteriormente addentrarci nel campo della letteratura ove le rivisitazioni della cultura nomade sono svariate. Anche in altri ambiti dell'arte come il cinema o la musica numerosissime sono state le fonti di ispirazione scaturite dalle culture gitane,[16] da Mozart, a Johannes Brahms ad Antonín Dvořák, solo per citare i più noti, per finire con la danza del Flamenco.

---

[13] Achim von Arnim, *Isabella d'Egitto* (a cura di) C. Mutti (Carmagnola: Edizione Arktos Oggero, 1984).
[14] Propser Mérimée, *Carmen*, a cura di Salvatore Lo Russo (Padova: Marsilio, 2004).
[15] Hugo, Victor, *Notre Dame de Paris* (Ed. Feltrinelli:Milano, 2014).
[16] Relativamente al Cinema mi piace qui ricordare almeno tre film che hanno colpito la mia sensibilità, *La ragazza di Boemia*, del 1936 diretto da James W. Horne, con Stan Laurel ed Oliver Hardy; *Train de vie - Un treno per vivere*, del 1998 diretto da Radu Mihăileanu; *Gatto nero, gatto bianco*, del 1998, diretto dal regista serbo-bosniaco Emir Kusturica.

§. 2 – "Narrazioni" e realtà storica: persecuzioni, genocidi, emarginazione

Sino a qui ciò che è scaturito dal senso comune e dalle leggende popolari, pur nella visione "sublimata" dalla Letteratura e dall'Arte.

Anche relativamente al nome di questo consistente gruppo etnico possiamo constatare la mancanza di una definizione unitaria: *Gypsies, Gitanos, Cigano, Bohemien, Zigeuner, Zingari*.

Da questo momento accogliamo la nomenclatura che si è adottata ufficialmente nel Congresso di fondazione dell'Union Romanì, l'8 Aprile 1971: *Rom*.[17]

Delle "narrazioni" sulle origini del popolo Rom abbiamo sinteticamente esaminato quelle che i non-Rom individuavano nel Medioevo come nel caso della presunta provenienza dall'Egitto - da cui "(E)gypsi" — e la condanna a vagare, in quanto responsabili in parte della Crocifissione.

In una seconda fase che si colloca tra '700 ed '800 il problema dell'origine viene affrontato secondo un approccio storico e filologico, tanto da fornire addirittura la materia per una disciplina specifica, la "Ziganologia." Dalla disamina della lingua romanès si individuano precise parentele morfologiche, sintattiche, lessicali con il sanscrito e parallelismi con termini persiani, curdi, greci tanto da permettere agli studiosi di tracciare un ipotetico percorso che i Rom avrebbero affrontato verso l'Europa tra l' VIII e il XIII secolo d.C.[18]: "in questa fase non ci si limita a risolvere il mistero delle origini ma si va a costruire una narrazione epica di cui la protagonista sarebbe una popolazione indo-ariana, viaggiante da

---

[17] "Rom" è la parola con cui in lingua "Romanés" si indica l'"uomo," contrapposto a "gagè," che definisce il "non-rom."
[18] Vaux de Foletier, F., Cit., p. 239, e Cozanner, F., *Gli Zingari: miti ed usanze religiose* (Milano: Mondadori, 1990).

millenni e portatrice di una cultura comune, su cui si sarebbero inseriti apporti linguistici e culturali diversi."[19]

Tale "narrazione," oltre a fondare una "epopea zingara," fornisce una motivazione all'elemento del nomadismo di questa cultura, forma di adattamento quasi simbiotico con i contesti nazionali e locali: i Rom praticavano piccoli commerci, attività artigiane come la lavorazione del legno e dei metalli, l'allevamento dei cavalli, attrattive fieristiche come giochi e predizione del futuro, integrandosi all'interno delle società rurali e creando quell'alone di mistero che li caratterizza.

Tra gli anni '70 e gli anni '90 del secolo scorso, con il primo Congresso Rom e la maturazione della consapevolezza, si decostruisce il modello creato da una tradizione sostanzialmente estranea e artificiosa, per avvalorare l'ipotesi dell'origine dei gruppi viaggianti all'interno dell'Europa moderna nei secoli dal XIII al XVI.[20]

Attualmente si assiste ad una fase di recupero dell'epopea zingara in cui l'origine indiana viene nobilitata con l'attribuzione di antenati degli attuali Rom ad una casta aristocratica della regione del Rajasthan migrata in Occidente a causa della conquista mussulmana anche se si fa strada "una visione costruttivista che evidenzia il processo di costruzione della differenza rom all'interno della contrapposizione tra Zingari e gagè sviluppatasi nel continuum spazio-temporale della modernità europea."[21] In tale ottica il percorso popolo Rom è stato connotato da una serie di pratiche discriminanti che hanno stigmatizzato in senso negativo il nomadismo e le peculiarità culturali di questo gruppo di genti.

In tale contesto di emarginazione, rifiuto e demonizzazione sono da inserirsi tutta la serie di norme, leggi, ordinanze, etc. che

---

[19] AA VV, *C'è posto all'ultimo banco*, cit. p. 18.
[20] Turrini, Mauro, 2009 cit.: 269-283.
[21] AA VV, *C'è posto all'ultimo banco*, cit.: 19-20.

hanno regolato i rapporti tra le popolazioni europee sedentarie e i Rom, perpetrando dinamiche sociali del tutto asimmetriche.[22]

Tuttavia anche il nomadismo — cifra "culturale" specifica sino ad assurgere a condizione ontologica —, è un fattore piuttosto variabile nel tempo: alcuni gruppi rom, sedentari da secoli, sono stati indotti e costretti al nomadismo da contingenze storiche come nel caso delle recenti vicende belliche della Regione Balcanica che hanno trasformato in profughi rifugiatisi in Kosovo, Bosnia e Macedonia popolazioni zingare sino ad allora sedentarie da epoche risalenti.

Un altro esempio significativo è apportato dal mutamento dei rapporti socio-economici delle società del XX secolo, nel momento in cui l'economia rurale e del piccolo artigianato viene soppiantata radicalmente dall'industria diffusa e dalla grande distribuzione dei prodotti: quei nuclei Rom semisedentari e legati a singole regioni italiane, all'interno delle quali si spostavano per proporre le proprie attività nelle fiere locali, hanno finito per essere sopraffatti da un'economia totalmente mutata. Proprio in tali contesti le pratiche per "l'affermazione dell'appartenenza al gruppo" divengono più consistenti e fanno perno su gerarchie e ruoli sociali ben definiti. Una delle strutture più significative, ad esempio, è quella del matrimonio che riveste un ruolo identitario forte: "la cultura dei viaggianti si caratterizza per la presenza di ruoli sociali e modelli di relazione fondati su credenze e regole codificatesi nella separa-

---

[22] Scandiamo secondo ordine cronologico i principali provvedimenti "anti-Zingari" inseriti nelle norme dei Paesi europei a partire dal XV secolo sino al XVIII: 1498: La Dieta di Augusta stabilisce impunità per chi uccida gli Zingari: "Wer Zigeuner schadigt, frewelt nicht." 1492- 1499: Ferdinando il cattolico caccia Ebrei e Zingari dal Regno di Spagna. 1558: La Serenissima Repubblica di Venezia stabilisce una ricompensa a chi consegna uno Zingaro e garantisce impunità agli uccisori. 1591: il Comune di Bologna bandisce gli Zingari. Nel '700 Maria Teresa d'Austria decreta che gli Zingari debbano acquisire un'identità "austriaca," in caso contrario vengano cacciati e i figli vengano loro sottratti dall'età di 4 anni e affidati a famiglie locali.

zione strutturale dai *gagè* e finalizzate all'autoconservazione del gruppo, oggetto nel corso del tempo, non solo di discriminazioni, ma anche di vere e proprie persecuzioni."[23]

Di autentico "genocidio" degli Zingari si deve parlare relativamente al periodo nazi-fascista, quando fu perpetrato lo sterminio di queste genti fino a massacrarne più di 500.000: i Rom fanno riferimento a questo tristissimo evento come al "barò porrajmos," il "grande inghiottimento." Oltre allo sterminio il nazismo praticava le sterilizzazioni forzate delle giovani rom, causando danni irreversibili per la salute fisica e psichica delle donne.[24]

Dal dopoguerra ad oggi, tuttavia, proprio per i mutamenti nei rapporti socio-economici cui va incontro l'Europa dagli anni '50 del Novecento in poi, i Rom non solo non ricevono alcun risarcimento per le persecuzioni subite da parte dei totalitarismi, ma vengono ulteriormente marginalizzati. Tutte le attività economiche dei Rom che fungevano da naturale complemento alla vita dei *gagè*, come i piccoli commerci ambulanti, vanno progressivamente sparendo, lasciando spazio a un diverso modello di "adattamento" attraverso forme di riciclaggio di mercanzie usate e rifiuti, richiesta di elemosina, finanche attività microcriminali. In Italia tra gli anni '60 e '70 del secolo scorso si procede alla vera relegazione in "campi nomadi," realizzando una forma di segregazione dei Rom, fino ad allora inseriti e contestualizzati nelle culture regionali.

Così "la vita del campo è caratterizzata da precarietà abitativa, dall'assenza di relazioni con l'esterno e di possibilità di radicamento con il territorio limitrofo e dall'impossibilità di accedere al mercato del lavoro per carenza di abilità e competenze, per mancanza di documenti e titoli di studio, per la diffidenza dei potenziali datori

---

[23] AA VV, *C'è posto all'ultimo banco*, cit.: 23.
[24] Levy Centre, *La persecuzione nazista degli Zingari* (Torino: Einaudi, 2002). Più di 500.000 Rom vengono deportati e sterminati ad Auschwitz, Treblinka, Dachau, in Italia nelle tristemente note "Risiere" di San Saba.

di lavoro, etc."²⁵ Il gap, la cesura tra Rom e non-Rom si ingigantisce inevitabilmente e la realtà diviene un'esistenza contrassegnata dalla sostanziale negazione dei diritti fondamentali: il lavoro, la salute, l'istruzione, la sanità. I membri delle comunità Rom che sino a non molto tempo fa percepivano se stessi come appartenenti ad una società "up," quasi superiore rispetto al contesto, oggi hanno il chiaro sentore del ruolo subordinato, marginalizzato che le società europee e l'Italia riservano loro, quindi si auto-percepiscono e sono percepiti come "una cultura down, disadattata, da aiutare non solo dai gagè, ma anche dall'interno del proprio universo di relazioni significanti.... Agli eredi dei viaggianti che avevano fatto del baratto un'arte si propone di barattare la loro cultura in cambio di un'accoglienza problematica."²⁶

§. 3 – L'ATTUALITÀ: I ROM IN EUROPA E IN ITALIA, CONSISTENZA NUMERICA E NORMATIVE DI TUTELA E GARANZIA DI DIRITTI

Dal 1971, anno della creazione dell'Unione Romanì, si sono segnate tutta una serie di tappe normative importanti e volte al rispetto e al riconoscimento delle peculiarità delle culture nomadi, la cui consistenza in Europa è di circa 10 milioni di unità, dei complessivi 15 milioni di Rom a livello mondiale, il cui 80% è costituito da sedentari.²⁷

Ne evidenziamo di seguito i momenti salienti:

- 8 Aprile 1971: Congresso di fondazione dell'Union Romanì.
- 1979: Riconoscimento ufficiale dell'U. R. da parte delle Nazioni unite.
- 1990: IV Congresso internazionale dell'U. R.
- Dagli anni '90 ad oggi in Italia: Opera Nomadi e l'ANZO (Associazione Nazionale Zingari Oggi).

---

[25] N. SIGONA, *Figli del ghetto: gli italiani, i campi nomadi e l'invenzione degli Zingari*, Non luoghi (Seregnano di Civezzano (Tn) :Libere Edizioni, 2002: 21).
[26] AA. VV., *C'è posto all'ultimo banco*, cit.: 26.
[27] PIASERE, L., *I Rom d'Europa*,cit., 2004.

Secondo Alexian Santino Spinelli la presenza in Italia dei Rom si aggirerebbe intorno alle 130 mila e i 150 mila unità, pari allo 0,25% della popolazione Rom Totale.[28]

I gruppi italiani sono schematicamente divisi sulla base della denominazione che la tradizione locale ha attribuito loro in:

- *Rom*
- *Sinti*
- *Caminanti*

Ulteriore divisione è fatta su base cronologica:

- Rom del Centro-Sud e Caminanti: popolazioni di antica sedentarizzazione;
- Gruppo diffusosi dopo la I Guerra mondiale;
- Migrazione dall'Est tra gli anni '60 e '70 del novecento;
- Ultima migrazione a partire dal 1989 e tutt'ora in corso.

Distribuzione nel centro-sud

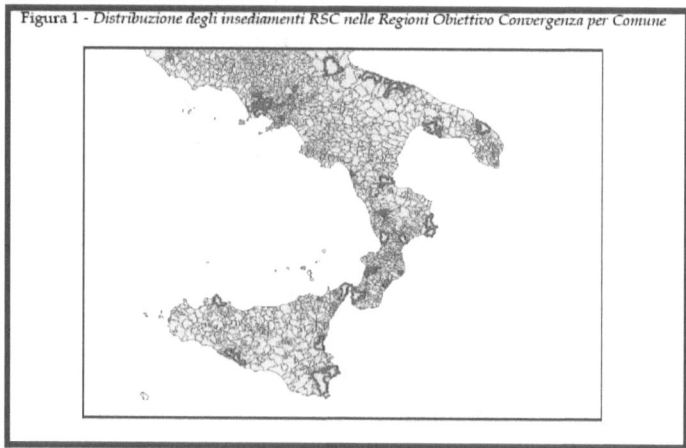

Figura 1 - *Distribuzione degli insediamenti RSC nelle Regioni Obiettivo Convergenza per Comune*

---

[28] Spinelli, A. S., *Baro romano drom. La lunga strada di rom, sinti, kale, manouches e romanichals* (Roma: Meltemi., 2005).

Rom in Sicilia

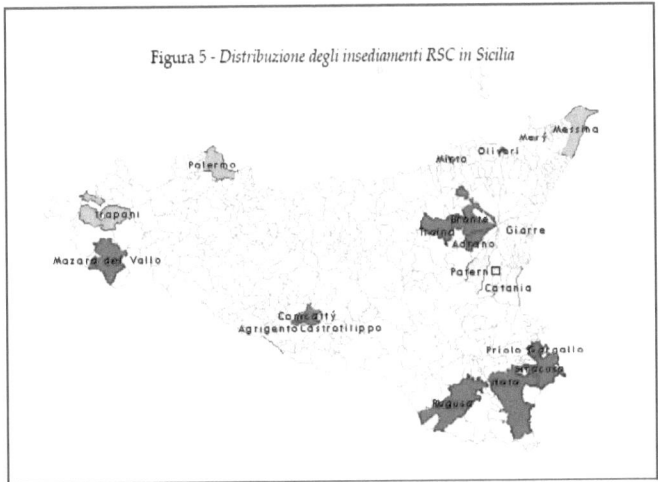

Figura 5 - *Distribuzione degli insediamenti RSC in Sicilia*

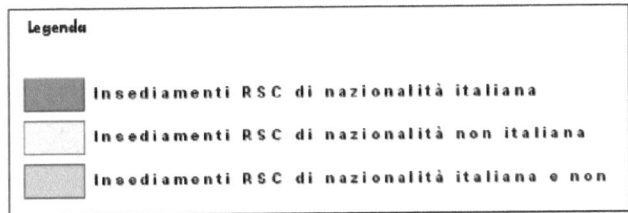

Fonte: elaborazione Iref Acli su dati istituzionali e associativi, 2010

Anche il sistema normativo si è arricchito di leggi volte alla tutela dei diritti delle "minoranze" etniche e, tra queste, dei Rom. Indichiamo le fondamentali:

– la Risoluzione 13 del Comitato dei Ministri d'Europa del 22 maggio 1975 che affermava la salvaguardia del "patrimonio linguistico e dell'identità dei nomadi";
– la Risoluzione 125 del 1981, con la quale si invitavano gli Stati membri del Consiglio d'Europa a "riconoscere come minoranza etnica gli zingari e altri gruppi nomadi quali i Sami e,

quindi, ad accordare loro il medesimo statuto e i medesimi vantaggi delle altre minoranze, soprattutto per ciò che concerne il rispetto e la tutela della loro cultura e della loro lingua";
- la Raccomandazione n. 83 "Sui nomadi apolidi o di cittadinanza indeterminata," adottata dal Comitato dei Ministri il 22.2.1983;
- la Risoluzione 153 del 22 maggio 1989, con la quale il Comitato dei Ministri dell'Educazione dell'Unione Europea sosteneva che per una corretta scolarizzazione dei bambini zingari si dovesse tenere conto del fatto che "la loro cultura e la loro lingua fanno parte da più di mezzo millennio del patrimonio culturale e linguistico europeo";
- la Raccomandazione n. 1203, "Gli zingari in Europa," adottata dall'Assemblea parlamentare il 2.2.1993.
- la Raccomandazione n. 1203, "Gli zingari in Europa," adottata dall'Assemblea parlamentare il 2.2.1993.
- il Rapporto OSCE sui problemi dei Rom e dei Sinti (06/09/1999) – La Risoluzione sulla situazione degli zingari nella Comunità del 1994 (A3- 0124/94), che riconosce "che il popolo Rom è una delle minoranze più importanti dell'Unione Europea," per cui vanno tutelate "la lingua e gli altri aspetti della cultura zingara come parte integrante del patrimonio culturale europeo";
- la Risoluzione del Parlamento Europeo del 28.4.2005 (P6_TAPROV(2005)0151), che riconosce che i Rom sono la più numerosa minoranza etnica (al singolare) d'Europa e che "la comunità Rom continua a non essere considerata una minoranza etnica o nazionale in tutti gli Stati membri e paesi candidati e che essa pertanto non gode in tutti i paesi dei diritti connessi a tale status," invitando "il Consiglio, la Commissione, gli Stati membri e i paesi candidati ad esaminare il riconoscimento dei Rom come minoranza europea."
- la Costituzione Italiana, Art. 6: "La Repubblica tutela con apposite norme le minoranze linguistiche."

Però la Legge 15, Dic. 1999, n. 484 tutela 12 minoranze etnico-linguistiche, ma esclude i Rom perché privi di territorio.

In fine, i diritti primari contenuti tra le norme fondamentali della Costituzione italiana, e tra questi l'Art. 34 che garantisce ai bambini e ai giovani il diritto allo studio.

§. 4 - L' "EMERGENZA" ROM E GLI SGOMBERI

A monte di questo complesso apparato legislativo è sottesa, evidentemente, l'istanza di integrazione delle minoranze culturali, da intendersi non come "assimilazione" ma come possibilità di "scambio interculturale."

Gli esempi virtuosi, in tal senso, non sono mancati anche se la prospettiva ed il paesaggio con cui rapportarsi è stato quello dei "campi," autentici "non luoghi esclusi dal resto del tessuto cittadino, individuati come l'unica soluzione abitativa fondata sulla "leggenda" del loro nomadismo, convinzione che per altro supporta il pensiero della diversità irriducibile."[29]

Incredibilmente, nonostante la presenza dei Rom sia attestata nelle regioni e città italiane come secolare e costante, oggi si fa riferimento da parte dai mass-media a questi gruppi come ad un'incalzante "invasione" ed un fenomeno strabordante tanto da meritare la specificità di interventi emergenziali. Il Rom è assimilato alla categoria del crimine, tout court, senza alcuna indagine preliminare che motivi nel malessere e nell'emarginazione eventuali comportamenti delinquenziali. Nelle comunità rom di maggiore consistenza numerica come quella romana, negli scorsi anni la politica ha cercato per lo più di arginare l'incipiente intolleranza da parte dei residenti nei confronti dei "campi."[30] Tuttavia la Giunta Veltroni tra il 2002 ed il 2007 ha tentato di creare condizioni di vita migliori cercando l'inserimento dei Rom in realtà abitative stabili an-

---

[29] AA VV, *C'è posto all'ultimo banco*, cit. p. 37.
[30] Si veda, ad es., l'Ordinanza n. 80 del 1996 del sindaco Rutelli con cui si stabilisce un massimo nel numero di posti di accoglienza nei campi.

che se si è smentita con l'avvio degli sgomberi forzati nei confronti degli insediamenti in esubero in alcuni campi come quelli del Raccordo anulare o di Castel Romano.[31]

La possibilità di un vero inserimento sociale è del tutto svanita con la Giunta Alemanno, nel 2009, che preventivava la realizzazione di 13 villaggi per superare la cosiddetta "emergenza Rom."[32]

Addirittura il Vicesindaco On. Sveva Belviso, in quel frangente, è arrivata ad ipotizzare uno statuto ontologico differenziato per i Rom: "...sono persone che preferiscono vivere in modo tribale, con i loro usi e costumi."[33]

Il "campo," oltre a luogo di emarginazione e ghettizzazione, diviene il tramite per esercitare una autentica forma di controllo. Tutte queste azioni, chiaramente, non fanno che fomentare il pregiudizio, il malessere sociale, e l'ingiustizia perpetrata soprattutto nei riguardi dei soggetti più deboli cioè i malati, le donne, i bambini rom: "... le brusche interruzioni del percorso scolastico che subiscono i bambini soggetti a sgomberi o trasferimenti compromettono sistematicamente i risultati ottenuti faticosamente nel corso di anni di lavoro."[34]

Naturalmente lo scenario non è del tutto negativo e monolitico: le pratiche favorevoli al superamento del pregiudizio e della diffidenza reciproca sono numerose e in linea con le norme europee che prevedono la promozione dei diritti sociali e di quelli di cittadinanza.

L'esempio che qui desidero citare, oltre al tentativo della Giunta Orlando che a Palermo tenta di attrezzare e riorganizzare il "campo" del Parco della Favorita, è quello offerto dall'associazione ONLUS Arci Solidarietà di Roma.

---

[31] AA VV, *C'è posto all'ultimo banco*, cit. p. 38.
[32] AA VV, *C'è posto all'ultimo banco*, cit. p. 39.
[33] Stralcio di intervista da *Paese sera*, 14 settembre 2012.
[34] AA VV, *C'è posto all'ultimo banco*, cit., 41.

I volontari dell'Arci si sono prodigati e si stanno prodigando, con esigui mezzi, per entrare nei campi e superare le barriere culturali persistenti, riuscendo ad ottenere grandi risultati: giovani donne non vedono come unica possibilità esistenziale il matrimonio in tenerissima età; i bambini sono inseriti in un percorso di scolarizzazione che prevede la reciprocità. Così famiglie di bimbi rom hanno iniziato ad intessere rapporti di amicizia con i *gagé*, sono state organizzate iniziative in cui i genitori e i ragazzi hanno realizzato insieme attività sportive come partite di calcio, hanno condiviso momenti di festa e di svago. Giovani rom hanno raggiunto traguardi importanti come il conseguimento di un diploma di Scuola superiore che ha facilitato loro l'inserimento nel mondo del lavoro o li ha avviati a successivi studi universitari.[35] Queste realtà dimostrano che se si rinuncia a stereotipi e preconcetti, nonostante le difficoltà in itinere, si possono sortire risultati importantissimi in un ambito che tocca non solo i diritti dell'"altro da noi," ma che mette in discussione la nostra stessa civiltà.

BIBLIOGRAFIA

AA VV, *C'è posto all'ultimo banco, Guida alla scolarizzazione dei bambini Rom*, a cura di Arci Solidarietà Onlus, Roma: Edizione Derive approdi, 2013.

Arnim, Achim von, *Isabella d'Egitto*, (a cura di) C. MUTTI, Carmagnola: Edizione Arktos Oggero, 1984.

Borelli Gian Battista, *Editti antichi e nuovi*, Torino: G. Serre Libra, 1853.

Cervantes, Miguel de, *Novelle esemplari*, Introduzione di Gabriele Morelli. Cura e traduzione di Clara Berna, Roma: Newton Compton, 2007.

Cossetto Milena, Farruggia, Elena, Spada, Silvia (a cura di), *L'immagine degli zingari nel tempo, Letteratura*, (a cura di) pubblicato sul sito: http://www.emscuola.org/labdocstoria/Pubblicazioni/uBarodrom/capD031f.htm.

---

[35] Tale esperienza è documentata nel testo che ho ampiamente citato: AA VV, *C'è posto all'ultimo banco*.

Cozannet, François, *Gli Zingari: miti ed usanze religiose*, Milano: Jaca Book, 1990.
Genesi 4, 11-12.
Goethe, Johann Wolfgang von (1925), *Goetz di Berlichingen*, trad. Nicola De Ruggiero, Firenze: Sansoni, 1925.
Hugo, Victor , *Notre Dame de Paris*, Milano: Feltrinelli, 2014.
Le Goff Jacque, *Tempo della Chiesa e tempo del mercante*, Torino: Einaudi, 1976.
Levy Centre, *La persecuzione nazista degli Zingari*, Torino: Einaudi, 2002.
Mérimée, Prosper, *Carmen*,(a cura di) Salvatore Lo Russo, Padova: Edizione Marsilio, 2004.
Narciso, Loredana, *La maschera e il pregiudizio. Storia degli Zingari*, Roma: Melusina, 1990.
Piasere, Leonardo, *I Rom d'Europa, una storia moderna*, Bari: Laterza, 2004.
Sigona, Nando, *Figli del ghetto: gli italiani, i campi nomadi e l'invenzione degli Zingari*, Seregnano di Civezzano (Tn): Non luoghi Libere Edizioni, 2002.
Soustre De Condat, Daniell, *Rom, una cultura negata*, Palermo: Arti grafiche siciliane, 1997.
Spinelli, Alexian Santino, *Baro romano drom. La lunga strada di rom, sinti, kale, manouches e romanichals*, Roma: Melteni, 2005.
Starr, Joshua, "An Eastern Christian Sect: The Athinganoi, To the Memory of Prof. Andréas Michael Andréadès (1877-1935)" in *The Harvard Theological Review* Vol. 29.2 (aprile 1936): 93-106.
Turrini, Mauro, "Identità e narrative delle nuove etnicità rom" in *Studi culturali* VI.2 (2009): 269-283.
Vaux De Foletier, François de, *Mille anni di storia degli Zingari*, Milano: Jaca Book, 1990.

Piazze, tribune, teatri del Mediterraneo
Dalla qualità dello spazio pubblico alla qualità della politica

Mauro Mangano

Questa breve riflessione parte dalla città. La città come invenzione specifica della cultura mediterranea. Sono i paesi che si affacciano sul mediterraneo che hanno, infatti, creato la città non come semplice aggregazione di famiglie o tribù, e nemmeno come frammento, cellula, del regno o dell'impero.

La città mediterranea viene prima dello stato, ed ha caratteristiche precise: è l'unità superiore che raccoglie tutti i cittadini. Unità, singolare, perciò ogni città ha i suoi monumenti, a prescindere dalla grandezza della città stessa. "Ogn'om che al mondo vene/ nasce primeramente ai suoi e al suo Comune",[1] diceva Brunetto Latini, maestro di Dante, sottolineando quindi che l'appartenenza al Comune era forte quanto quella alla famiglia.

La città costruisce la propria identità costitutiva attorno alla sua capacità inclusiva, ad una visione unitaria che trova la sua rappresentazione simbolica più chiara negli spazi pubblici, i luoghi nei quali si svolgevano le attività comunitarie identificative: lo spazio dell'assemblea politica, del teatro, del mercato, dell'assemblea giudiziaria. Una rapidissima carrellata dell'urbanistica greca ci mostrerebbe l'inscindibile fusione, diciamo la costante complementarietà, dello spazio scenico e di quello dell'assemblea. E l'opinione oggi più diffusa è che Ippodamo, il più famoso urbanista dell'antichità, piuttosto che un architetto fosse un pensatore politico, colui che per primo avviò una riflessione sul rapporto tra spazio pubblico e privato, e sull'importanza della forma di entrambe

---

[1] In Marco Romano, *La città come opera d'arte* (Einaudi, 2008).

nella definizione del nostro modello di vita.[2]

Diciamo che la città mediterranea ha dei luoghi in cui si riconoscono e definiscono le forme del suo essere comunità, le forme specifiche del suo essere e dei dispositivi comunitari che ne reggono la vita. *La circolarità della piazza*, ma soprattutto la contemporaneità della presenza e della discussione, sono già presenti nei discorsi omerici, dove si confrontano i capi. Il livello di definizione può riguardare la composizione dell'assemblea, ma non le procedure. Il teatro è l'altro luogo in cui la città mediterranea fissa il suo statuto, perché la polis si definisce attraverso alcuni elementi:

la forza dell'istituzione (delibera e forma di governo);
l'identità culturale (il teatro).

La piazza e il teatro diventano il luogo in cui la polis si materializza, perché il momento della "comunità" costituisce la stessa identità dello stato. Non esiste una struttura impersonale dello stato, quindi non vi è distinzione tra privato e pubblico, ma continuità, una prova è offerta dalle tragedie, teatralizzazione del dibattito pubblico, che hanno spessissimo al centro i temi della famiglia, dell'appartenenza sessuale, della parentela. In questa forma di vita che è la città si costruisce quel sistema che chiamiamo democrazia.

Quindi si può cogliere il nesso tra gli spazi pubblici e la sostanza della politica. La centralità del luogo pubblico e la sua struttura organizzata alla funzione del dibattito, mette l'accento sulla centralità del momento deliberativo inteso come discussione,

---

[2] Carmine Ampolo, *Il sistema della polis. Elementi costitutivi e origini della città greca*, in *I Greci. Una storia greca. I. Formazione* (Einaudi, 1996).

diciamo proprio del momento di formazione, sia nel senso di formazione dell'opinione, quindi di formazione in termini pedagogici, sia poi di formazione della decisione. La democrazia, in pratica, può sussistere solo se si condivide l'assunto della trasformazione dell'uomo attraverso l'altro, che da secoli è alla base della nostra cultura e della nostra filosofia. Non si capirebbe altrimenti il dialogo socratico, l'idea che esiste un'alterità irriducibile ma anche indispensabile, quello che Levinas ha detto poi parlando dell'altro e del suo volto.[3] La democrazia esiste perché la decisione avviene alla fine di un dibattito, anzi proprio perché è possibile un dibattito. Non è il principio della votazione, quindi il momento deliberativo, a costituire l'essenza del sistema democratico, ma il fatto che chiunque, partecipando al dibattito, partecipa alla formazione della deliberazione, e vi partecipa a prescindere dall'esito finale del voto, vi partecipa perché partecipando al dibattito contribuisce a modellare il pensiero collettivo.

Un tema da approfondire sarebbe, in questa prospettiva, quello della partecipazione femminile alla democrazia, che si intreccia anch'esso con l'organizzazione degli spazi, e con il valore della casa come spazio di esclusione, anziché di inclusione.

A Roma il teatro è sostituito da manifestazioni artistiche, e dalla tribuna del foro. Dobbiamo ricordare che nei tribunali le giurie erano popolari, quindi era un vero e proprio spettacolo, la giuria un pubblico, ed anche in questo caso l'elemento "processuale" (il dibattito e la performatività della parola) è fondamentale.

A Roma i tribunali erano composti da giurie popolari, fino all'80 a.c. circa. Diciamo che solo all'epoca di Silla i tribunali popolari erano stati sostituiti interamente dalle *quaestiones perpetuae*, cioè da tribunali fissi.[4]

Si può vedere quindi che la comunità mediterranea ha alcune

---

[3] Emmanuel Lévinas, Gabriel Marcel, Paul Ricoeur, *Il pensiero dell'altro* (Edizioni Lavoro, 2008).
[4] Emanuele Narducci, *Processi ai politici nella Roma antica* (Laterza, 1995).

caratteristiche:

> si riunisce, e dalla sua complessità, dall'articolazione di un processo, trae la forza della decisione, l'autorità. Quindi la legittimità è tanto superiore quanto più efficace è stato il momento del confronto.

Si osserva, si ragiona, si racconta, ed anche questo lo fa in forme collettive. Ad esempio dobbiamo aspettare l'ellenismo per avere forme di rappresentazione individuale dei cittadini.

La stratificazione storica ci permette facilmente di vedere come la forma piazza abbia resistito nei secoli ma perdendo totalmente la funzionalità del dibattito, attraverso alcuni cambiamenti decisivi. Il più chiaro, l'orientamento, cioè la piazza che non è là per se, ma è in funzione di (una chiesa, un palazzo) per cui il suo valore formativo decade, diviene transito, luogo d'accumulo.

Le funzioni si spostano al chiuso, perdendo il valore di permeabilità tra spazio privato e pubblico.

Schiacciamo ora il ragionamento sul presente e sulle forme di partecipazione e di democrazia odierne. Internet è un potenziamento delle nostre potenzialità, davvero potrebbe essere allora l'esaltazione del modello classico di democrazia e partecipazione, perché consente una moltiplicazione quasi illimitata della partecipazione. Immaginiamo se internet costituisse una enorme tribuna, senza limiti di spazio ed anche con la possibilità di una asincronia.[5]

Ma a questo punto la domanda è "La democrazia, una comunità, possono fare a meno dell'elemento fisico, del luogo in cui *il volto dell'altro* è presente, *mi è presente?*"

Per riflettere su questo punto voglio analizzare le recenti "rivoluzioni" avvenute nei paesi del Mediterraneo, che si sarebbero propagate grazie all'uso dei social network.

Durante quelle rivolte i social network hanno avuto la fun-

---

[5] Luca de Biase, *Homo pluralis* (Codice edizioni, 2015).

zione straordinaria di propagare il racconto di quanto accadeva e di "convocare" le assemblee, i *flash mob,* gli scioperi. Ecco, se dovessimo usare le funzioni tradizionali, i social hanno svolto piuttosto la funzione del teatro, cioè quella della rappresentazione. Ma non hanno potuto in alcun modo sostituire né l'elemento della formazione della volontà democratica, né quello della identità rituale. La prova più esplicita è la storia stessa, l'esito, di quei movimenti spontanei, che dopo i momenti di grande mobilitazione collettiva, che hanno

portato al rovesciamento di dittature anche apparentemente solide, quando si sono misurate con il voto, il più tradizionale e democratico degli strumenti, hanno portato al potere partiti integralisti e illiberali.[6] Come è possibile? A mio parere questo dimostra che la forza della comunicazione via internet si può limitare alla "convocazione" e alla "provocazione", ma non può diventare mai vero esercizio della politica, quindi della democrazia.

E questa idea può essere approfondita grazie agli studi recenti di Judith Butler sulla performatività della parola.[7] Partendo dallo studio sugli hate speech la Butler ci porta a riflettere sulla forza che oggi può assumere la parola.

Fuori da un contesto di confronto fisico degli uomini, la parola accentua il suo impatto violento, ma perde la sua capacità di trasformazione e formazione del pensiero.

Viviamo forse un momento in cui si esprime una tensione fortissima:

---

[6] Alfredo Macchi, *Rivoluzioni s.p.a.,* Alpine Studio, (2012).
[7] Judith Butler, *Parole che provocano* (Raffaello Cortina, 2010).

il bisogno di essere comunità e l'opportunità di essere crowd, folla individualista, folla indistinta con l'illusione della soggettività.

Il soggetto, così convocato, appartiene ad un "popolo" che è piuttosto un pubblico, e così siamo classicamente nello spazio del populismo. La rete crea un'illusione o realtà di partecipazione immediata. La disintermediazione demolisce la politica (Ilvo Diamanti, nel suo recente *Democrazia Ibrida*, ha analizzato benissimo questo fenomeno).[8] Allo stesso tempo avviene una moltiplicazione delle identità, o delle identità possibili che impedisce non solo la formazione di qualunque "coscienza di classe", ma perfino la possibilità di riconoscere la propria esigenza di conflitto all'interno di un orizzonte comunitario, sociale, quindi politico.

In tutto questo ragionamento andrebbe inserito il tema della sacralizzazione dell'identità, cioè dell'utilizzo delle categorie del sacro per rimarginare il *vulnus* che la religione cattolica ha inferto alla coscienza politica nei secoli scorsi.

Da dove può partire dunque una ricostruzione della politica, che coincide con una ricostruzione della città e dell'essere cittadino? Dal ruolo della parola, certamente, e della comunità, e per entrambe possono essere decisivi gli intellettuali, come aveva perfettamente individuato Pasolini, ma come ci dimostrarono le trasformazioni del 1989 nei paesi dell'est, con personaggi del calibro di Vaclav Havel, e come dimostrano le trasformazioni in corso in America Latina, dove gli scrittori ed i poeti non hanno mai perso la funzione di rappresentazione dei popoli.

---

[8] Ilvo Diamanti, *Democrazia ibrida* (Laterza, 2014).

La marginalità nel Mediterraneo
Visione di un esiliato

Luisa A. Messina Fajardo
Università di Roma Tre

1. Introduzione

Innanzitutto è nostra intenzione soffermarci sui concetti delineati già a partire dal titolo di questo contributo. Prendiamo in esame, in primo luogo, il concetto di "marginalità,". Alcune scuole di pensiero sociologiche lo analizzano associandolo a quello di straniero. Difatti gli stranieri vivono spesso in una condizione di disagio e cercano di farsi accettare dalla nuova società che li ospita, ma i risultati quasi sempre tardano ad arrivare, per cui lo straniero sconta uno stato di emarginazione. Inoltre, i legami con le tradizioni e la cultura del proprio gruppo etnico si mantengono forti, e in più risultano forti i pregiudizi che nutre la comunità che li accoglie, il che rappresenta un ostacolo a ogni processo di integrazione. L'aspetto opposto alla marginalità è l'integrazione sociale[1]. La marginalità, dunque, è uno status che un soggetto si trova a vivere per i suoi comportamenti devianti, o a causa di pregiudizi sociali. Si tratta di una condizione difficilmente mutabile, che si attua attraverso un processo di esclusione, stigmatizzazione e allontanamento. Sono diverse le cause che portano all'emarginazione o all'auto-emarginazione: possono essere di natura politica,

---

[1] Infine, sono frequenti frange sociali che scelgono deliberatamente una posizione di marginalità per sottrarsi alle regole del sistema sociale in cui vivono, e quindi esprimono una controcultura.

economica, religiosa.² Altrettanto, sono sempre più numerose le persone che per questi motivi sognano oggi di venire in Europa.

A tale proposito, prima di parlare dei personaggi selezionati per questa ricerca — personaggi ormai celebri, come esiliati spagnoli, italiani, scrittori, poeti, che si sono ritagliati uno spazio e una notorietà nei libri di letteratura, nei saggi — vogliamo ricordare il caso di Ugaas, un ragazzo somalo di 22 anni. Nella rivista *Internazionale* del 15/21 maggio 2015 (p. 36), Ismail Einashe (Prospect, Regno Unito) ci racconta della vita di questo giovane in Italia:

> Ugaas nel suo paese vendeva scarpe su una bancarella. Guadagnava cinquanta dollari al mese e aveva una vita decente. Ma voleva di più. Sua madre lo implorava di non lasciare il paese, ma un giorno è partito con i suoi amici per l'Etiopia. Sua sorella vive in Norvegia dal 2004 e ora è riuscita a ottenere la cittadinanza norvegese. Ugaas seguiva su Facebook i gruppi di migranti arrivati in Europa che condividono storie e informazioni. [...] Nell'aprile del 2013 si è messo in viaggio dall'Etiopia verso la Libia, passando per il Sudan. Al confine lo aspettavano dei trafficanti libici. Hanno attraversato il Sahara su un veicolo che trasportava una trentina di persone. Alcuni migranti sono morti di fame e di sete e i cadaveri sono stati abbandonati nel deserto. Poi i trafficanti hanno chiesto altri soldi a Ugaas, lo hanno legato e preso a sassate urlandogli: "Dove sono i soldi?," È stato costretto a chiamare la famiglia per avere altri contanti. Ugaas [...] fa vedere le cicatrici. Una volta libero ha raggiunto la costa libica. Si è imbarcato su un gommone con altre 75 persone ed è stato in mare tre giorni e tre notti prima di essere soccorso da una nave italiana e infine sbarcato a Siracusa. Gli hanno preso le impronte digitali ed è stato trasferito a Roma. "Il viaggio è costato alla mia

---

² Si tenga conto che occupare una posizione marginale a un certo livello non vuol dire occuparla a tutti. La stessa funzione può essere ascritta ai quartieri degli immigrati, o anche, in un certo senso, alle case di riposo per anziani.

famiglia seimila dollari" racconta. Hanno dovuto vendere il loro pezzo di terra. Sua sorella in Norvegia dipende dai sussidi statali e non riesce a mandare i soldi a casa. "Mi sono procurato un passaporto italiano falso e sono andato da Roma a Oslo in aereo," racconta Ugaas. "All'arrivo mi hanno preso le impronte digitali e hanno scoperto la mia vera identità, hanno chiamato un traduttore e per ventiquattr'ore ho dormito nel centro di accoglienza per immigrati," Poi è stato trasferito nel centro di accoglienza per richiedenti asilo di Oslo dove è stata esaminata la sua richiesta. Dopo otto mesi i norvegesi gli hanno negato l'asilo. A maggio del 2014 è stato rimandato a Roma. Ora aspetta un permesso di soggiorno, ma l'Italia ne concede pochi.

E questa è una storia di emarginazione in Europa, nel Mediterraneo, che malgrado tutto non è finita tragicamente.

Nello scalo ferroviario di Roma se ne possono raccogliere molte vicende come questa. A Termini, leggiamo nello stesso giornale, è nata una rete informale di ragazzi africani che aiutano i nuovi arrivati a procurarsi del cibo, un alloggio o un traduttore.

La stazione ferroviaria Termini [...] è una delle più trafficate d'Europa. L'edificio modernista è pieno di turisti, bambini rom che vendono accendini, ambulanti del Bangladesh che vendono oggetti di plastica e italiani presi dalla vita di tutti i giorni. Ai margini di tutte queste attività c'è un gruppo di ragazzi africani. Sono quasi tutti eritrei, somali o gambiani. A Termini c'è un mondo parallelo pieno di storie di sopravvivenza e di speranza. Spesso chi riesce a raggiungere l'Europa si rifugia in luoghi come questo. I ragazzi africani passano il tempo a studiare un piano per arrivare in Nord Europa, ma finiscono sempre per essere rispediti indietro.

Sono giovani migranti che "fuggono dalla violenza, dalla povertà e dall'estremismo islamico dei loro paesi d'origine. Abdi, un amico di Ugaas, è scappato da Mogadiscio" e anche Tareke, un altro ragazzo ancora che sosta a Termini, viene dall'Eritrea. Ugaas però non è un rifugiato, è venuto qui in cerca del "sogno europeo," Tuttavia a questi ragazzi l'Italia non interessa, vogliono andare nel Nordeuropa. Sostengono che gli italiani vogliono andare via, dunque perché loro dovrebbero restare? A loro piace Londra, l'hanno vista in tv, Londra è bella. Vogliono andarci, dicono. Ma Ugaas si è presto "reso conto che l'Europa è diversa da come l'aveva immaginata" e afferma: "Speravo di ricevere un'istruzione e un lavoro. Mi ha sconvolto scoprire quanto sia dura la vita in Europa."

Quindi è evidente che la storia qui raccontata rappresenta un caso vero di marginalità e di emarginazione.

Il secondo termine del titolo sul quale vogliamo soffermarci è "esilio," ma ne aggiungerei altri due: il termine spagnolo "destierro" e quello di "migrazione."[3] Siamo infatti dell'idea che la marginalità abbia molto in comune con l'esilio, il *destierro* e la migrazione: sono facce della stessa medaglia, e cercheremo di illustrarne qui il perché.

2. Esilio, *Destierro*, Migrazioni

Nei tempi antichi si indicava con il termine latino *exsilium*, esilio, la pena inferta a una persona, condannata per motivi politici, a cui veniva imposto l'allontanamento dalla patria. Oggi, invece, con la stessa parola ci riferiamo tanto all'esilio coercitivo quanto a quello scelto liberamente e volontariamente per motivi di vario genere: in tal modo la linea di confine tra esilio e migrazione diventa piuttosto sottile.

Nella lingua spagnola "esilio" è reso con due parole che rivestono significati diversi: *destierro*, quando una persona è condan-

---

[3] Ma ci sono altri termini, qui non elencati, eppure in stretto legame con quelli da noi scelti per il titolo di questo lavoro: essi sono *esodo, asilo, profughi…*

nata a lasciare la propria patria contro la sua stessa volontà, ed *exilio*, quando invece si allontana per propria scelta dal paese d'origine. In entrambi i casi, nostalgia, solitudine, straniamento e timore per l'ignoto sono i sentimenti che accomunano queste esperienze.

Concetti come esilio, *destierro* e migrazione sono presenti sia nell'antichità sia nella storia recente e vengono continuamente ripresi e arricchiti di significato. Una delle prime migrazioni in Spagna, con conseguenze sia a livello culturale sia storico, fu la diaspora del 1492, quando dopo la *Reconquista* iberica molti ebrei furono cacciati dalla penisola. Altri flussi migratori, dalle caratteristiche ancora più tragiche, sono stati quelli che hanno coinvolto le popolazioni africane nel Cinquecento e nel Seicento, le quali, condotte con la forza nelle Americhe e nei Caraibi, erano obbligate a vivere e a morire in schiavitù.[4]

L'esilio (non solo quello imposto ma anche il frutto di uno spostamento volontario) e le migrazioni umane non sono quindi un fenomeno nuovo, bensì un tema che tanto più ricorre nella contemporaneità, nello specifico aspetto rappresentativo di una società che si può definire postmoderna, cioè quella che s'identifica nel mondo globalizzato, dove gli spostamenti avvengono con una facilità sconosciuta rispetto al pur recente passato e le frontiere, a un primo sguardo, sembrano quasi dissolversi davanti ai continui flussi di umanità, e quindi di storie che le permeano. L'esilio come fenomeno mutevole, estensivo e pieno di sfaccettature, è uno dei *topoi* della storia dell'uomo: che esso sia inteso alla stregua del confino, come allude il concetto ispanico di *destierro*, oppure di emigrazione o, ancora, semplice viaggio, tutto ciò non importa, in quanto immutate ne restano la sostanza e la portata: implica quasi sempre uno sradicamento e una ferita che se da un lato sono in

---

[4] Grilli (2014: 115).

grado di rafforzare l'identità dall'altro arrecano anche immenso dolore.[5]

E anche se emigrazione ed esilio sono percepiti spesso come fenomeni esclusivi, quasi tratti caratterizzanti del mondo contemporaneo, come abbiamo detto all'inizio, in realtà hanno origini antichissime che rimandano all'alba dell'umanità. Non a caso un rappresentativo numero di opere della letteratura classica insiste proprio sul tema dell'assenza e del travagliato ritorno in patria o della ricerca di una nuova patria, come testimoniano capolavori quali l'Odissea e l'Eneide o anche le *Consolationes* di Seneca, dove lo scrittore romano (nativo di Cordova) si dichiara disposto a vendere la propria dignità pur di ritornare nell'agognata terra natia.

3. ALCUNI CASI DEL MONDO ISPANICO E NON SOLO

Nella storia dell'umanità sfuggono a ogni computo gli esempi di persone costrette a cambiare città o stato contro la propria volontà, e che testimoniano la loro esperienza in racconti o opere più complesse.

I casi qui esposti si riferiscono ai lavori presentati da diversi studiosi in occasione della III Giornata Siciliana di Studi Ispanici del Mediterraneo (organizzata dall'Associazione Italo Venezuelana Casa Caribana), ora raccolti nel volume *Esilio, 'destierro,' migrazioni*.[6]

Ogni esiliato nel suo percorso cerca di elaborare e di affrontare in modo personale le proprie paure, attraverso diversi mezzi espressivi come reportage, saggi, racconti, romanzi, poesie, musica e teatro, e ricorrendo anche alla lingua nativa per sentirsi più vicino alla patria.

---

[5] Cfr. Privitera (2014: 11-12).
[6] A cura di Privitera e Messina Fajardo, pubblicato nella collana *Miscellanee Mediterranee. Vecchi e Nuovi Mondi*, (Roma, Aracne editrice, 2014).

Tuttavia, nonostante si tratti di episodi dalla dinamica diversa pur ripetendosi con costanza nel corso del tempo, molto spesso gli effetti e le conseguenze delle migrazioni sono simili: a soffrire della nuova condizione in cui gli espulsi dal proprio paese sono costretti a vivere non sono solo gli esiliati, ma anche i loro figli, che possono sì trarre nuove opportunità dalla situazione in cui si sono venuti a trovare, ma al contempo sono privati delle basi della loro cultura. Questo è quanto racconta Claudio Guillén nel romanzo autobiografico *El sol de los desterrados*.[7] Figlio di esiliati, Guillén ha scritto questo libro al suo ritorno in Spagna, dove ha ritrovato un'identità che pensava di aver perso. Questo elemento di novità si riflette nella lingua utilizzata, ossia lo spagnolo, che sostituirà l'inglese nei suoi libri successivi.

Riguardo al dolore dell'espatrio sono particolarmente impressionanti le testimonianze letterarie lasciate dai repubblicani spagnoli, dispersi in tutto il mondo, dopo la sconfitta dei propri sogni di libertà, e impegnati a ricordare, tramite la letteratura e la poesia, quella patria che impediva loro il ritorno. Facendo attenzione a rimarcare la peculiarità e l'unicità di ciascuna di queste esperienze umane, possiamo affermare che proprio tali testimonianze rappresentano una delle pagine più intense e struggenti del mondo ispanico moderno. Storie che oltre a rimarcare il coraggio e la coerenza dei propri protagonisti istituiscono anche un vero e proprio ponte tra Spagna e mondo ispanoamericano, dove la maggior parte degli esiliati trovò rifugio: tra questi paesi, soprattutto, vi è il Messico, grazie alle generose politiche in materia di rifugiati sostenute dal presidente Lázaro Cárdenas.

Ci sono esiliati che in tale occasione scoprono la loro vocazione alla scrittura, mentre altri, come Teresa Pàmies, elaborano le prime opere al termine dell'esilio.

---

[7] Grilli (2014: 118).

La storia di Teresa Pàmies, tra le tante dei fuoriusciti-letterati spagnoli, assume particolare rilevanza sotto più aspetti: innanzitutto per l'adolescenza sconvolta dalla guerra civile, che portò la giovane Teresa a entrare tra le file dei partigiani già a 16 anni, e successivamente per il lungo e continuo viaggio che fu il suo esilio, durato oltre un trentennio, attraverso Parigi, Cuba, la Repubblica Dominicana, fino ovviamente al Messico e a Praga, dove Teresa assistette a quella primavera freddata dal passaggio dei carri armati sovietici.[8] E proprio l'esperienza di Praga porterà Teresa a riflettere sulla propria fede politica e a fare un'intensa e ragionata critica che non si tradurrà in un'abiura del socialismo, quanto piuttosto nella denuncia di alcune sue storture. La vita della Pàmies si configura dunque come un'esistenza vissuta ai margini della società ospitante, fatta di comparse surreali che saranno poi il punto centrale di molte sue opere. Lo sguardo della scrittrice catalana sarà sempre rivolto alla sua Barcellona, che tuttavia al ritorno, una volta concessa l'amnistia da Franco, apparirà ai propri occhi profondamente mutata. Ed è proprio l'esilio, trascorso in gran parte in clandestinità, il periodo più ignoto della vita della letterata, di cui traspare poco anche dalle sue opere[9] (*La Chivata, Gent del meu Exil*).[10]

Teresa Pàmies scrisse saggi, diari, romanzi in catalano, in cui si colgono riferimenti autobiografici, come il tema della Guerra Civile (1936-1939), l'esilio e l'attaccamento alla patria. Fu una delle tante esiliate del periodo repubblicano spagnolo che ravvisò in quell'epoca l'unica ipotesi di libertà. Come osservò il filosofo Adolfo Sánchez Vázquez, e come ci ricorda María Teresa González de Garay: "El exilio fue una prueba de superioridad de los vencidos al afirmar

---

[8] Si veda Pamies Bertrán (2014: 24-28).
[9] Ivi, pp. 27-29.
[10] Natale (2014: 34-37).

los principios de libertad, democracia y soberanía por los que había luchado heroicamente el pueblo español".[11]

Durante l'esilio, sensazioni ed esperienze simili accomunavano la maggior parte dei "*desterrados,*" dal momento che tutti provavano un forte senso di nostalgia e d'inquietudine, e soffrivano per l'abbandono della loro terra; tra gli scrittori repubblicani i temi ricorrenti sono infatti la Guerra Civile, il ritorno sognato ma impossibile, l'esilio obbligato e la fuga.

L'esilio repubblicano segnò diverse generazioni: la prima, definita "generazione del '27" e la seconda, denominata generazione "dei figli della guerra" o "figli dell'esilio."

Le esperienze di due esiliati repubblicani sono raccontate da Trinis Antonietta Messina Fajardo nella lettura *La España del gran republicano desengañado recuperada por los desterrados del 39*[12] sono qui prese in considerazione le vicende della filosofa e saggista María Zambrano, che lasciò la Spagna nel 1939 per tornarvi solo negli anni Ottanta, e quelle del poeta Luis Cernuda. Per la prima, "l'esilio fu come una patria," visto che condivise il pensiero di Plutarco ("lei vide lo stesso sole nell'esilio"), a differenza di Luis Cernuda che, come Ovidio, "non vide più lo stesso sole," lontano dalla sua Andalusia, scrive Messina Fajardo[13]. Per entrambi, la lettura delle opere di Galdòs rappresentò "una luce in fondo al tunnel," Maestro della narrativa spagnola dell'Ottocento, Galdòs, autore di *Misericordia* e *Tristana*, sebbene fosse stato disprezzato dai suoi contemporanei, permise a molti scrittori esiliati di riscoprire la patria sotto una veste autentica e reale ("Esta España siempre viva y siempre noble que Galdós ha creado"[14]) oppure simbolizzata dalla vecchia Madrid dei quartieri popolari e rumorosi dell'epoca.

---

[11] González de Garay Fernández (2014: 50).
[12] Messina Fajardo (2014: 65-79)
[13] Ivi, p. 75.
[14] Ivi, p. 76.

Un'altra scrittrice vittima dell'esilio repubblicano fu Francisca Aguirre, che attraverso la poesia cercò di analizzare il passato per comprendere la verità del presente, affrontando il peso di parlare della pena che aveva colpito lei e la famiglia obbligandola a intraprendere un viaggio contro la sua volontà. Il desiderio di Francisca Aguirre di tornare in Spagna infine si realizzerà, anche se la lunga lontananza dalla patria l'aveva mutata nel profondo in un *"transterrado"*: al termine del lungo viaggio, l'autrice si rende conto che nulla è come prima e che l'esilio si era trasformato in un esilio interiore, o meglio in un vero "insilio,"

Tornando all'influenza delle opere classiche sul tema del viaggio e dell'esilio, sarà l'Odissea a ispirare le commoventi poesie di questa autrice, che nel capolavoro *Itaca* utilizza la drammatica figura di Penelope, in perenne attesa di Ulisse, per descrivere la sua condizione interiore.[15] L'Itaca della poetessa repubblicana in esilio è il proprio "sé" interiore che impara a conoscere tramite l'attesa del ritorno in una patria che momentaneamente può essere vissuta solo tramite il ricordo. L'arrivo di Ulisse è invece visto come il ritorno a una Spagna segnata dal franchismo e oramai irriconoscibile: Ulisse torna dal viaggio ma è inevitabilmente cambiato, così come lo è anche Penelope negli anni d'attesa.[16] Possiamo dire che il tratto fondamentale dell'esperienza della Aguirre è proprio la tragicità di un ritorno a una patria che si era immaginata diversa, e divenuta di fatto un altro paese in seguito a un trentennio di privazione della libertà.

La Raíz Rota, titolo dell'opera più importante di Arturo Barea, anch'essa studiata durante la III Giornata Siciliana di Studi Ispanici del Mediterraneo, rappresenta l'identità stessa dell'esilio di questo personaggio, scrittore tra i tanti della diaspora repubblicana. La vocazione letteraria di Barea nasce nel 1937, durante

---

[15] Leonetti (2014: 82-83).
[16] Ivi, p. 85.

l'assedio di Madrid, e verrà coltivata a fondo per l'intero periodo del lungo esilio londinese, che di fatto non terminò mai, poiché, dopo aver denunciato per anni le atrocità della *Guerra Civil*, Barea deciderà di stabilirsi in Gran Bretagna piuttosto che fare ritorno in una Spagna spogliata della propria essenza.[17] *La Raíz Rota*, per questo motivo, rientra appieno nel filone letterario della *España inventada*[18]: Barea non fa rientro in patria se non tramite l'immaginazione, rappresentando una Spagna cupa, in cui il protagonista/autore è mosso dalla speranza di rintracciare le proprie origini e riallacciare i contatti con la famiglia, ma dove poi scopre di sentirsi alienato rispetto a una realtà che oramai non gli appartiene più, tanto da preferire di vivere a Londra, come Ugaas, nella perenne condizione di esiliato, seppur in un paese che può comunque accettarlo apertamente.[19]

Alcuni gruppi di migranti, come afferma Salvatore Riolo, hanno cercato di mantenere viva la propria cultura e la propria lingua, come nel caso dell'"Arba Sicula,"[20] un'organizzazione fondata nel 1988, che oltre a promuovere la lingua e la tradizione siciliana pubblica riviste in inglese e in dialetto. Tutto ciò presenta una doppia valenza, perché da una parte permette agli emigrati di imparare l'inglese, dall'altra, grazie alla raccolta di testi poetici e in prosa di autori dal Cinquecento all'età contemporanea, favorisce non solo la divulgazione della lingua e della cultura siciliane, ma anche il consolidamento dell'identità, del senso di appartenenza e l'orgoglio per la patria, evitando di allentare i legami con le proprie origini nel corso del tempo.

Molte sono le persone che durante l'esilio scrivono per far valere i diritti degli emigrati o per rendere note le condizioni in cui i

---

[17] Scalia (2014: 168-170).
[18] Ivi, p. 169.
[19] Ivi, p. 171.
[20] Riolo (2014: 149).

desterrados si trovano a vivere. La scelta del mezzo espressivo (saggi, romanzi, poesie, musica, teatro) molto spesso si lega strettamente allo scopo che si intende perseguire. Nei paesi dove vi sono molti migranti si sono diffusi i media multiculturali: si tratta di articoli, veicolati soprattutto tramite Internet, scritti in due lingue, quella locale e quella dell'esiliato. Ciò riveste una doppia utilità: da una parte si consente al *desterrado* di inserirsi nel nuovo paese, pur mantenendo un legame con la patria e diffondendone al di fuori le tradizioni, dall'altra si tratta di un mezzo che permette di definire la propria identità e di conoscere gli eventuali cambiamenti che interessano i migranti. L'esiliato trova così nei media multiculturali un modo per soddisfare la necessità d'informazione, per superare la sensazione di straniamento, per apprendere la lingua del paese ospitante e per cercare la strada per integrarsi al meglio.

Il problema dell'integrazione a seguito di una migrazione non è tuttavia di poco conto: i figli degli emigranti crescono divisi tra due universi, perché se da una parte seguono le abitudini e gli stili di vita della nuova terra, dall'altra non possono ignorare di avere nomi, cognomi e culture che ricordano le origini. A tale proposito è indicativa l'affermazione di Gaetano Cipolla,[21] una volta tornato in Sicilia: "Mi sono accorto che in America non ero americano e in Italia non ero Italiano."[22]

Il tema dell'esiliato nel volume *Esilio, 'destierro,' migrazioni* viene affrontato anche da Gloria Anzaldúa pur da una diversa prospettiva, visto che analizza la frontiera intesa come "un luogo di passaggio, contraddizioni e conflitti," Anzaldúa ci pone davanti alla necessità di superare il dolore della lontananza dal proprio mondo e trasformarlo in esperienza costruttiva. La scrittrice chicana, originaria del Texas, nella sua opera più importante *Border-*

---

[21] Presidente di "Arba Sicula,"
[22] Riolo (2014: 161).

lands / La Frontera presenta la cultura chicana come un'entità viva, tutt'altro che frutto di un'adesione acritica, da parte dei migranti, alla cultura ospitante, bensì processo di continuo arricchimento reciproco.[23] I chicanos nel rifiutare l'abbandono della lingua spagnola ne accettano la commistione con l'inglese, rinnovando pertanto la natura e l'immagine degli Stati Uniti come nazione meticcia[24] e imparando ad abitare la frontiera tra i due mondi che a sua volta costituisce un mondo nuovo.[25] Circa la presenza di più culture in una zona di frontiera — il Messico, in questo caso — Gloria Anzaldúa nota che laddove coesistono la cultura americana e quella ispanica, ciò può avere come conseguenza non tanto il dominio dell'una sull'altra, quanto la convivenza di entrambe. Un popolo che non si sente di appartenere né all'uno né all'altro gruppo etnico, o che non fa corrispondere la propria identità a una determinata lingua, è libero di usarle entrambe mescolando i singoli termini. Secondo Anzaldúa la frontiera risulta perciò un posto dove le differenze e la possibilità di creare isolamento vengono meno, trasformandosi così in un'area di interconnessione e di legami. Infatti è proprio nel Messico che nasce lo spagnolo chicano (*Spanglish*): si tratta di una lingua che attinge allo spagnolo e all'inglese, mentre la cultura chicana presenta nel complesso caratteristiche a sé stanti. Secondo Anzaldúa, la frontiera s'impone come una linea che non è più segno di separazione tra due stati, bensì accostamento e mediazione. Ma poiché i chicanos sono convinti, purtroppo, di godere di un basso riconoscimento sociale e di parlare una lingua di poco prestigio, l'obiettivo della Anzaldúa consiste prima di tutto nell'istituire un ponte tra i differenti ambiti culturali, poi di introdurre il concetto di apertura alle diversità e

---

[23] Minardi (2014: 128-130).
[24] Ivi, p. 130.
[25] *Ibid*.

infine di tralasciare i confini nel senso di separatori di etnie, genere o identità.[26]

È dunque una frontiera a designare l'esule come tale, il passaggio dalla propria terra a una sconosciuta, dove l'ignoto corrisponde a quell'immaginaria linea di demarcazione che divide una cultura dall'altra.

Un concetto, questo, che va a delinearsi soprattutto a partire dal periodo postmoderno e di cui si fa portavoce Esther García Llovet. In proposito Carlos Fruhbeck Moreno[27] si sofferma sulla *frontera visionaria* che l'autrice di *Submáquina* elabora come punto indefinibile, atemporale e ignominioso nel passaggio di demarcazione territoriale. La frontiera è un luogo senza spazio in cui il nomade, così come il migrante, non trova concretezza né spaziale né temporale. Non vi è una "realtà," ma tutto risulta incerto, quasi sospeso tra reale e irreale.

Ma se si supera il concetto di limite e si intende invece la frontiera quale "punto di incontro," sorprende come anche l'esilio e il *destierro* assurgano a nuove potenzialità. Secondo questa accezione, proposta da Maurizio Oddo,[28] è possibile focalizzare l'attenzione sul *desterrado* nei termini di avventuriero o addirittura mediatore.

Per chiudere questa breve rassegna di esiliati, mi accingo a fare un salto a ritroso nel tempo per citare un mio conterraneo:

---

[26] A riguardo, Gloria Anzaldúa afferma: "Poiché il futuro dipende dalla capacità di stare a cavallo fra due o più culture. [...] La risposta alle tensioni fra la razza bianca e quella di colore, tra maschi e femmine, sta nella nostra capacità di risanare la scissione che sta alle fondazioni delle nostre vite, della nostra cultura, dei nostri linguaggi, dei nostri pensieri. Uno sradicamento profondo del pensiero dualistico nella coscienza individuale e collettiva è l'inizio di una lunga lotta che tuttavia potrebbe — almeno, lo speriamo — porre fine allo stupro, alla violenza, alla guerra" (Minardi, 2014: 132).
[27] Fruhbeck Moreno (2014: 197-209).
[28] Oddo (2014: 221-238).

Francisco de Miranda. Padre dell'indipendenza latinoamericana, nato a Caracas da una famiglia di origini spagnole, si recò giovane in Spagna per intraprendere la carriera militare e divenne ben presto uno dei più grandi generali dell'esercito regio.[29] All'epoca Miranda si sentiva a tutti gli effetti cittadino spagnolo, e questo almeno finché non venne accusato dagli spagnoli stessi di possesso di libri proibiti, fatto che diede inizio a una rocambolesca fuga che lo portò dagli Stati Uniti alla Russia, passando per Prussia e Inghilterra.[30]

Per Miranda il viaggio da Caracas verso la Spagna e in seguito attraverso l'Europa, l'Africa e l'Asia, fu un modo per andare in cerca della propria identità e ambire alla libertà. Francisco de Miranda vide nel suo "esilio," se di esilio si può parlare, una seconda possibilità di vita e riuscì così a centrare il suo obiettivo, ossia far conseguire l'indipendenza agli Stati dell'America Meridionale. Il primo passo di de Miranda consistette proprio nell'allontanarsi dal contesto d'origine e rompere qualsiasi vincolo con la Spagna, che diventerà sua nemica così come gli spagnoli europei, non sentendosi più patriota spagnolo, ma venezuelano, anche se tale cittadinanza era riconducibile a uno stato non ancora formato. L'esilio può in ogni caso trasformarsi in un fattore propositivo, in grado di portare l'uomo alla maturazione e a una totale reinterpretazione del proprio passato e delle proprie radici. Sarà infatti questo lungo viaggio che porterà Miranda a rielaborare la storia latinoamericana come una storia d'oppressione da parte dell'impero spagnolo, oppressione che sarebbe terminata solo tramite un sollevamento dei popoli latinoamericani e la loro unione in quello stato federale che avrebbe dovuto essere la Gran Colombia.[31]

---

[29] Messina Fajardo (2014: 188).
[30] Ivi, pp. 188-189.
[31] Ivi, pp. 189-190.

Conclusione

Possiamo affermare che il "secolo breve," come è stato definito il Novecento,[32] al quale fa capo la maggior parte delle storie qui narrate, racchiude un denso susseguirsi di fatti storici rivoluzionari circa la percezione e il rapporto tra l'individuo e la sua patria, tra l'individuo e la sua cultura tra popolazioni straniere; eventi rivoluzionari che continuano a coinvolgere anche il nostro tempo, come abbiamo avuto modo di constatare.

Nel volume *Esilio, 'destierro,' migrazioni* viene descritta la vita di persone che per scelta o per obbligo hanno lasciato la patria: il senso di smarrimento, la nostalgia, la sofferenza per l'abbandono dei propri cari, della famiglia e della terra natia sono i sentimenti che accomunano in egual misura il migrante, il *desterrado* e l'esiliato, i quali dovranno cercare con le loro forze di integrarsi in un nuovo paese che in un lontano futuro potrebbero anche chiamare patria. Tutte queste storie di viaggi, di migrazioni, di *destierro*, ci dimostrano come l'esilio, nonostante la sua inevitabile facciata di malinconia e nostalgia, possa in realtà tramutarsi in un'esperienza di crescita personale e anche di maturazione, grazie alla quale l'individuo impara a vivere negli spazi che si aprono tra mondi e culture distanti, ma che possono portare a un reciproco arricchimento e a una profonda comprensione di sé stessi e della propria vita.

---

[32] Hobsbawm (1994: 5).

BIBLIOGRAFIA

Fruhbeck Moreno, Carlos Isidro, "La Frontera visionaria de Submáquina de Esther García Llovet," in D. Privitera e T. A. Messina Fajardo (eds), *Esilio, 'destierro,' migrazioni*. Roma: Aracne, 2014. 197-209.

Gonzaléz de Garay Fernández, Maria Teresa, "Reflexiones sobre el exiliio republicano español de 1939," in D. Privitera e T. A. Messina Fajardo (eds), in *Esilio, 'destierro,' migrazioni*. Roma: Aracne, 2014. 45-63.

Grilli, Giuseppe, "Tengo una sola pena. L'esilio come enigma," in D. Privitera e T. A. Messina Fajardo (eds), *Esilio, 'destierro,' migrazioni*. Roma: Aracne, 2014. 113-123.

Hobsbawm, Eric J., *Il secolo breve: 1914/1991*. Milano: Rizzoli, 1994.

Leonetti, Francesca, "Francisca Aguirre o la poesía como testimonio de ausencias," in D. Privitera e T. A. Messina Fajardo (eds), *Esilio, 'destierro,' migrazioni*. Roma: Aracne, 2014. 81-94.

Messina Fajardo, Luisa A., "Il viaggio infinito di Francisco de Miranda. Un esilio inconfessato," in D. Privitera e T. A. Messina Fajardo (eds), *Esilio, 'destierro,' migrazioni*. Roma: Aracne, 2014. 183-196.

Messina Fajardo, Trinis Antonietta, "El Galdós del exilio. La España del gran republicano desengañado recuperada por los desterrados del 39," in D. Privitera e T. A. Messina Fajardo (eds), *Esilio, 'destierro,' migrazioni*. Roma: Aracne, 2014. 65-79.

Minardi, Giovanna, "Gloria Anzaldúa. La transnazionalità della scrittura e del pensiero della letteratura chicana," in D. Privitera e T. A. Messina Fajardo (eds), *Esilio, 'destierro,' migrazioni*. Roma: Aracne, 2014. 125-133.

Natale, Daniela, "Memoria collettiva, scrittura autobiografica. Teresa Pàmies," in D. Privitera e T. A. Messina Fajardo (eds), *Esilio, 'destierro,' migrazioni*. Roma: Aracne, 2014. 31-44.

Oddo, Maurizio, "Città e architettura del limite. La frontiera come nuovo margine di globalizzazione," in D. Privitera e T. A. Messina Fajardo (eds), *Esilio, 'destierro,' migrazioni*. Roma: Aracne, 2014, pp. 221-238.

Pamies Bertrán, Antonio, "De la militancia a la literatura. 30 Años de exilio de Teresa Pàmies," in D. Privitera e T. A. Messina Fajardo (eds), *Esilio, 'destierro,' migrazioni*. Roma: Aracne, 2014. 21-30.

Privitera, Daniela, "Introduzione," in D. Privitera e T. A. Messina Fajardo (eds), *Esilio, 'destierro,' migrazioni*. Roma: Aracne, 2014. 11-19.

Riolo, Salvatore, "Arba Sicula. Sicilia Parra e l'emigrazione siculo-americana," in in D. Privitera e T. A. Messina Fajardo (eds), *Esilio, 'destierro,' migrazioni*. Roma: Aracne, 2014. 149-166.

Scalia, Giovanna, "*La raíz rota* di Arturo Barea. Desarraigo, alienazione e coerenza di un modus vivendi," in in D. Privitera e T. A. Messina Fajardo (eds), *Esilio, 'destierro,' migrazioni*. Roma: Aracne, 2014. 167-172.

Dagos, Mobsters, Cooks, Latin Lovers, Saints and Whores
Italians in Spike Lee's *Summer of Sam*

Ilaria Parini
UNIVERSITÀ DEGLI STUDI DI MILANO

INTRODUCTION

Italians and Americans of Italian descent have been the subject of a very vast number of American films since the times of the silent era. Throughout the years such representations have contributed to creating stereotyped images of Italian Americans, which have been portrayed in various film genres. Italian characters in Hollywood cinema, indeed, appear oversimplified and fall into predetermined categories, such as the immigrant, the boxer, the Latin Lover, the cook, and, obviously, the mobster (Bondanella 2004; Casillo 2006; De Stefano 2006; Gardaphé 2006; Parini 2009a, 2009b, 2013; Torresi 2004a, 2004b, 2007). However, whether represented as *dagos, palookas, Romeos,* or *wise guys,*[1] Italian Americans have most often been portrayed as "the Other." In fact, even if today the Italian American community is an integral part of American society and culture, "Hollywood Italians continue to stand out as a group in the Hollywood pantheon, remaining far more 'ethnic' than their real counterparts" (Bondanella 2004: 12). Such stereotypical representations concern both male and female characters representing Americans of Italian descent. Since this representation is strictly 'artificial', the identity of these characters turns out to be carefully devised by the screenwriters and directors of the films, who rely on a series of specific elements in order to convey

---

[1] This is the terminology used by Bondanella (2004) to refer to the categories of Italian Americans portrayed in the Hollywood cinema genres representing immigrants, prizefighters, womanizers and mobsters.

their origins. Moreover, these characters are also linguistically connoted, as their variety can definitely be defined as an ethnolect, and quite often also as a sociolect. It is interesting to note that also Italian dubbing professionals tend to perpetuate the same choices when it comes to translating such variety into Italian. Consequently, we can talk about stereotyping also in translation. This paper aims at presenting the various characterizations of Hollywood Italian American men and women, as well as the strategies used in Italian dubbing to transpose their variety. To do this, it will take as a case study the film *Summer of Sam* (Spike Lee, 1999*)*.

1. SUMMER OF SAM

Summer of Sam is an American crime thriller directed by Spike Lee in 1999, starring, among the others, John Leguizamo, Mira Sorvino, Adrien Brody, Jennifer Esposito, and Ben Gazzara. It is based on the Son of Sam serial murders, which took place in New York during the summer of 1977, and it focuses on the impact of these crimes on the lives of the people living in an Italian American South Bronx neighborhood.

Spike Lee has often shown interest in portraying Italian Americans (previous to *Summer of Sam*, Italian Americans had been depicted in *Do the Right Thing*, 1989, and in *Jungle Fever*, 1991, and later, in *She Hate Me*, 2004, and *Miracle at St Anna*, 2008)[2]. It is a fact that the representation of this ethnic group is not a positive one. On the contrary, the director has been accused of perpetuating negative stereotypes (Zagarrio 2002: 126-130) and has even been defined "the most anti-Italian director of all time."[3] *Summer of Sam*, in particular, has been harshly criticized by associations of Italian Americans, to the extent of being referred to by Di Mino (the president of ONE VOICE coalition) as "the most horrific

---

[2] Moreover, the film *Inside man* (2006) features a racist Italian American policeman.
[3] http://www.iaovc.org/press-releases/italian-american-one-voice-coalition-director-spike-lee-is-a-hypocrite/ (accessed November, 2015)

portrayal of Italian Americans in modern cinema"[4]. Talking about the film, Di Mino continues by stating, "Inundated with profanity and littered with anti-Italian prejudicial slurs, this movie rapidly descends into a panoply of negative character portrayals, with Italian Americans as mobsters, drug dealers, drug addicts, racists, deviants, buffoons, bimbos, and sex-crazed fiends."[5]

Indeed, the film has been chosen as the object of analysis of this paper because it includes all the stereotypes, which are usually connected to the representation of Italian Americans in Hollywood cinema (exception made for the figure of the prizefighter). It has to be noted, however, that some of these representations are only just hinted at, whereas others are explored more in depth.

2. CHARACTERIZATIONS
2.1. THE DAGOS

In the chapter of the book *Hollywood Italians* dedicated to the *dagos* (2004: 17-91), Bondanella takes into consideration those films that portray histories of immigration and describes characters who share some common characteristics. Firstly, in all these productions the neighborhood and the relationships that develop within its boundaries are of paramount importance, as stressed by the scholar, "By far the most important representations of Hollywood Italians focus upon the neighborhood — the values of Little Italies and the role of the family in the urban community" (ibid.: 90). Life in the neighborhood leads to the reinforcement of a shared sense of belonging to their ethnic community, which, in turn, excludes other ethnic or racial groups. As Bondanella (ibid.) remarks, Hollywood Italians are depicted as the quintessential bigots and racists. Moreover, they mainly belong to the working class, display closed

---

[4]   http://www.iaovc.org/press-releases/italian-american-one-voice-coalition-director-spike-lee-is-a-hypocrite/ (accessed November 2015)
[5]   http://www.iaovc.org/press-releases/italian-american-one-voice-coalition-director-spike-lee-is-a-hypocrite/ (accessed November 2015)

cultural values, are tasteless, uneducated, vulgar and prejudiced, and wear huge gold chains, chew gum, have big hair and abrasive manners.

In *Summer of Sam*, the Italians living in the South Bronx neighborhood where the Son of Sam's murders take place definitely correspond to this description. They are all proud of their origins and share a strong sense of belonging to their community. They hang around together night and day and never seem to get out of the boundaries of the area.

Moreover, they are ready to protect their neighborhood from intruders and chase away the people that they do not deem worthy of being part of it. For instance, Brian tells Ritchie explicitly that he is no more welcomed because, even if he is Italian, now he dresses like a punk and wears a Mohawk haircut, and, because of this, is considered a "freak." Things get even worse for Ritchie when the boys find out that he stars pornographic films with his girlfriend and especially when they hear that he dances at a gay strip club. Because of this, he ends up at the top of the list of people suspected of being the Son of Sam, and is labeled as a "killer, fag, pimp, punk rocker, queer, pervert, degenerate."

Furthermore, they all show racist behaviors, not only against homosexuals (as previously noted), but also against African Americans and Latinos, whom they call derogatorily "niggers" or "mulenyams," and "spics." On the other hand, they get furious when somebody calls them "dagos," "wops" and "guidos."

Finally, they are not particularly smart. This is particularly evident when they are asked to write down a list of possible suspects of being the Son of Sam. They end up including all the people they do not particularly like, such as the man who makes pizzas at the diner because he has "weirdo eyes," or the priest who used to hit them when they were kids, and even Reggie Jackson and Jim Rice.

In short, the dagos of the film perfectly summarize the epitome of the negative stereotype of the Italian immigrants represented in many Hollywood films, as stressed by Canadè Sautman (2002: 19), who states that *"Summer of Sam*'s neighborhood boys are a ludicrous bunch of rejects who apparently never work [..], sell dope, shoot up, chase and beat up unwanted visitors to their neighborhood."

2.2. THE MOBSTER

The most immediate and common stereotype related to Italian Americans in Hollywood cinema is beyond any shadow of doubt the one represented in the gangster genre. Images of Italian criminal activity and the so-called *wise guys* can be found in American cinema since the silent era and have continued to be popular throughout the years until the present age. Therefore, it does not come as a surprise that *Summer of Sam*, though not a mafia movie, portrays a mob boss, Don Luigi, and a group of gangsters working for him. Don Luigi is not represented as a ruthless murderer, such as the mobsters in Coppola's or Scorsese's films, but is only seen as the person who takes care of the businesses in the neighborhood, and to whom the inhabitants turn when they need assistance and support.

When asked for help by Lou Petrocelli, a police officer who used to run errands for him as a boy, Don Luigi first feels indignant, as the young man never asked for his blessing when he decided to join the police force. However, when he realizes that the neighborhood is threatened by a psycho killer, he is willing to offer his protection. During the New York City blackout of July 1977, the people of the area fear that the darkness might facilitate the Son of Sam's murders and Luigi responds by organizing patrols, arming his thugs with baseball bats. The neighborhood is basically locked down, while Luigi entertains the inhabitants with a big party.

Luigi is very protective towards "his" neighbourhood, as explicitly stated when he organizes the patrols, "Nobody gets in my neighbourhood without me knowing it!" Everybody respects him, and he is treated with honors when he has a meal at Mario's restaurant. Like most Italians depicted in Hollywood cinema, he displays a racist attitude towards the people belonging to other ethnic groups.

2.3. THE COOK

Another recurrent figure in Hollywood films portraying Italian Americans is the stereotype of the cooking man. Many films depict Italians in the kitchen, from the mobsters spending their time in prison preparing elaborate meals in *GoodFellas* (Scorsese 1990) to Primo and Secondo, the two brothers in *Big Night* (Scott and Tucci, 1996). It is a fact that "food is one of the hubs around which all cultures, and all social life in general, revolve" (Torresi 2004: 229). The importance of food for Italian immigrants in the United States is particularly evident, as is witnessed by several studies.[6] Therefore, it is not surprising that this is one of the elements that have been selected in order to convey the origins of Italian American characters in Hollywood cinema, as "food and foodways are one of the most powerful means of ethnic characterization," as pointed out by Bollettieri Bosinelli *et al.* (2005: 419). In films portraying Italian American characters food is indeed an omnipresent element, which leads the scholars to go as far as claiming that "[it] remains arguably *the most powerful metonymy* for encoding Italian American identity" (ibid. 420, emphasis added).

In *Summer of Sam* food is not as important as in other films, but it is indeed an element of characterization. In fact, some of the scenes of the film take place in Mario's restaurant, where Dionna, his daughter and the main female character, works as a waitress. Mario is seen in the kitchen of the restaurant cooking typical

---

[6] See Branciforte (1998); Casillo (2006); Cauti (1998); Cinotto (2013); Tamburri (2003); Torresi (2004).

Italian food, and his Italian dishes — such as pasta and veal Sorrentino — are also mentioned in the dialogues. Some other scenes are shot inside the Italian diner run by Chickie, where the customers order calzone as well as burgers and sandwiches. In another diner where the dagos sometimes meet we can see a big sign saying "Italian dishes," in capital letters.

Moreover, Italian food is also mentioned by Don Luigi when he tells his thugs about his intentions to organize a big party in the neighborhood. He refers specifically to some Italian (and Sicilian) dishes to better convey the idea that it is going to be an important celebration, "Tell him to bring the feast lights and the generators cos Luigi is gonna give a big block party with the cannoli and the bab rum and the sausage and peppers and the spiedini."

2.4. THE LATIN LOVER

The Italian womanizer is no doubt another very recurrent figure in Hollywood cinema. As Bondanella (2004: 133) remarks, "if there is any stereotypical image of Italians that has a longer history than the gangster, it is the 'Latin Lover'." The first and most important Italian American actor associated with romance and sex appeal is obviously Rudolph Valentino. In spite of the fact that he actually played the role of an Italian character only in *Cobra* (1925), he represents the archetypal Hollywood Italian Romeo, and "part of his appeal to his audience of swooning women was that he represented the epitome of the romantic, foreign-born Italian who was also strong and dashing as juxtaposed to the dominant Anglo-Saxon culture and morality" (Bondanella 2004: 145). Frank Sinatra and Dean Martin are examples of a second generation of Italian Americans whose kind of style, glamour and class had clear ethnic roots in the immigrant experience. Among the Italian American actors associated with the image of the Latin Lover, it is also possible to cite the more recent examples of John Travolta in his early career (*Saturday Night Fever*, 1977; *Grease*, 1978) and Kevin Kline in

I Love You to Death (1990).

In *Summer of Sam* it is Vinny, the main male character of the film, who embodies the figure of the Italian American womanizer. He is married to Dionna, and he is deeply in love with her. In spite of this, he constantly cheats on her, flirting and sleeping with numerous women. He works as a hairdresser in a salon where all the clients (as well as the owner) seem to display distinctive consideration for him. He is a narcissistic and pays extreme attention to his looks: whenever he goes out clubbing with Dionna he wears glamourous 70s outfits, and, being a hairdresser, he also pays special care to his hair (he actually recalls the character of Tony Manero in *Saturday Night Fever*).

Vinny displays many peculiar traits that contribute to making him a particularly negative character, such as his obsession with masculinity, his chauvinist disposition, his perverted view of sex, his vision of women and his attitude towards them, and his demeanor towards religion. These features will be analyzed more in detail in the next pages of the paper, after introducing the female stereotypes presented in the film. In fact, most of these elements are connected to his relationship with women.

2.5. The saint

Stereotyped representations of Hollywood Italians also concern female characters. Indeed, women usually fall into two very distinct and separate categories: the wives and mothers on the one hand, and the lovers on the other. The wives and the mothers represent the center of the family, they take care of the house chores, raise the kids, and support their men. They are virtuous and honorable women.

In *Summer of Sam*, Dionna — Vinny's wife — embodies the epitome of the virtuous Italian woman, the "Madonna," the "saint." She was a virgin before getting married and, although she wears sexy and provocative dresses when she goes clubbing with Vinny, and although she is very sensual when she dances with him, she never loses her innocent and pure aura. Vinny loves to show off her beauty, but would never accept to see her flirting with somebody else. And, most importantly, he knows that she would never do it. This is the reason why he has chosen her to be his wife.

2.6. THE WHORES

As previously stated, female characterizations of Hollywood Italians usually fall into two very distinct and separate categories. The women belonging to the category of the lovers, or the "whores," are extremely different from the category of the "saints." First, they look different. They are always glaringly dressed, and they wear heavy make-up. Secondly, they are gross and uncouth, and quite often they swear and make use of foul language. In short, they do not possess the finesse and pure qualities that are necessary to belong to the category of the wives and mothers.

In *Summer of Sam* there are three characters that correspond to this representation. The first one is Chiara, Dionna's cousin. She is a secondary character who only appears at the beginning of the film, but whose role is crucial in helping the audience get a clear idea about the character of Vinny. In fact, while he is in the disco with Dionna and their friends, he offers to drive Chiara home and, on the way there, they stop the car and have sexual intercourse, more specifically anal intercourse. Chiara is obviously the opposite of Dionna, and the fact that she is her cousin, that is a member of her family, makes her character even more negative. She conforms to the traits outlined above.

The second character belonging to the category in question is Ruby, a girl living in the neighborhood who has had sexual relationships with many of the men living there and consequently is disregarded by everybody. Indeed, the boys refer to her as "Ruby the skank" and constantly verbally abuse her. Moreover, when Ritchie starts seriously dating her, they are all disconcerted. Brian asks him "Why buy the cow when everybody gets the milk and steaks for free?," and Vinny later comments, "Ruby's a nice girl but she is a whore," and continues, "You don't love her, do you? You're not gonna marry her. I won't let you." Ruby's physical appearance corresponds to the description given above, and throughout the film she gradually transforms herself turning into a punk rocker, thus looking even more coarse and unrefined. She swears very often and answers in kind to the verbal abuses of the boys from the neighborhood.

The third "whore" of the film is the character of Gloria. She is Vinny's boss at the hairdresser salon, and one of his lovers. She is not excessively showy or gaudy, but she is not particularly refined either, and could never be mistaken for a "saint." She also makes use of foul language quite a lot.

3. GENDER RELATIONS

Relationships between men and women are a matter of great importance in the film, as masculinity and femininity represent most significant issues. First of all, masculinity is portrayed as a paramount quality for all the men of the neighborhood. For them, being strong and masculine (and being perceived as such) is essential. Consequently, they despise and abhor homosexuals. Indeed, as Reich (2008: 51) observes, in the Mediterranean world the homosexual is considered as "a threat to traditional masculinity, because he fails to prove his manliness through the most visible means: sexual reproduction." The characters of the film perfectly conform to this trend.

Moreover, *Summer of Sam*'s male characters view the roles attributed to men and women as profoundly distinct (exception made for Ritchie, who, however, is the outcast of the group), and this is another common trait in Hollywood films starring Italians. Indeed, this refers to an ideology that goes back to the "regime" of sex and gender that emerged in the particular circumstances of southern Italy, the so-called "Mezzogiorno," before the waves of migrations to the United States, as stressed by De Stefano (2006: 180-186). The scholar quotes sociologist Richard Gambino, who described a "gender taxonomy and ideology born in the context of Mezzogiorno poverty and underdevelopment that southern Italian immigrants, largely agricultural workers and unskilled laborers, brought with them to America" (ibid. 181-182). De Stefano claims that males were regarded as stronger and more responsible and they were deemed to have been assigned the role of leader and protector by God and nature. Women, on the contrary, were the center of the family, upon whom the other members depended for physical, emotional, and spiritual sustenance. However, there were also bad women — the so called *puttane* (the whores) — who flouted the sex/gender codes. "Thus was born the Madonna/whore dichotomy that has so vexed Italian men (because they wanted, but couldn't get, both aspects in the same woman) and oppressed Italian women" (ibid. 183).

As already mentioned, the character of the film that fully embodies this vision and this particular attitude is without any shadow of doubt Vinny, the womanizer. He is described by Zagarrio (2002: 128) as a "sick sex maniac." Indeed, he enjoys performing certain "unconventional" sexual practices, but considers it a "sin" to do them with his own wife, who is too "pure" for them. Vinny is the perfect example of the man who suffers from the Madonna-whore complex: he is compulsively attracted by sexual partners who have been degraded (the whores), while he cannot desire his respected partner (the Madonna). It seems that Vinny does not want to "violate" Dionna's pureness and, consequently, he only has sporadic, quick and restrained sexual intercourse with her. This, in turn, is frustrating and cause of unhappiness for her, who does not feel desired by her husband. Dionna silently suffers because of this situation and would do anything to be more attractive for him and she even gets to the point of asking Ruby (who had a relationship with Vinny in the past) to give her advice on how to sexually arouse her own husband. Ruby sarcastically replies "First, you can't be his wife. That's number one. Too late for that," stressing the fact that the two figures of the Madonna and the whore cannot co-exist.

In the film, there is a crucial scene in which Vinny persuades Dionna to participate in an orgy, under the effect of cocaine and pills. Dionna accepts only because she is eager to please her husband. However, even though Vinny is initially excited and intrigued by the situation, when he sees her having pleasure with other people (men and women), he completely loses his mind: Dionna is no longer the "saint," but is just one of the many *puttane* he usually has sex with. He starts insulting her, calling her a "slut," a "lesbian" and a "whore" and he even spits on her face. His chauvinist attitude is explicitly stated in the dialogues: when Dionna replies that if she is a whore, then he is one too, as he has also taken part in the orgy, he tells her that he cannot be such because he is a man.

Vinny's views about women and his attitude towards them are strictly connected to his religious views. Vinny considers himself as a Catholic, he wears a golden cross on his neck, he often swears on God when he promises Dionna to change, and there are crucified Christs on the walls of his flat. However, he has a peculiar personal view of religion: he commits adultery and justifies himself thinking that he cannot do certain things with his own wife (because it is not acceptable) and thus he has no choice but doing them with other women. At the very beginning of the film he has sex in the car with his wife's cousin, and they are interrupted by somebody honking at them. Some time later, Vinny goes back to the club to pick up his wife and while he is driving home he passes by the same road where he had sex with Chiara. The police have now restricted the area as the Son of Sam has just struck again. Vinny somehow manages to see the bodies of the victims. He is shocked and thinks that God has sent him an omen, namely the message that he should shop being unfaithful to Dionna. The day after he has a conversation with his friend Ritchie, and he tells him that he wants to stop cheating on his wife, but he is afraid that he cannot do it, because he likes certain unconventional practices so much. When Ritchie suggests that he should tell Dionna about his sexual likes, because she might be willing to please him, he replies, "You don't do that shit with your wife. It's a fuckin' sin!" He also claims that he was convinced that God would be more understanding. When Ritchie then suggests that maybe he should get a divorce, he answers that "divorce is fuckin' evil," as it is condemned by the Catholic Church as such.

4. LANGUAGE

As far as language is concerned, first of all it ought to be underlined that the variety spoken by the characters of the film is artificial, just like every variety spoken in films. Indeed, it cannot be considered as *genuine* or *authentic*, just like no filmic dialogue in general can, given its own nature. Taylor (2006: 37-51) refers to the variety spoken in films as "film language" or "filmese," to emphasize the fact that it is a language with its own features which differs from authentic spoken language. Yet, if this is a fact, it should also be noted that film dialogues are written with the ideal intention of reflecting real language, so to create an illusion of naturalness: they are "written to be spoken as if not written" (Gregory and Carrol 1978: 47). As Pavesi (2005: 32) notes, if we compare the dialogues of the first spoken films (the so-called "talkies") to those of more recent times, it is possible to observe a growing effort on the part of screenwriters to reproduce in film dialogues the peculiar traits of spontaneous spoken language. Indeed, in the past film dialogues used to be very similar to theater dialogues, in terms of solemnity and affectedness. On the contrary, in current times the varieties spoken in films present several peculiarities typical of oral and colloquial language, from a careful use of lexis, even slangy or dialectal, to a more fragmented syntax, to a more varied pronunciation, even geographically and socially connoted (Taylor 1999; Chaume 2001, 2003; Parini 2009a).

However, we should always keep in mind that in films language can be easily manipulated and used as a tool in the construction of character. In other words, language is an extremely important device, which can convey to the audience potential and powerful connotations related to the speaker. As Lippi-Green notes (1997: 81):

> In traditions passed down over hundreds of years from the stage and theatre, film uses language variation and accent to draw character quickly, building on established preconceived notions associated with specific national loyalties, ethnic, racial, or economic alliances. This shortcut to characterization means that certain traits need not be laboriously demonstrated by means of a character's actions and an examination of motive.

As shown in previous studies (Parini 2009b, 2013), the use of specific linguistic elements that can be considered as non-standard on various levels is particularly important in the characterization of Italian American characters in Hollywood films, and quite often it is possible to define their variety as an ethnolect. The tendency to characterize the language variety from an ethnic point of view is usually exploited to a limited (and realistic) extent in drama films, so as to contribute to making the characters and the dialogue sound as natural as possible. On the contrary, in comedies and fantasy movies, or in animated films, quite often these elements are deliberately marked at extreme levels, and linguistic Otherness is often used as a device to emphasize the comic dimension, and to convey specific connotations connected to the speakers.

According to Salmon Kowarski (2000: 68):

(a)n ethnolect quite often denotes and at the same time connotes the ethnicity of a person who is *native* to a country, but not *native* to the language of that same country. In other words, it is possible for someone to speak "with an accent" (…) even if they were born in a certain country, but grew up in an environment whose original language was not the official language spoken in that country or was connoted by distinguishing peculiarities (my translation; emphasis in original).

Although Salmon Kowarski's definition of ethnolect mainly emphasizes the importance of a speaker's accent, in her study about the Russian Jewish ethnolect the scholar identifies several other elements, which are deviant from standard Russian and characterize the Russian-Jewish ethnolect (ibid. 77). Such elements are found on various levels (prosody, pronunciation, intonation, lexis). Likewise, it is possible to single out a series of peculiarities at parallel levels also in the variety spoken by Italian Americans in Hollywood films, as has been exhaustively shown in previous studies (Parini 2009b, 2013).

Previous studies (Parini 2009b, 2013) have shown that the Italian American ethnolect spoken in Hollywood films usually presents a series of recurrent elements both on a phonological and on a lexical level.

4.1. Accent

In *Summer of Sam*, most of the actors that play the roles of the Italian Americans living in the neighborhood are actually of Italian descent (Mira Sorvino, Jennifer Esposito, Ben Gazzara, Michael Rispoli, Saverio Guerra, Brian Tarantina, Michael Imperioli, Anthony La Paglia, Al Palagonia, Ken Garito, Ben Gazzara, Michael Imperioli, Arthur Nascarella), and they all speak with a quite recognizable accent, although to different degrees.

As far as intonation is concerned, it is possible to observe lengthening and/or diphtongization of the stressed vowel, a pattern which is typical of the Italian American ethnolect.

Regarding pronunciation, it is possible to detect a series of recurrent features which are deviant from standard American English and, again, can be easily associated with the Italian American ethnic group, such as:

- <th> interdental voiceless fricative pronounced as /t/ instead of /θ/
- <th> interdental voiced fricative pronounced as /d/ instead of /ð/
- <er> in word ending pronounced as /ɑ/ instead of /ə/
- <ow> in word ending pronounced as /ɑ/ instead of <əʊ>
- silent /h/ in words beginning with aspirated /h/[7]

4.2. Lexis

As far as lexis is concerned, the two strategies that are mostly used in the film in order to convey the origins of the characters are the use of code switching and of code mixing.

By code switching we usually refer to a phenomenon through which the speaker switches from one linguistic code to another one, in this case from English to Italian, or from English to Sicilian. In the film there are a couple of instances in which the characters make use of this strategy. The first one occurs right at the beginning of the film, when Chiara meets Dionna and Vinny's friend at the disco club. She is actually Italian (not Italian American) and she cannot speak any English at all, therefore the characters switch to Italian when they speak to her:

BRIAN: *Mi chiamo Brian.*
CHIARA: *Pezzo di scimmia, io mi chiamo Garibaldi. Ehi Dionna, è mezzanotte, è meglio se mi porti a casa.*
DIONNA: Vinny, we've got to take Chiara home.

In the scene where Vinny and Chiara have sex in the car, Vinny

---

[7] For studies about Italian American pronunciation, see Haller 1987, 1993; Menarini 1939.

speaks English, whereas Chiara speaks Italian:

> CHIARA: (moans) *Ah sì, così, ah, Vincenzo.*
> VINNY: Fuckin' son of a bitch!
> CHIARA: *Che cazzo vogliono quelli?*
> VINNY: Put your panties back on, com'on.
> CHIARA: *Che cazzo vogliono? Ma stavo venendo che vogliono 'sti cornuti? Amuninne, Vincé, dai portami via, andiamo.*

Another character that easily switches to Italian (or Sicilian) is Dionna's father, Mario:

> DON LUIGI: Mario?
> MARIO: *Sì, signor Luigi?*
>
> VINNY: Hey, what's up?
> COOK: *Buonanotte, Vincé.*
> MARIO: *Hey, paisà!*

A particularly important scene where we can observe a switch from English to Sicilian takes place when the police detective Lou Petrocelli asks for help to Don Luigi, the Mafia boss. Such shift from English to Sicilian corresponds to a shift in the level of intimacy between the two characters. Don Luigi and Petrocelli work on two different sides of the law, the former is involved in organized crime while the latter fights against it. The two men, however, share a past history: as Luigi recalls earlier in the scene, when the detective was a kid he lived in the neighborhood and the two of them were very close. Don Luigi even claims that he treated Petrocelli like a son. Now the two men are enemies. Nevertheless, a serial killer is threatening the neighborhood, so the policeman is asking the Mafioso for help and he does this by speaking in Sicilian, in order to re-establish the old bond, which used to exist between them.

PETROCELLI: *Luigi, sugnu 'ca oggi ... cu tutto... pevvossìa...
   chistu è uno nostru*, com'on, *aiutami.*
LUIGI: *Non ti preoccupare, ci penso io a iddu.*

We also see secondary characters sometimes speaking Italian, such as the mother of one of the victims of the serial killer, who desperately cries "*Assassino! Assassino!*" and when one of the other women of the neighborhood tries to pull her away as she is cleaning the blood of the murdered girl in the street, she screams "*Lasciami, non mi toccare!*"

As far as code mixing is concerned, with this term linguists usually refer to another phenomenon, which involves a switch in the linguistic code used at an intraclause level. In other words, code mixing refers to the insertion of foreign words or phrases (in this case, again, Italian or Sicilian) within the discourse. This strategy is not particularly common in *Summer of Sam*, where we can only observe it on a couple of occasions in Mario's lines:

DON LUIGI: Two setups for New York's finest.
MARIO: Sure, *paisà*.
MARIO: *Aspetta* one minute, okay?

Code mixing is also used once by Vinny, who jokingly uses the Italian insult "stronzo" while greeting the disco club bouncer:

VINNY: Ulysses! How are you doin', *stronzo*?

Moreover, the dialogues of the film are also diatopically marked from a lexical perspective on a couple of occasions when the characters use some words which are connoted as Italian American and are not usually used in standard American English. Specifically, Vinny and Dionna both use the Italian American verb "skeeve" (also spelt "schieve"), which derives from the Italian noun "schifo" (meaning "disgust"). The word entered into the Italian American lexicon during the past century and was transformed into a verb (the Italian corresponding verb is "schifare"). Vinny uses the word while speaking with Ritchie about Ruby, as he is surprised by the fact that Ritchie is not concerned about Ruby's previous sexual experiences:

> VINNY: It doesn't bother you that Ruby's been with so many guys? That she's been schtupped by so many fuckin' guys? Doesn't that bother you?
> RITCHIE: What she did before she met me is her business, don't you think?
> VINNY: You really feel that? It would *skeeve* me a little bit, you know?

Dionna uses this verb with Vinny when they are parked outside the famous rock club CBGB and she expresses her disgust for all the punks and rockers who are standing in line waiting to enter:

> DIONNA: I wanna go. I *skeeve* this place.

The other word which is connoted as Italian American is the noun "mulenyam" (also spelt moulinyan; also used as an adjective), which derives from the Italian word "melanzana" (meaning "eggplant") and refers to a person of color. It is used by Joey when Woodstock suggests that Reggie Jackson might be the Son of Sam:

> JOEY: Nobody said the killer was a *mulenyam*.

4.3. TABOO LANGUAGE AND NON-STANDARD SYNTAX

Apart from being connoted from a diatopic perspective, the language spoken by the characters of the film is also strongly connoted diastratically. As previously stated, most of the characters are represented as vulgar and uneducated, and this is obviously reflected also in their way of speaking.

First of all, the film makes an extremely recurrent use of the taboo word "fuck" and its derivatives. Indeed, the film positions fourth in the Wikipedia list of films that most frequently use such word[8], counting 435 occurrences. Moreover, the film also counts 69 occurrences of the word "shit," 26 occurrences of the word "ass," 12 occurrences of the word "dick," and 4 occurrences of the word "cock." Taboo language undoubtedly contributes to connoting the characters in a negative way. In fact, the studies conducted by Radtke (1983: 391) show that vulgar language prevails in the production of low level social classes. The scholar claims that this is due to the fact that low social classes usually display an antithetic attitude towards social norms which is reflected in their linguistic production, as dysphemisms evidence a verbal aggression meant to overcome the taboo.

Likewise, it ought to be noted that also the use of non-standard grammatical forms characterizes the speakers as unrefined and uneducated. As Hudson (1996) argues, their use strongly connotes the speaker, functioning as a badge, which reveals one's origins and their social identity. According to the studies carried out by Feagin (1979) on the use of non-standard forms in the United States, they are used most by the less well educated of the rural and urban working class (quoted in Gramley & Pätzold 2005: 259). Gramley & Pätzold (ibid.) have identified nine stigmatized features[9] (also referred to as *shibboleths*), and claim that those speakers who use them are "regarded as uneducated, unsophisticated and uncouth." The definition of non-standard provided by the OED, in fact, does not refer to its lack of correctness, but to its

---

[8] https://en.wikipedia.org/wiki/List_of_films_that_most_frequently_use_the_word_%22fuck%22 (accessed November 2015)

[9] The stigmatized features identified are *ain't*; a double modal; multiple negation; *them* as a demonstrative; no subject relative pronoun in a defining relative clause; *don't* in the third person singular; *was* with a plural subject; *come, done, seen, knowed, drownded* etc. for the simple past tense; *took, went, tore, fell, wrote* etc. as a past participle. (Gramley&Pätzold, 2005: 259)

association with uneducated usage[10].

In *Summer of Sam*, numerous examples have been found of four of the nine abovementioned shibboleths, and few of them will be reported for each:

1) Use of *ain't* as a negative auxiliary:

> ANTHONY: One fuckin' lude ain't gonna work on him
> BRIAN: He ain't showing his face here again.

2) Multiple negation:

> VINNY: I didn't see nobody.
> MIDNITE: I don't need no trouble from the law.

3) Use of *them* as a demonstrative:

> EDDIE: Hear about them kids that got shot last night?

4) Use of *don't* in the third singular person:

> BRIAN: That freak don't want you.
> RITCHIE: Bobby the fag don't know shit.

In sum, it is clear that language plays an extremely important role in the characterization of the characters. Indeed, although the identity of the protagonists is clearly constructed through the selection of some elements, which act at a visual and narrative level, it is a fact that language is loaded with connotations that convey both their ethnic and their social origins.

---

[10] "Containing or designating a feature which is especially associated with uneducated usage" (http://dictionary.oed.com/cgi/display/00326744?keytype=ref&ijkey=PXdY1OCEeCBZc, accessed November 2015)

5. ITALIAN DUBBING

Previous studies (Parini 2009a; 2009b; 2013) have shown that Italian dubbing professionals tend to perpetuate the same choices when it comes to translating the Italian American variety spoken in Hollywood films into Italian. This can lead us to conclude that it is possible to talk about sterotyping also in translation. Indeed, research has demonstrated that in some particular cases the Italian American ethnolect tends to be transposed with a variety, which is easily associable to the Sicilian regiolect. This result is achieved through the selection of some linguistic traits that are specific of the Sicilian regiolect and act at various levels. This strategy, however, is most commonly used when the characters are Mafiosi (as the Mafia is usually associated with Sicily, where it originated), or in the case of comedies (where the use of regiolects is employed to emphasize the comic dimension).

The analysis of the Italian dubbed version of *Summer of Sam* has mainly confirmed such results. Indeed, the characters of Don Luigi and his henchmen present some common traits that are typical of the Sicilian regiolect. The other characters whose variety turns out to be particularly marked from a diatopic perspective are Chiara, Mario, and Joey. In the case of Chiara, the choice was presumably taken because in the original version she only speaks Italian, and in order to differentiate her from the other characters the dubbing professionals resorted to this specific strategy. In the case of Mario, the choice might be related to the fact that he is a first generation immigrant, and, as a general rule, first generation immigrants speak a variety which is strongly connoted from various perspectives in Hollywood films (not only in the case of Italian Americans, but also with other ethnic groups). Finally, in the case of Joey, the adoption of this approach is probably connected to the fact that the character explicitly states that his family is from Sicily (his variety, however, is mainly connoted on a phonological level, but not on a lexical level).

5.1. Accent

Concerning accent, in the case of the characters mentioned above, the analysis has confirmed that the characterization is achieved on the levels of intonation and pronunciation through the use of some recurrent peculiar features. As far as intonation is concerned, it follows a pattern clearly identifiable as the Sicilian one, with constant pitch in conclusive and declarative sentences. Moreover, the characters whose variety is strongly marked are likely to lengthen and/or diphtongize the stressed vowel.[11]

Regarding pronunciation, it is possible to detect a series of recurrent features, which are deviant from standard Italian and can be easily associated with the Sicilian regiolect,[12] such as:

- /r/ at the beginning of a word very strong; lengthened if preceded by a vowel; when followed by a consonant there is complete assimilation between the two consonants
- Consonant clusters <tr>, <dr> and <str> pronounced as <tʃr>, <dʒr> and <ʃr>
- Intervocalic affricate <tʃ> pronounced as fricative/ʃ/
- Affricate <dʒ> and plosive /b/ are lengthened when intervocalic
- preconsonantic fricative /s/ pronounced as /ʃ/
- Consonant cluster <ns> pronounced as <nts>
- Consonant cluster <gl> when followed by <i> pronounced as /gg/

5.2. Lexis

As far as lexis is concerned, the two strategies that are mostly used in the dubbed version of the film in order to convey the ori-

---

[11] For an exhaustive study of Sicilian intonation see Canepari (1980: 80; 174); Grice (1995).
[12] For studies concerning Sicilian pronunciation, see Leone 1982; Canepari 1980; 1999; D'Achille 2003; Grassi *et al.* 2003

gins of the characters are, as in the case of the original version, the use of code switching and of code mixing, with a switch from Italian to Sicilian dialect, either at an intersentential or at an intraclause level. The strategies are not necessarily used in correspondence of instances of the same use in the original version. The characters who make the greatest use of these strategies are Don Luigi and his thugs, Chiara, and Mario. Here are reported some examples of code switching which do not occur in correspondence of similar uses in the original version:

> RENO: Mmm... *u paradisu!*
> DON LUIGI: *Tutti avemu un culu. Ognuno 'o usa como voli.*
> RENO: *Che cunnuti sucaminchia.*
> VINNY: Hey, come butta?
> COOK: *Stanco motto, Vincé.*

In other cases, instead, the strategy of code switching is used in correspondence of the original version, mostly because in these scenes the switch from one code to the other is somehow functional to the development of the story. The first example refers to the conversation between Don Luigi and detective Petrocelli which has been analyzed in the previous pages.

	Original version	Dubbed version
DON LUIGI	*Luigi, sugno ca oggi ... cu tutto... pevvossia... chistu è uno nostru, com'on, aiutami.*	*Luigi, sugno ca oggi peddivvi che anche nella mia posizione ho grande rispetto pevvossia... l'assassino, è uno du quartiere... ammuninni, aiutateme.*
PETROCELLI	*Non ti preoccupare, ci pensu io a iddu.*	*Non statte ad affannari, ci pensu io a iddu*

The Italian dubbing maintains such a shift, although from the comparative analysis of the dialogues it is possible to note that the lines do not exactly correspond. In fact, the dubbing professionals have opted for a strategy of explicitation (through expansion), as Petrocelli actually speaks more than in the original version (which is possible as he is not filmed in close-ups). The effect is that he discloses his feelings in a much more open way than in the original, underlining the fact that the two characters are in opposite positions (mobster vs. policeman), but that in spite of this the detective still feels deep respect for Luigi. This is emphasized also in the original by the use of the allocutive form "voi," which, however, is not consistent as he shifts from "voi" ("pevvossia"), which is very formal, to "tu" ("aiutami"), which is informal. The translation got around such discrepancy by using the form "voi" in both cases and turning "aiutami" into "aiutateme." Moreover, the dubbing uses the word "assassino" (meaning "killer") and the phrase "uno du quartiere" ("one of the neighborhood") instead of the deictic "chistu" ("this one") and "uno nostru" ("one of us"), thus once again explicitating the text. As far as Luigi's line is concerned, the first part is uttered in Italian, while its second part is in Sicilian, whereas in the dubbed version of the film the first part has been translated into Sicilian, probably in order to be consistent with the rest of the scene.

Other cases where the Italian dubbing professionals have resorted to the use of the Sicilian regiolect in correspondence with the original version are the two scenes where Chiara appears.

	Original version	Dubbed version
BRIAN	Mi chiamo Brian.	Io songo Brian
CHIARA	Pezzo di scimmia, io mi chiamo Garibaldi. Ehi Dionna, è mezzanotte, è meglio se mi porti a casa.	Sì, se chistu è siciliano io mi chiamo Garibaddi. Ehi Dionna pemme è taddi, è megghiu se mi potti a casa

	Original version	Dubbed version
CHIARA	(moans) *Ah sì, così, ah, Vincenzo.*	**Fottimi** Vincenzo, *accussì, accussì* Vincenzo…
VINNY	Fuckin' son of a bitch!	Ma chi cazzo ha acceso i fari? Ma tu guarda quel figlio di troia!
CHIARA	*Che cazzo vogliono quelli?*	Ma che **minchia** vogliono *chisti*?
VINNY	Put your panties back on, com'on.	Dai tirati su le mutande, forza, andiamocene.
CHIARA	*Che cazzo vogliono? Ma stavo venendo che vogliono 'sti cornuti? Amuninne, Vincé, dai portami via, andiamo.*	***'Sti strunzi sucaminchia**, viri chi lu ziu ma struppia.* **Cazzo** *stavo venendo, ma che vogliono 'sti* **figli di puttana**? … *Amuninne* Vincenzo, *pottame* a casa, non voglio restare *'ca* neanche un minuto.

The second example is particularly interesting. In fact, it is possible to observe that, besides the use of code-switching, the dubbing professionals have also opted for a strategy of amplification, as in the dubbed version the character actually speaks more than in the original version. This is possible because when she speaks she is never filmed in close-ups. Not only does she say more things, but she definitely swears much more than in the original (all the swearwords are in bold). The result of such a choice is that the character turns out to be further connoted in a negative way. For instance, in the dubbed version she says "Fottimi" ("fuck me") instead of just moaning. She says "Sti strunzi sucaminchia" (literally, "these bastards cocksuckers") which is much more vulgar than the original (which literally translates, "what the fuck do they want?"). Finally, she says "sti figli di puttana" (literally, "these sons of bitches") while in the original she says "sti cornuti" ("cornuto" refers to somebody who has an unfaithful wife). Also in this case, the dubbed version is coarser than the original, even if, interestingly enough, the dubbing professionals have decided to replace the term "cornuti," which is definitely very common in Sicilian regiolect, with a phrase such as "figli di puttana," which, despite being more vulgar, is less connected with Sicilian culture.

In this specific case, the strategies used in the Italian version seems to be in contrast with the tendency observed in Italian dubbing, where coarse language and sexual references tend to be toned down (Bucaria 2009; Parini 2000, 2012, 2013, 2014; Pavesi and Malinverno 2000). However, when asked whether the dialogues had been rendered more obscene deliberately, perhaps to make the character even more negative (indeed, she is not only a *puttana*, but she has sex with the husband of her own cousin, and the importance of family to Italians is not a stereotype, but a fact), dialogue writer Mario Paolinelli replied:

> My only aim was to make the dialogues incomprehensible to the lay Italian viewer and maintain the effect of the original [...]. It was not my intention to make Chiara more vulgar or reinforce the negativity of her character.[13]

As far as code mixing is concerned, the analysis of the dubbed version has revealed some instances in which such strategy has been employed and some Sicilian words have been inserted in the dialogues at an intraclause level, not necessarily in correspondence with the use of the same strategy in the original dialogues. Once again, the characters that make use of this strategy are Don Luigi and Mario:

DON LUIGI: Scansa questa *mustadda*.
DON LUIGI: *Tu patri* è un uomo prezioso.
DON LUIGI: T'ha mai detto che da ragazzo faceva dei lavoretti *pimmìa*? Quando era un *meschineddu*. [...] Non fui buono con te quando eri *picciriddu*?

---

[13] Personal communication, 2012.

MARIO: Starà bene *cummìa*. Domani è un altro giorno, senti *ammìa*.

Moreover, Vinny jokingly uses the Sicilian swearword "sucaminchia" to greet the disco bouncer in the same scene where in the original version he used the insult "stronzo." In this case the strategy is functional to the development of the scene, as in the original version the bouncer does not understand what Vinny says (as he cannot speak Italian), and, presumably, he should not be able to understand the Sicilian insult either (although the majority of Italians would definitely understand it, even if not familiar with the Sicilian regiolect).

CONCLUSIONS

The analysis of *Summer of Sam* has shown that the representation of the Italian characters of the film is highly stereotyped — many critiques by associations of Italian Americans (and not only), who have repeatedly accused him of portraying their ethnic group in a negative and discriminatory way. Indeed, the film presents most of the stereotyped figures that are usually associated with Italians in Hollywood cinema (all but the boxer), who actually present all those recurrent features which can be found in a remarkable number of films.

The analysis has also demonstrated that the characterization of Italians in the film also relies on the use of some linguistic peculiarities. Language, in fact, plays an extremely important role in the construction of the identity of the characters. Firstly, it is loaded with connotations that contribute to conveying their ethnic origins. Secondly, language manages to further connote them as uneducated and vulgar people.

The paper also aimed at investigating the Italian dubbed version of the film, to ascertain whether the results of previous studies would be confirmed. The findings are actually consistent, as the dubbing professionals seem to be prone to using certain strategies of characterization (through the use of the Sicilian regiolect) in some specific cases. In *Summer of Sam*, the Sicilian regiolect has been used when it was functional for narrative purposes, and to particularly connote the variety spoken either by the mobsters of the film, or by first immigration characters.

References

Bollettieri Bosinelli, Rosa Maria, Di Giovanni, Elena, and Torresi, Ira. (2005). "Visual and Verbal Aspects of Otherness: From Disney to Coppola." Eds. Cortese and Duszak. *Identity, Community, Discourse: English in Intercultural Settings*. Bern: Peter Lang. 405-427.

Bondanella Peter. (2004). *Hollywood Italians*. New York: Continuum.

Branciforte S. (1998), "The Madeleine Bacame a Cavatello: Food, Memory, and Italian-American Identity." In Giunta E., Patti, S. J. (eds), *A Tavola: Food, Tradition and Community Among Italian Americans*. Staten Island, American Italian Historical Association. 1-9.

Canadé Sauteman F. (2002). "Grey Shades, Black Tones: Italian Americans, Race and Racism in American Film." In Camaiti Hostert, Tamburri (eds), *Screening Ethnicity*. Boca Raton: Bordighera Press. 1-31.

Casillo R. (2006). *Gangster Priest. The Italian American Cinema of Martin Scorsese*. Toronto: University of Toronto Press.

Cauti C. (1998). "'Pass the Identity, Please': Culinary passing in America." In Giunta E., Patti, S. J. (eds). 10-19.

Chaume, Federico. (2001). "La Pretendida Oralidad de los Textos Audiovisuales y sus Implicaciones en Traducciòn," in Chaume F., Agost, R. (eds) *La Traducciòn en los Medios Audiovisuales*, Castellò: Publicacions de la Universitat Jaume I. 77-87.

Cinotto, Simone. (2013). *The Italian American Table. Food, Family, and Community in New York City*. University of Illinois Press.

De Stefano, George (2006). *An Offer We Can't Refuse*, New York: Faber & Faber.

Gardaphé, Fred (2006). *From Wiseguys to Wise Men. The Gangster and Italian American Masculinities*, London & New York, Routledge.

Gramley S., Pätzold, K.M. (2004). *A Survey of Modern English. Second Edition*. London: Routledge.

Gregory M., Carroll S. (1978). *Language and Situation: Language Varieties and Their Social Context*, London, Routledge and Kegan Paul.

Lippi-Green, Rosina (1997). *English with an Accent: Language, Ideology, and Discrimination in the United States*, London, Routledge.

Parini, Ilaria (2009a). "The Changing Face of Audiovisual Translation in Italy." In Kemble I. (ed), *The Changing Face of Translation*, Portsmouth, University of Portsmouth. 19-27.

Parini, Ilaria (2009b). "The Transposition of Italian American in Italian Dubbing." In Federici F. (eds.) *Translating Regionalised Voices in Audiovisuals*, Roma, Aracne, 157-178.

Parini, Ilaria (2013). *Italian-American Gangsterspeak. Linguistic Characterization of Italian-American Mobsters in Hollywood Cinema and Italian Dubbing*, Saarbruken, LAP.

Pavesi, Maria. (2005). *La Traduzione Filmica. Aspetti del Parlato Doppiato dall'inglese all'Italiano*, Roma: Carocci.

Reich, Jacqueline. (2008). "Stars, Gender, and Nation: Marcello Mastroianni and Italian Masculinity." *Screening Genders*. Eds Gabbard Krin and William Luhr. New Brunswick: Rutgers University Press. 49-60.

Salmon Kowarski, Laura. (2000). "Tradurre l'Etnoletto: Come Doppiare in Italiano l'"accento ebraico'." *La Traduzione Multimediale. Quale Traduzione per Quale Testo?* Eds. Bollettieri Bosinelli Rosa Maria, Heiss Christine, Soffritti Marcello, Bernardini Silvia. Bologna: CLUEB. 67-84.

Tamburri A. J. (2003). "Beyond 'Pizza' and 'Nonna'! Or, What's Bad about Italian/American Criticism?: Further Directions for Italian/ American Cultural Studies," *MELUS* 28.3: 149-174.

Taylor, C. (1999). "Look Who's Talking. An Analysis of Film Dialogue as a Variety of Spoken Discourse." In Lombardo L., Haarman L., Morley J., Taylor, C. (a cura di) *Massed Medias. Linguistic Tools for Interpreting Media Discourse*, Milano, LED.

Taylor C. (2006). "The Translation of Regional Variety in the Films of Ken Loach." In Armstrong N., Federici F. (eds.) *Translating Voices Translating Regions*, Roma, Aracne, 37-52.

Torresi I. (2004a). *Stereotypical Traits of Italian-Americanness in the American Cinema of the 1990s*. Naples, University Federico II (unpublished PhD dissertation).

Torresi I. (2004b). "Identity in a Dish of Pasta: the Role of Food in the

Filmic Representation of Italian-Americanness," *Prospero. Rivista di Culture Anglo-Germaniche,* 11: 229-247.

Torresi I. (2007. "Quick Temper, Hot Blood: The Filmic Representation of Italian-American Speech and Rhetorical Strategies." In Fairclough N., Cortese G., Ardizzone P. (eds) *Discourse Analysis and Contemporary Social Change,* Bern, Peter Lang. 531-548.

Zagarrio, Vito. (2002). "The Italian American Imaginary: The Imaginary Italian American: Genres, Genders, and Generations." In Camaiti Hostert A., Tamburri A. 126-144.

Pasolini, la profezia di Alì e lo scandalo della storia: l'Altro

Daniela Privitera
Università di Roma Tre

Oggi il Mediterraneo è malato. E' un dato di fatto e un dramma di fronte a cui siamo.

Forse nei lontani anni sessanta Pier Paolo Pasolini lo aveva intuito quando, ignaro dei milioni di diseredati che, fuggendo dalla disperazione, oggi si ammassano sui barconi e attraversano il Mediterraneo, scriveva una poesia-profezia dedicandola al suo amico e filosofo J. Paul Sartre che "gli aveva raccontato la storia di Alì dagli occhi azzurri".

Dalle viscere e dall'impegno oltre che dalla sua propensione a cogliere in anticipo il cammino della storia, nacque perciò la sua *Profezia*, una poesia datata 1964[1] e ispirata, appunto, a Pasolini da un racconto di Sartre: la storia di Alì e dei suoi occhi colore di un, mare (ieri) azzurro, (oggi) diventato color della morte.

Alì è l'incarnazione dei popoli del Sud del mondo che, proprio in quegli anni, entravano alla ribalta nella nostra storia, conquistando l'indipendenza e la sovranità nazionale.

Un giorno, profetizza il testo, essi avrebbero fatto irruzione nei paesi industrializzati del Nord, trascinando i contadini del sud, i calabresi, come anche i marocchini, che vivevano la stessa condizione, in un medesimo slancio rivoluzionario:

---

[1] La prima stesura della poesia risale agli anni compresi tra il 1962 e il '64 quando apparve per la prima volta nella raccolta *Poesia in forma di rosa* (Garzanti,1964). Una seconda edizione della poesia intitolata *Alì dagli occhi azzurri* venne pubblicata nell'omonimo volume (Garzanti, 1965) che raccoglie racconti e progetti dal 1950 al 1965. Per questo argomento cfr. P. Kammerer, (pasolinipuntonet.blogspot.it)

Alì dagli Occhi Azzurri
uno dei tanti figli di figli,
scenderà da Algeri, su navi
a vela e a remi. Saranno
con lui migliaia di uomini
coi corpicini e gli occhi
di poveri cani dei padri
sulle barche varate nei Regni della Fame…
[…]
Anime e angeli, topi e pidocchi,
col germe della Storia Antica
voleranno davanti alle willaye.

Essi sempre umili
Essi sempre deboli
essi sempre infimi
[…]
essi che non vollero mai sapere, essi che ebbero occhi solo per implorare,
[…]
essi che si adattarono
a un mondo sotto il mondo
[…]
essi che pregavano
alle lotte operaie…

… deponendo l'onestà
delle religioni contadine,
…
tradendo il candore
dei popoli barbari,
dietro ai loro Alì
dagli Occhi Azzurri – usciranno da sotto la terra per uccidere –
usciranno dal fondo del mare per aggredire – scenderanno
dall'alto del cielo per derubare – …
per insegnare la gioia di vivere,
per insegnare a essere liberi,

> prima di giungere a New York,
> per insegnare come si è fratelli
> - distruggeranno Roma
> e sulle sue rovine
> deporranno il germe
> della Storia Antica.
> ...

Era il 1964 e quella poesia aveva tutto il sapore di una profezia in forma di croce se solo si pensa ai morti di oggi nel Mediterraneo, alla massiccia immigrazione dei migranti e alla loro disperata "conquista" dell'Italia .

Erano gli anni sessanta e la guerra d'Algeria, punto centrale di riferimento per i movimenti di liberazione, non era stata ben metabolizzata dai Francesi.

In quegli anni, dall'Africa partì verso l'Italia l'esodo degli africani sui barconi e Pasolini con lucida profezia annotava:

> Sbarcheranno a Crotone o a Palmi, a milioni, vestiti di stracci asiatici, e di camicie americane. Subito i Calabresi diranno, come malandrini a malandrini: «Ecco i vecchi fratelli coi figli e il pane e formaggio!» Da Crotone o Palmi saliranno a Napoli, e da lì a Barcellona, a Salonicco e a Marsiglia, nelle Città della Malavita (...).

Oggi il tempo della migrazione si avvera e gli ultimi dilagano nella storia.

E, seppure l'Africa si rivela una polveriera infarcita di integralismi, violenze e connivenza, eccidi e dittature, l'Europa sembra non voler assimilare la richiesta africana di uno sviluppo e di un'indipendenza che tardano ad arrivare. Ma quello che più sconvolge è che dinanzi ai fumi delle barricate e ai morti in mare; alla primavere arabe durate lo spazio di un mattino e alle immagini tragiche della conta dei morti, ci si rende conto che "L'ambiguo mondo industrializzato vorrebbe mantenere gli africani decolonizzati confinati nelle loro tragedie del mancato sviluppo."[2]

E' il "progresso senza sviluppo"[3] di cui parlava Pasolini, che ieri gli faceva prevedere l'omologazione e l'asservimento alla dittatura dei consumi, oggi fa scorrere sugli schermi ciò che il nuovo colonialismo ha prodotto: una finta uguaglianza che mantiene inalterati i rapporti di sudditanza dei poveri contro i ricchi, degli ultimi contro i primi.

Quello profetizzato da Pasolini è il dramma odierno generato, in fondo, dalla malattia di un'identità immunitaria come quella dell'Europa e, in generale, del mondo del capitalismo digitale che ci aveva promesso libertà e uguaglianza e, invece, determina intolleranza e indifferenza. Pertanto, non è senza significato che, per via di una serie di fattori inconciliabili, la vecchia Europa sia diventata una sorta di erma bifronte che si trasforma in asilo forzato per i diseredati e contemporaneamente è capace di autodistruggersi, fagocitando se stessa attraverso la negazione delle sue origini. In altri termini, se essa è nata dall'unione di tante diversità, alla stessa maniera, si avvia a morire negando l'alterità. Se è vero infatti come ricordava Eraclito[4] che un io *immune* (secondo l'etimo *in munus*, "esente da obblighi e doveri") è un io malato, l'identità del singolo non si realizza nella presupposizione del Sé ma nell'ascolto

---

[2] E' questa la riflessione espressa da M. Settembre a commento del documentario "Profezia. L'Africa di Pasolini" (di Gianni Borgna e E. Menduni). Per Settembre il personaggio poetico di Alì è ancora affamato di quella verità che Pasolini avrebbe voluto dichiarare nel suo film sull'Africa mai realizzato.

[3] Va rilevato che la definizione è tratta dal noto inedito di Pasolini *Sviluppo e progresso* del 1973 che non fu pubblicato dal "Corriere della sera" e che poi confluì in *Scritti corsari* (a c. di W. Siti) in *Pasolini, Saggi sulla politica e sulla società,* (1999).

[4] Filosofo greco vissuto nel V secolo A. C autore di un libro intitolato *Sulla natura* di cui ci rimangono pochi frammenti .In molti frammenti Eraclito sottolinea che esiste un'intelligenza comune, unica per tutti gli uomini, che se non accecati dal proprio individualismo e dalla sete di denaro , potrebbero rispettare il logos per comprendere e rispettarne le leggi in comune. Agli uomini sordi Eraclito dà l'appellativo di *dormienti*.

dell'altro, da cui il filosofo di Efeso farebbe discendere il concetto di *logos*.

Apertis verbis, per Eraclito era importante comprendere quanto di *communis* ci fosse nel *logos*, nel linguaggio, dove per comunicare c'è bisogno di concepire qualsiasi identità, non in maniera "immune" ma "comune."

Mutuando la metafora eraclitea, è facile dedurre che, come nelle parole, le relazioni avvengono in comunità, anche l'identità si produce attraverso l'ascolto dell'altro diverso da sé.

L'uomo moderno, tuttavia, sembra aver dimenticato tutto questo.

E, infatti, se la storia del pensiero occidentale, come sostiene Eraclito, è nata attraverso la dialettica di identità e diversità, oggi, al contrario, viviamo da idioti (secondo l'etimo greco, da "privati, non integrati nel sistema sociale" e perciò incapaci di partecipare alla vita pubblica) perché inseguiamo l'insana presunzione di un pensiero, e di una cultura "solo nostri" che producono appunto *immùnitas* e non *commùnitas*.[5]

Essere idioti in un mondo globale vuol dire vivere da dormienti ed alimentare eccessi di individualismo che, se applicato agli Stati, diventa potenziale e pericoloso nazionalismo.

Pertanto, se oggi la politologa americana, Wendy Brown chiama questa deriva pericolosa "il teatro della sovranità perduta,"[6] dove l'odio dello straniero diventa *patriottismo* e i muri eretti contro i migranti si chiamano *politiche d'immigrazione*, come dar torto a Pasolini quando parlando della democrazia minacciata avvertiva che il male più profondo "si coglieva nella lingua ove per prima si sono avuti dei sintomi"[7]?

---

[5] Per questo argomento cfr., M. Cacciari, (febbraio, 2001). Vedi anche D. Mastrogiacomo, (2015).
[6] Cfr., C. Salmon, (2015).
[7] La memoria va al noto articolo di Pasolini "Il vuoto del potere ovvero l'articolo delle lucciole", *Il Corriere della sera*, 1 Febbraio 1975 ora in *Scritti corsari*, cit.

Chi cade nella finzione e perde credibilità, urla anatemi usando il linguaggio dell'incomunicabilità: la parola pubblica diventa perciò lingua morta, mentre la logopatia della politica mostra il fianco al vuoto di potere creato dagli *idiòtes;* quegli stessi individui che, come sempre Pasolini scriveva nel 1975, anche oggi — sarebbe il caso di aggiungere — "non sospettano minimamente che il potere reale procede senza di loro ed essi non hanno nelle mani che quegli inutili apparati, che di essi rendono reale nient'altro che il lussuoso doppiopetto" (Pasolini, 1975).

Siamo di fronte all'ennesima profezia di un Pasolini profeta non solo dell' ossimorica afasia del linguaggio politico che altri chiamano il "momento pasoliniano delle post.-democrazie" (Salmon, 2015) ma anche di quella consapevole certezza di appartenere, da poeta, ad "un'altra civiltà" (*Bestia da stile*): quella dello scandalo, la cui portata egli stesso visse sulla propria pelle come omosessuale, eretico e "diverso."

Tra esuberanze e *cupio dissolvi*, in fondo l'essenza della poesia che dice tutto rimase per sempre quella che rese Pasolini vittima e profeta. Egli, infatti, fu vittima di un sistema da lui abiurato e avversato e profeta di quel progresso senza sviluppo che egli amava chiamare "genocidio culturale" in cui, nel corpo a corpo con la storia, gli idioti di allora sarebbero diventati la classe dominante di oggi, mentre il futuro, per il poeta di Casarsa, sarebbe stato scritto da quel sottoproletariato degli ultimi; gli unici destinati a scandalizzare ('ostacolare,' secondo l'etimo greco), la barbara omologazione della civiltà borghese.

Allo scandalo e alla sua forza dirompente, Pasolini ha affidato da sempre l'idea e la salvaguardia di quell'alterità rivoluzionaria che, per la sua stessa natura, esclude ogni possibile assimilazione degli sfruttati con gli sfruttatori.

Non è senza significato che, egli avesse scelto di intitolare un suo discorso scritto per il Congresso dei radicali nel 1975, proprio

"Lo scandalo radicale,"[8] a riprova del peso che egli da filologo dava alle parole.

Com'è noto Pasolini venne ucciso pochi giorni prima e il testo del suo discorso venne letto al Congresso del Partito radicale nel novembre del 1975. Nel testo egli aveva parlato di diritti e rivendicato la necessità di difendere quell'alterità delle minoranze, ben diversa da quel conformismo di sinistra falsamente progressista che non fa che il gioco del potere:

> continuare imperterriti, ostinati, eternamente contrari, a pretendere, a volere a identificarsi col diverso; continuare a scandalizzare; a bestemmiare.

Così si concludeva il suo intervento, così nasceva l'anatema Pasolini. E, più cresceva lo scandalo, più aumentavano l'imbarazzo e l'ostilità che quella condizione tutta privata provocò tra i benpensanti, in una società popolata allora (come oggi) da istinti omofobi ed ipocrisie cattoliche (o catto-comuniste).

Pasolini pensava alla coscienza di classe e alla volontà di rivoluzione, ma sapeva in fondo che il proletariato del mondo "civile" (quello occidentale), era stato perfettamente inglobato dall'alterità della maggioranza, dall'invisibilità del Potere. Pensava ad un terzo mondo rivoluzionario che nascesse dalle periferie e da tutti quei luoghi relegati ai margini.

Idealmente, Pasolini pensava al Sud, come ad un *senhal* geografico in cui comprendere le periferie di Roma, il Sud Italia, parte della Spagna, l'Oriente, l'Africa come unica speranza di rivoluzione e salvaguardia della diversità. Immaginava un'umanità in cammino mentre attraversava un luogo senza una geografia imposta.

Il luogo era il Mediterraneo, un ideale e un archetipo, in cui collocare ancora, malgrado la crisi del riscatto, la fede di "un mar-

---

[8] Cfr. *Lo scandalo radicale di Pier paolo Pasolini* in www.radicali.it. E' possibile ascoltare la lettura integrale dell'intervento su radioradicale.it.

xista non disposto a credere che il marxismo *fosse* veramente finito"[9] (Pasolini, 1965).

Era l'alternativa di Pasolini all'alterità della maggioranza era "quell'ipotesi regressiva verso ciò che egli considerava il mondo non ancora trasformato dal modello razionale capitalistico". Pasolini aveva una passione che voleva trasformare in ideologia, perciò spinto da "quella smania incontenibile di intervenire e di parlare, da un bisogno di esprimersi nei generi più diversi" (Ferroni, 1991: 511) egli, tra gli anni '50 e '60 sviluppò nei vari generi queste tematiche che in fondo possono essere sintetizzati nella visione terzomondista dell'"mondo di Bandung."[10]

E' facile comprendere che quello di Pasolini è il mondo de *La rabbia* a cui egli da poeta scontento non voleva rassegnarsi. Nacquero cosi le "poesie incivili" e fra queste Pasolini scrisse anche *L'uomo di Bandung*[11].

Ma chi era l'uomo di Bandung? Era l'uomo del futuro, perché come si legge nella poesia:

> È nei regni della fame/ sono i miei figli; cuccioli neri o marrone, nati da seme di vittime ignare dolci /dannati alla vergogna della miseria.
>
> (Pasolini, 1964)

Dai regni della fame sarebbe partito Pasolini "prima di arrendersi al grande discorso apocalittico di *Petrolio*" (Rizzarelli, 2013), e da lì

---

[9] La frase è tratta dal commento al film *Uccellacci e uccellini* (1965) dello stesso Pasolini.
[10] Con questo nome ci si riferisce alla conferenza di Bandung del 1955 per indicare l'incontro tra i rappresentanti di 29 paesi africani ed asiatici (paesi non allineati) non inseriti nel sistema rigido e bipolare del mondo in seguito alla guerra fredda. L'intento dell'iniziativa era quello di favorire una cooperazione economica e accelerare il processo di decolonizzazione, difendendo tra i vari principii quello dell'autodeterminazione .
[11] P. P. Pasolini, *L'uomo di Bandung* (1964), in P. P. Pasolini, *Tutte le poesie*, (1305-1313).

parte tutta la sua disperata passione per l'Africa, per una rinascita dal basso, da un generico ed astorico Sud, l'unico, ritenuto autenticamente distante dal modello capitalistico.

È per questo motivo che i versi di *Profezia* rivelano tutto l'amore di Pasolini per gli ultimi, per il sottoproletariato, che egli allora credeva non ancora contaminato da "quel consumismo che può rendere immodificabili i nuovi rapporti sociali espressi dal nuovo modo di produzione, creando come contesto alla propria ideologia edonistica un contesto di falsa tolleranza e di falsa realizzazione dei diritti civili" (Pasolini, 1975).

Per questo i suoi Alì

> tradendo il candore
> dei popoli barbari,
> usciranno da sotto la terra per uccidere –
> [...] scenderanno
> dall'alto del cielo per derubare –per insegnare la gioia di vivere,
> [...]per insegnare a essere liberi,
> [...] per insegnare come si è fratelli
> - distruggeranno Roma
> e sulle sue rovine
> deporranno il germe
> della Storia Antica.

Anche questa è profezia: la profezia di chi crede che dall'Africa degli ultimi "sotto lo stupendo e immondo sole che illumina il mondo" sarebbe potuto nascere il diritto a rimanere diversi, il diritto ad essere continuamente "irriconoscibili" perché estranei all'omologazione dei consumi.

Era questa l'utopia di Pasolini che non voleva credere nella perdita d'umanità dell'uomo, anche se riconosceva, con la consueta lucidità, i limiti della rivolta del sottoproletariato: "sono stato razionale e irrazionale fino in fondo" — scriveva in *Frammento alla morte* — gridando al mondo di credere nell'unica possibilità di salvezza, "Africa! Mia unica alternativa."

L'alterità era il campo d'azione di Pasolini ed egli ne abbracciò gli ideali con piena e personale partecipazione. Comprese anche i limiti della sua *Profezia* quando, più tardi in un' intervista a Ferdinando Camon ritenne che gli Alì e, in genere, ciò che allora veniva definito il "Terzo mondo" stava perdendo il connubio tipico di ogni resistenza e il sogno di conciliare la resistenza nera con la Resistenza. perché — come rivelava nella stessa intervista — "l'ideale della gente è di raggiungere l'onesto livello del consumo piccolo borghese" e gli Alì — aggiungeva "attendono di essere riscattati da qualcun altro e aspettano un nuovo futuro che li trasformerà da contadini preistorici, prima di tutto, e poi in contadini storici, piccolo-borghesi. Ecco la grigia deludente, lenta realtà."

Per queste ragioni, deluso e confuso, aveva definito *Profezia* "un capriccio vitale e fecondo della passione politica, un rovesciamento cosciente e voluto del buon senso del futuro" (Pasolini, 1969: 1645).

. Oggi, di fronte all'Africa in fiamme, alle piazze in rivolta e ai morti quotidiani del Mare nostrum, è difficile chiedersi se chi fugge sui barconi cerca di diventare un piccolo borghese o fugge solamente per sopravvivere o per diventare protagonista di un nuovo desiderio di liberazione.

Nella sua contraddizione Pasolini ha profetizzato ancora una volta il futuro: gli Alì in fuga di oggi, sono rivoluzionari ed eversivi nella loro essenza perché incarnano inconsapevolmente, con la loro "mobilità trasversale dettata dalla migrazione forzata"[12] l'idea di una vera rivoluzione in cui l'abbattimento dei confini e la libera circolazione dello spazio, sono le uniche alternative possibili ad un mondo di regole assassine.

---

[12] Per questo argomento cfr., A. Altamura, *Perché non rinnegare Alì dagli occhi azzurri. Pasolini e il Terzo Mondo ai tempi dell'Impero* in digilander.libero.it

Le regole non scritte ma "osservate," sono le stesse che dividono il mondo in Nord e Sud e consentono all'Occidente di seppellire la sua cattiva coscienza di fronte alle rivoluzioni fallite e ai morti annegati, ai muri eretti e alla follia di difenderci contro qualcosa o qualcuno.

Dare voce all'inespresso: questa era l'utopia possibile in cui si celava il grido disperato di Pasolini che nella sua *Profezia* avrebbe forse voluto coniugare l'idea di un marxismo possibile con un cristianesimo laico.

Oggi comprendiamo che per realizzare l'utopia occorrerebbe forse "decolonizzare l'immaginario" (Latouche, 2005) che scambia per progresso la distruzione delle differenze.[13]

Forse sarebbe il caso di considerare tutto questo un'eccezione e non la regola e riflettere con Brecht che

> Di nulla sia detto: è naturale
> In questo tempo di anarchia e di sangue, di ordinato disordine,
> Di meditato arbitrio, di umanità disumanata,
> Così che nulla valga come cosa immutabile (*L'eccezione e la regola*)

Oggi gli Alì dagli occhi azzurri, scappano da una guerra che l'Occidente ignora, e che esso stesso ha alimentato con la politica dell'imperialismo economico e dei falsi bisogni.

Il mare è l'unico spettatore rimasto muto a guardare la fine di quel film sull'Africa mai girato da Pasolini, mentre il vecchio continente, e, forse, il mondo intero come la rana del proverbio cinese "dal fondo del pozzo continua a guardare in su e crede che quel che vede sia tutto il cielo."

Al mare, l'Africa di oggi consegna la sua negritudine in rivolta, la nostra libertà che uccide e la sua disperata preghiera laica,

---

[13] Su Pasolini e l'Africa vedi, R. De Gennaro, *Oltre la dialettica della sovranità coloniale: Pasolini e l'Africa* in "Le passioni di sinistra", n.14 settembre 2006 ora in pierpaolopasolini.eu

come quella scritta da Erri De Luca[14] in memoria delle quotidiane morti nel Mediterraneo:

> Mare nostro che non sei nei cieli
> [...]
> sia benedetto il tuo sale,
> sia benedetto il tuo fondale.
> Accogli le gremite imbarcazioni
> senza una strada sopra le tue onde,
> ...Mare nostro che non sei nei cieli,
> all'alba sei colore del frumento,
> al tramonto dell'uva di vendemmia,
> ti abbiamo seminato di annegati
> più di qualunque età delle tempeste.
> Mare nostro che non sei nei cieli,
> tu sei più giusto della terraferma,
> ....Custodisci le vite, le visite cadute
> come foglie sul viale,
> fai da autunno per loro,
> da carezza, da abbraccio e bacio in fronte
> di madre e padre prima di partire.

BIBLIOGRAFIA

Opere di Pier Paolo Pasolini
Saggi sulla Politica e sulla società, Milano, 1999.
Scritti corsari, a cura di W. Siti, Milano: Mondadori, 1999.
"Il vuoto del potere," *Corriere della sera*, 1 Febbraio 1975 poi in *Scritti corsari*.

---

[14] Giornalista, scrittore, e poeta italiano. Autore di testi in prosa e poesia si è dedicato a tematiche sociali e all'emigrazione. Per aver sostenuto il movimento No-Tav schierandosi a sostegno dei diritti degli abitanti della Val di Susa, per alcune frasi rilasciate in un'intervista (ritenute pericolose e perché istigatrici di violenza) è stato rinviato a giudizio. In sostegno di De Luca si sono schierati intellettuali e politici come Salman Rushdie e Francois Holland. Il 19 ottobre del 2015 lo scrittore ha ricevuto la sentenza di assoluzione. La poesia citata nel presente lavoro è un inedito recitato dal poeta in varie trasmissioni televisive.

Daniela Privitera • "Pasolini, la profezia di Alì e lo scandalo della storia"

Lo scandalo radicale in www.radicali.it.
Tutte le poesie (a cura di W. Siti) Milano: Mondadori, 2003.

Opere, saggi e articoli su Pier Paolo Pasolini
Altamura Alberto, *Perché non rinnegare Alì dagli occhi azzurri. Pasolini e il Terzo Mondo ai tempi dell'Impero* in digilander.libero.it.
Annovi Gian Maria, *Instambul KM 4253: attraverso il mediterraneo di Pier Paolo Pasolini* ,(2010) in http.//escolarship.org/uc/item/92vOp4wz;
Cacciari Massimo, "Identità e alterità," *Montebelluna*, 2 febbraio 2001 (relazione) in dani69.altervista.org Cacciari_identit;
De Gennaro Rossana, "Oltre la dialettica della sovranità coloniale: Pasolini e l'Africa," *Le passioni di sinistra* N.14 (settembre 2006 ora in pierpaolopasolini.eu);
Ferroni Giulio, *Storia della letteratura italiana*. Torino: Einaudi 1991;
Latouche Serge, *Come sopravvivere allo sviluppo*. Torino: Boringhieri, 2005
Kammerer Peter, *Alì' dagli occhi azzurri. Una profezia di Pier paolo Pasolini* (pasolinipuntonet.blogspot.it);
Mastrogiacomo Daniele, "Cacciari e Sofri rivisitano il concetto di prossimo" *La Repubblica*, 21 marzo 2015;
Rizzarelli Maria. "Vittorini e Pasolini : due scrittori fuori dalle riserve," *Il Giannone, semestrale di cultura e letteratura* XI.22 (luglio-dicembre 2013);
Salmon Christian, "La sindrome di Pasolini che colpisce le democrazie," *La Repubblica*, 4 aprile 2015;
Settembre Marco, *Profezia. L'Africa di Pasolini* in artapartofculture.net.

L'altro Meli, fuori dalla Sicilia e oltre il Mediterraneo

Salvatore Riolo

Nella nostra comunicazione trattiamo del poeta palermitano Giovanni Meli, perché ci sembra che l'argomento rientri nel tema del convegno, che indica come linee guida per le relazioni l'alterità e la mediterraneità. D'altra parte, essendo il 2015 l'anno in cui ricorre il bicentenario della morte del poeta, ci è sembrato opportuno dare al lavoro un taglio in sintonia con la ricorrenza.

Si può affermare che esistono due Meli, esistono cioè due diverse tradizioni ben distinte, che tracciano ciascuna un proprio profilo del poeta e ce ne tramandano la memoria in diversa maniera. Abbiamo infatti: 1) il Meli della tradizione popolare siciliana; 2) l'altro Meli, ossia il Meli della storiografia letteraria e della critica nazionale e internazionale.

1. IL MELI DELLA TRADIZIONE POPOLARE SICILIANA.

Esiste il modo di dire latino *Nemo propheta in patria* "Nessuno è profeta nella sua patria". Di tale detto esistono numerose varianti. Ricordiamo, ad esempio, "La patria dà la vita, raramente conferisce onore". È vero che in numerosi casi la patria ha conferito onori a cittadini illustri soltanto molto tempo dopo la loro morte. Tuttavia possiamo senz'altro affermare che Giovanni Meli smentisce questi modi di dire e sfata simili luoghi comuni, perché egli fu profeta nella sua patria e lo fu in vita e non *post mortem*. Fin dalla giovinezza fu, infatti, famoso, stimato e apprezzato in patria. Ebbe grande seguito fra i poeti siciliani dialettali e non solo fra quelli suoi coevi, ma anche fra i poeti delle generazioni successive. A Meli è toccata, inoltre, una fortuna particolare: la tradizione popolare siciliana lo ha posto su un piedistallo, lo ha consacrato il poeta siciliano per antonomasia. Egli, dunque, è diventato il poeta simbolo della Sicilia, perché gli è stato conferito il primato della poesia dialettale siciliana, assicurandogli una fama imperitura. Per la tradizione popolare siciliana, che fa del Meli, un'icona poetica, un archetipo, questo poeta è divenuto un modello da imitare, un canone da seguire, un paradigma da tenere sempre presente.

È legittimo chiedersi come si sia potuta verificare una siffatta singolare circostanza. In parte essa è dovuta al processo di trasfigurazione e mitizzazione a cui è stato sottoposto Meli nell'immaginario popolare collettivo. È lo stesso processo attraverso cui il popolo crea i suoi eroi, i suoi santi e anche i suoi poeti simbolo.

A proposito di tale trasfigurazione bisogna subito precisare che essa è parziale, perché prende in considerazione soltanto un aspetto della produzione poetica del Meli, vede in lui solo ed esclusivamente l'appassionato celebratore della natura e lo giudica tale, basandosi solo su un filone della sua attività poetica: la sua produzione in versi siciliani, quella che canta la natura isolana. Questo profilo del Meli rispecchia integralmente quello che si ricava dalla lapide che nel 1880 il Consiglio comunale di Cinisi fece murare nella casa in cui abitò il poeta. Nella lapide si legge: "Giovanni Meli / primo e leggiadrissimo fra i poeti vernacoli / amore e delizia delle sicule muse / qui s'ispirò alle bellezze della natura / qui con pennello animatore descrisse / l'erbose valli i vitiferi colli la ridente natura".

A corroborare la tradizione che presenta Meli come poeta isolano, cantore di cose siciliane e in dialetto siciliano contribuirono alcuni versi che vengono sistematicamente associati al suo nome e ne costituiscono dei versi-bandiera, una sorta di contrassegno artistico, di logo poetico. Ci riferiamo ai versi ricordati con due titoli, l'uno alternativo dell'altro: *Apuzza nica* o *Lu labbru*:

Dialetto siciliano	Inglese	Italiano
Dimmi, dimmi, apuzza nica, / unni vai cussì matinu? / Nun c'è cima, chi arrussica, / di lu munti a nui vicinu;	Tell me, tell me buzzing bee, / what so early do you seek? / There's no redness yet appearing / on the nearby mountain peak.	Dimmi, dimmi, graziosa ape / Dove vai così di buon'ora? / Non c'è cima rosseggiante / del monte a noi vicino;
trema ancora, ancora luci / la ruggiada 'ntra li prati; / dun'accura nun ti arruci / l'ali d'oru delicati.	And along the field the dew / is aglow, still quivering. / Oh, take care you do not wet / your most daintry golden wing.	trema ancora, ancora brilla / la rugiada fra i prati: / sta' attenta a non bagnarti / le ali d'oro delicate!
Li ciuriddi, durmigghiusi / 'ntra li virdi soi buttuni, / stannu ancora stritti e chiusi / cu li testi a pinnuluni.	Pretty flowers, sleepy-eyed, / are still snug and tightly closed / in their verdant buds abiding, / all with heads that droop and doze.	I fiorellini sonnacchiosi / fra i loro verdi boccioli / stanno ancora stretti e chiusi / con le corolle penzolanti
Ma l'aluzza s'affatica! / Ma tu voli e fai caminu. / Dimmi, dimmi, apuzza nica, / unni vai cussì matinu?	But your gentle wing is weary; / yet you soar, in air you streak. / Tell me, tell me buzzing bee, / what so early do you seek?[1]	Ma l'aluccia si affatica! / Ma tu voli e fai cammino. / Dimmi, dimmi, graziosa ape / Dove vai così di buon'ora?

Gli altri bellissimi versi, non meno noti e diffusi a livello popolare, che si tramandano senza titolo, sono quelli che introducono il canto amoroso di Dameta, un personaggio de *La Buccolica*:

Dialetto siciliano	Inglese	Italiano
Sti silenzi, sta virdura, / Sti muntagni, sti vallati / L'à criatu la natura / Pri li cori innamurati.	"This quietude, this plant life, / these high mountains and these dales, / were by nature all created / for the hearts that are in love.	Questi silenzi, questo verde, / questi monti, queste vallate / la natura li ha creati / per i cuori innamorati.
Lu susurru di li frunni, / Di lu ciumi lu lamentu, / L'aria, l'ecu chi rispunni, / Tuttu spira sentimentu.	The soft whispering of leaves, / The lament that rivers make, / Air and echo that replies, / All things sentiment awake.	Il sussurro delle fronde, / del fiume il lamento, / l'aria, l'eco che risponde, / tutto spira sentimento.
Dda farfalla accussì vaga, / Lu muggitu di li tori, / L'innoccenza chi vi appaga, / Tutti pàrranu allu cori.	That most lovely butterfly, / the low bellowing of bulls, / innocence that satisfies / all things here speak to the heart.[2]	Quella farfalla così vaga, / il muggito dei tori, / l'innocenza che vi appaga, / tutti parlano al cuore.[3]

---

[1] La traduzione inglese è tratta da G. Meli, *The Poetry of Giovanni Meli. A Bilingual Anthology (Sicilian/English)*. Edited, Introduced and Translated into English Verse by Gaetano Cipolla. Mineola, NY: Legas, 2015. 108.

[2] La traduzione inglese è tratta da G. Meli, *The Poetry*, cit. 68.

Versi del genere, che per la loro musicalità rimangono impressi nella memoria e non si dimenticano più, diffusi oralmente anche fra persone prive di istruzione, ebbero un grande impatto sull'immaginario culturale popolare e sono diventati patrimonio della cultura letteraria siciliana. La tradizione popolare ha fatto suoi solo alcuni brani lirici del Meli, perché si tratta in genere di componimenti brevi che si diffondevano oralmente. Altri componimenti più lunghi non si potevano diffondere e tramandare per questa via, ma erano destinati alla forma scritta, che era accessibile solo a poche persone. Ai tempi del Meli e ancora per due secoli dopo, la maggior parte del popolo era analfabeta e non sapeva né leggere, né scrivere. La circolazione orale di componimenti lirici di Meli ebbe, quindi, larga e profonda diffusione presso il popolo[4], come dimostra, ad esempio, il fatto che Goethe, durante il suo viaggio in Sicilia, ebbe modo di ascoltare a Palermo i versi seguenti: *Ucchiuzzi nìuri / si taliati, / faciti cadiri / casi e citati; // jeu, muru debuli / di petri e taju, / cunsidiratilu / si allura caju!* "Occhietti neri / se guardate, / fate cadere / case e città; // io, muro instabile / di pietre e argilla, / abbiate considerazione / se allora cado!"[5]. Il poeta viaggiatore tradusse i versi in tedesco e li incorporò in una sua lirica, senza fare il nome del Meli che ne è l'autore (i versi infatti fanno parte della poesia intitolata *L'occhi*), perché li ha creduti anonimi e popolari.

---

[3] La traduzione italiana e la grafia del testo in dialetto siciliano sono tratte da Giovanni Meli, *La Buccolica*, Opere di G. Meli 2, Introduzione e commento di Francesca Fedi; Traduzione e note di Michele Purpura; Testo siciliano a cura di Salvo Zarcone. Palermo: Nuova Ipsa Editore, 2013. 20-23.
[4] E non solo in mezzo al popolo ma anche nei salotti palermitani.
[5] Black loving eyes, / if you look coy / houses and cities / you will destroy. // I'm but a wall / of stone and sand; / if I should crumble, / please understand (La traduzione inglese è tratta da G. Meli, *The Poetry*, cit. 106).

Cento anni dopo che il Meli l'aveva composta, Corrado Avolio raccolse dalla viva voce del popolo un'ottava che aveva differenti varianti in diverse località della provincia di Siracusa. L'ottava, che inizia *Bedda chi tessi riti a la gugghiola*, corrisponde alla satira XXV, a sua volta intitolata *Già facisti prisa*.[6] Altri esempi della grande circolazione orale di brani poetici meliani in forma anonima sono due modi di dire noti a tutti i siciliani che conoscono il dialetto: *Cu si punci nesci fora* "Chi si punge esce fuori" e *A trasiri a trasiri comu u rizzu* "A entrare ad entrare come il riccio", con la variante *Fari comu u rizzu* "Comportarsi come il riccio". Entrambi i modi di dire derivano dalla favola V del Meli, che ha per titolo *Lu surci e lu rizzu* "Il topo e il riccio", e fanno riferimento ai fatti e ai personaggi di cui si tratta in essa.

La tradizione popolare siciliana, in sintonia con le proprie preferenze poetico-letterarie, si è costruita e ha idealizzato un proprio Meli, facendolo oggetto di entusiastica e incondizionata ammirazione. Se, da un lato, il Meli è sopravvalutato e innalzato ai vertici della poesia dialettale siciliana, d'altra parte il giudizio su di lui risulta angusto e riduttivo, perché prende in considerazione una sola parte della sua vasta produzione poetica ed esclude il resto. L'immagine del Meli che si ricava dalla tradizione popolare siciliana è, pertanto, da un lato eccellente, dall'altro lato parziale, incompleta e riduttiva.

Prendendo in considerazione la dimensione diatopica, il Meli della tradizione popolare siciliana è un poeta tutto ed esclusivamente siciliano, che si muove in un'area circoscritta del Mediterraneo, all'interno della Sicilia.

---

[6] C. Avolio, *Canti popolari di Noto*, Studi e raccolta di Corrado Avolio, Bologna, Forni, 1970 [ottava n. 168]. La stessa ottava figura anche nella raccolta di Leopardi-Cilia (ottava 142), v. C. Musumarra, *La prima raccolta di canti popolari siciliani*, canti di Comiso raccolti da G. Leopardi-Cilia, Università di Catania, 1948.

2. L'ALTRO MELI E IL MELI ALTROVE.

Oltre al Meli trasfigurato, immortalato e venerato dalla tradizione popolare siciliana esiste l'altro Meli, il Meli della storiografia letteraria e della critica nazionale e internazionale. Meli, ovviamente, non è soltanto l'ingenuo, semplice e inebriato cantore della campagna, delle montagnole, del mare e delle sue coste, dei pastori e contadini siciliani, ma è molto di più e la sua produzione è assai varia.

2.0. Va innanzi tutto detto che egli ebbe una personalità complessa, perché ebbe una doppia anima, quella umanistica e quella scientifica. Meli fu, infatti, poeta, medico, docente di chimica. La condizione di poeta e di medico venne vissuta dal Meli con una certa conflittualità. Egli, ad esempio, rimpianse il tempo dedicato alla medicina e sottratto alla poesia.

2.1. Fu autore di poesie siciliane non solo anacreontiche, ma scrisse anche componimenti con differente struttura metrica, ricordiamo, ad esempio, liriche civili (*Puisii civili*), poesie politiche (*Poesii politichi*), poesie religiose (*Poesii religiusi*), liriche filosofiche (*Poesii filosofichi*).

2.2. Fu autore non solo di componimenti brevi, ma anche di poemi in versi, come

La Fata Galanti, poema bernesco in otto canti, *Don Chisciotti e Sanciu Panza*, poema eroicomico in ottave (12 canti), e un Poema dedicato alla Ragione.

2.3. Meli fu traduttore e autotraduttore; dal latino in siciliano tradusse *Lupus et agnus* di Fedro e il secondo degli Epodi di Orazio; dal francese in siciliano tradusse il dialogo di Aristotele e Anacreonte, tratto dai *Dialogues des Morts* di M. De Fontenelle. Fu anche autotraduttore e tradusse dal siciliano in italiano alcuni suoi componimenti, come, ad esempio, *I capelli, Il labbro, Gli occhi, Il sopraciglio, Il neo, Il petto, La voce, L'alito*, tutti contenuti nel fascicolo manoscritto intitolato *Anacreontiche e canzonette del Sig. Abb. Giovanni Meli in dialetto toscano*.[7]

2.4. Scrisse opere in italiano: in italiano furono i versi (anacreontiche e canzonette) con cui si presentò per la prima volta ai soci della Galante Conversazione. Fra essi il componimento intitolato *La viola*. In italiano sono il *Poema dedicato alla ragione* e *L'egida del re* (532) e pure i drammi musicali: *L'inverno coronato* (528) e *Il trionfo di Minerva* (522).

2.5. Meli non compose solo versi ma scrisse anche in prosa. In prosa è il gruppo di opere che possiamo definire "scientifiche", gli scritti, cioè, di Meli, come medico, chimico e studioso di scienze naturali.

2.6. Tutte le sue opere scritte in dialetto siciliano furono tradotte in varie lingue compreso l'italiano (I edizione del 1827 + Foscolo (67): in francese (406), tedesco (407). inglese (465), finnico. Fra le numerose traduzioni in lingua delle sue opere dialettali, ne va ricordata una di un illustre personaggio, Ugo Foscolo, che tradusse in italiano un brano del *Don Chisciotte*.[8]

Attraverso le traduzioni italiane e francesi Meli esce fuori dalla Sicilia, pur rimanendo nel Mediterraneo. Con le traduzioni in inglese, tedesco e finnico Meli esce dal Mediterraneo ma rimane sempre in Europa. Con le traduzioni anglo-americane e gli studi di Arba Sicula Meli esce dall'Europa, oltrepassa l'Oceano e giunge in America. È fresca di stampa, perché è uscita da due o tre mesi ed è stata pubblicata a New York, una ricca antologia bilingue siciliano-inglese. La traduzione in versi inglesi dei brani scelti e l'introduzione sono a cura di Gaetano Cipolla, uno studioso italiano-americano che da oltre trent'anni si occupa del Meli e su cui ha già

---

[7] G. Meli, *Opere poetiche*, sedicesima edizione, riordinata da E. Alfano. Palermo: G. Leggio e G. Piazza, Editori, 1908. 414-415.
[8] C. Musumarra, "Ugo Foscolo traduttore di Giovanni Meli," in *Siculorum Gymnasium*. N.S., a. 1, n. 1 (gennaio-giugno 1948): 300-307.

pubblicato saggi e traduzioni in inglese. Sul Meli americano e sulla traduzione di Cipolla è stato pubblicato uno studio di Marco Scalambrino.[9]

2.7. Le opere del Meli si sono diffuse anche attraverso la musica, perché alcune di esse sono state musicate. Ad essere musicati non sono stati soltanto i drammi musicali, *L'inverno coronato* (528), *Il trionfo di Minerva* (522) e *L'egida del re* (532), che sono stati composti appositamente per essere musicati, ma anche alcune odi e altri brevi componimenti, fra i quali anche *Apuzza nica* e *Sti silenzi...*, di cui abbiamo riportati dei brani.

2.8. Ai fini di una più immediata comprensione e di una piena intelligenza della lingua delle sue opere, che poteva risultare poco agevole agli stessi siciliani, per la diversità del dialetto fra le diverse aree della Sicilia, e ardua per i non siciliani, Meli aveva premesso all'edizione delle sue opere delle rudimentali regole grammaticali e alcune corrispondenze fonetiche fra italiano e siciliano. Aveva inoltre aggiunto a piè di pagina delle note esplicative per i lettori italiani.

Oltre che linguista filologo, in alcune circostanze il Meli fu anche metalinguista. Ricordiamo il caso in cui egli spiega poeticamente la parola *reiddu*, che è il nome siciliano di un piccolissimo uccello, lo regolo, del quale esiste pure la variante *rriiddu*. Su questa parola il Meli costruisce un'intera favola e conia una paraetimologia. Nella favola intitolata *L'Aquila e lu Reiddu* il poeta descrive una prova che doveva essere sostenuta da parte degli animali, perché fosse eletto l'animale che devesse regnare. C'era chi voleva un regnante forte e chi lo voleva astuto, a seconda della convenienza dell'animale che proponeva il tipo di gara. Quantunque sembrasse che l'intelligenza dovesse costituire il banco di prova per l'assegnazione dell'alta carica e l'attribuzione dello scettro, si

---

[9] M. Scalabrino, a cura di, *Giovanni Meli. La vita e le opere*. Trapani: Edizioni Drepanum, 2015. 115-146.

finì con lo stabilire che fosse il volo la prova decisiva e che avrebbe vinto chi avesse volato più in alto. Così avevano deciso, per propria convenienza, le aquile, che nel volo sono insuperabili. Pertanto l'aquila che era in gara per la carica si sentiva sicura di vincere, ma non aveva fatto i conti con l'intelligenza e l'astuzia del regolo (*Regulus regulus*), un uccello molto piccolo, il quale di nascosto si infilò fra le piume dell'aquila. Dato il via alla gara l'aquila si levò nel cielo più in alto di tutti gli altri uccelli e quando si vide sola e irraggiungibile chiese di essere proclamata re. Ma in quell'istante il regolo saltò fuori dalle penne dell'aquila in cui si era nascosto, motivo per cui i giudici e tutti gli spettatori sopraggiunti gridarono *Re iddu!* "Il re è lui [cioè il regolo]". Il Meli scrive la parola *reiddu* staccandola in due pezzi e scrivendo *Re* con la R maiuscola da una parte e *iddu!*, con il punto esclamativo finale, dall'altra. In dialetto siciliano *re* significa *re* come in italiano e *iddu* significa *egli / lui*, quindi, separando in due parti la parola *reiddu*, che scritta unita è il nome siciliano del regolo, si ottiene una frase ellittica di verbo, che significa: *Re sia riconosciuto lui*, in cui il verbo *sia riconosciuto* è sottinteso e il pronome personale *iddu* si riferisce al regolo, acclamato come vincitore. Meli conclude la favola con una strofe che è un'originalissima riflessione poetica sul dialetto siciliano:

> *Soggiunciu ccà ' na nota: Nun si osserva*
> *Stu termini reiddu in nudda lingua,*
> *Ma tra la nostra sula si cunserva:*
> *Vogghiu chi ognunu, perciò, la distingua*
> *Pri la chiù antica lingua originali*
> *Sin da quannu parravanu l'armali.*

Aggiungo qui una nota: non si vede
questo termine *reiddu* in nessuna lingua,
ma si conserva solo nella nostra;
voglio, perciò, che tutti la considerino

la più antica lingua originale
sin da quando parlavano gli animali.[10]

And here this note I'll add: "Reiddu"
is a term not found in any other tongue,
except our owe. And so, because of this,
I'd like all men to know it is not wrong
to claim our tongue's the oldest and goes back
to when all beasts for talking had the knack.[11]

2.9. Esiste un certo numero di poesie giovanili del Meli, di carattere erotico. Il Piccitto, che trovò alcuni di questi componimenti in un manoscritto inedito, ritiene che "la loro importanza è modesta, in quanto ben poco ci forniscono che valga a meglio lumeggiare la personalità del poeta, e i più ci fanno intravedere di essa un aspetto (quello che sfiora il licenzioso o vi cade senz'altro), che non è certo fra i più significativi, e che il Meli stesso ripudiò escludendo dalla stampa questi componimenti"[12]. Non ho potuto prendere visione del manoscritto esaminato dal Piccitto e, pertanto, non ho potuto leggere le poesie licenziose cui fa riferimento lo studioso. Esiste però un'antologia bilingue, siciliano/inglese, di uno studioso americano, che ha selezionato le poesie licenziose di tre poeti siciliani: Meli, Calvino e Tempio[13]. Basando il mio giudizio sulle poesie licenziose del Meli, dopo averle confrontate con quelle molto più spinte degli altri due poeti, ritengo di poter af-

---

[10] La traduzione italiana e la grafia del testo in dialetto siciliano sono tratte da Giovanni Meli, *Favuli morali*, Opere di G. Meli 1, Introduzione e cura di Salvo Zarcone, *cit*. 44-45.

[11] La traduzione inglese è tratta da G. Meli, *The Poetry, cit.* 184.

[12] G. Piccitto, "Per un riesame critico della poesia di Giovanni Meli," in *Bollettino del Centro di Studi filologici, letterari siciliani* VIII (1962): 21.

[13] *Sicilian Erotica*. A Bilingual Anthology of Erotic Poems by Giovanni Meli, Domenico Tempio and Giuseppe Marco Calvino, Edited and Translated into English Verse by Onat Claypole. New York: Legas, 1997.

fermare che esse rasentano il licenzioso, ma non scadono in pornografia. Mi sembra che anche in questo Meli dimostri il suo equilibrio e il senso della misura.

2.10. A diffondere la fama del Meli fuori della Sicilia e oltre il Mediterraneo contribuirono i vari viaggiatori venuti nella nostra isola. Bartels lo ricorda con lo sguardo di fuoco e l'immaginazione eccezionalmente vivida. Münter, come massone, lo incontra frequentemente, sia a casa sua, sia alla *Conversazione* di don Mariano Scasso. Secondo lui il Meli ha qualche difficoltà ad esprimersi in perfetto italiano, ma quando il novello Teocrito legge le sue poesie siciliane e un brano del suo *Don Chisciotte*, " pieno di spirito, umore e semplicità", Münter ne è conquistato, apprezza in particolar modo le descrizioni della natura, della vita agricola e pastorale. Meli diventa il suo più caro amico palermitano e il viaggiatore conclude "È proprio lui il mio uomo".

Secondo Bartels Meli gode di un grande prestigio sia come medico che come poeta, ma l'uno non nuoce all'altro. Durante una leggera indisposizione di Bartels, il servitore gli raccomanda "Meli, il medico-poeta". La duplice fama dell'artista si estende anche ad un pubblico non colto, gli artigiani cantano o declamano le sue poesie lavorando. Meli si lamenta con Bartels di non avere abbastanza tempo per innalzare le sue opere al livello di perfezione di cui si sente capace, ma la sua condizione non gli permette di abbandonare l'esercizio della medicina. Nonostante la fama raggiunta, deplora che il suo talento non sia meglio apprezzato e che egli debba pubblicare a sue spese.

2.11. Meli è entrato pure in Internet e possiede un suo spazio anche in questo moderno e potentissimo mezzo di comunicazione internazionale ha un suo spazio a lui dedicato. Se il Meli della tradizione siciliana è un Meli tutto siciliano e isolano, l'altro Meli, che è il Meli degli altri, cioè dei non siciliani, è un Meli che attraverso le traduzioni delle sue opere nelle diverse lingue, diventando il Meli degli italiani, dei francesi, degli inglesi, degli americani, dei tedeschi e anche dei finlandesi. Entrando in Internet il Meli diventa un Meli ecumenico, il Meli di tutti e il Meli ovunque.

3. MELI E LA CRITICA

Meli fu poeta longevo e fecondo, la sua lunga carriera durò oltre mezzo secolo, le sue opere abbracciano tutti i periodi della sua vita, dalla giovinezza alla maturità e alla vecchiaia. Quella del Meli è una produzione vasta e varia per tipi di opere e per struttura dei componimenti, che non consente facilmente di inscriverlo all'interno di un unico genere poetico e di collocarlo in una determinata corrente letteraria. D'altra parte personalità del poeta, ricca e complessa, non consente di tracciare facilmente un profilo unitario ed esaustivo, capace di riunire tutti i molteplici aspetti che la contraddistinguono. Sia l'opera del Meli sia la sua personalità sono, perciò, al centro di un lungo e acceso dibattito che pone diversi inestricabili nodi critici e che è caratterizzato da divergenze di opinioni, da disparità di giudizi e da una serie di critiche che di volta in volta sono state mosse al poeta e/o all'uomo.

Ad esempio gli rimproverano alcuni di essere arcade, altri lo negano; alcuni lo accusano di essere conservatore, altri lo ritengono un moderato. Temperamento contemplativo e amante della quiete, Meli non rifuggiva, però, dal frequentare assiduamente i salotti degli aristocratici palermitani e non disdegnava la compagnia di nobili dame, che frequentò numerose e con alcune delle quali ebbe anche rapporti sentimentali. Ci sembra tuttavia esagerato S. Camilleri, il quale scrive che Meli, di ritorno da Cinisi e rientrato a Palermo, "inizia una nuova vita, fatta di successi poetici e di avventure amorose; la vita tipica del gaudente settecentesco, passando da una mensa all'altra, da un'alcova all'altra".[14] Non vi è dubbio, però, che quella del Meli fu una personalità complessa, non priva di contraddizioni, che presenta diverse sfaccettature

---

[14] S. Camilleri, *Giovanni Meli*. Catania: Boemi, 2002. 39.

e che fornisce appigli ad una vasta gamma di interpretazioni, anche più impensate. Giovanni Pullara, ad esempio, lo presenta come un contestatore ante litteram[15]; altri lo hanno fatto diventare un fascista. È lo stesso Meli, che, scrivendo, nel 1806, allo scrittore tedesco Filippo Giacomo Rehfues, confessa che egli voleva "escogitare i mezzi più plausibili per organizzare e sistemare la società degli uomini, in maniera che il giusto non fosse soverchiato dall'ingiusto, che l'onesto trovasse da vivere senza oppressione, che la virtù ottenesse la considerazione dovutale. Ora questo stato di perpetua contraddizione con me stesso mi determinò a mascherare con l'allegoria di Don Chisciotte e di Sancio i periodi dei miei deliri con lucidi intervalli del buon senso". Egli vuole che il lettore lo veda come: "Verde ramo così da vento oppresso / piega al suol le cime, indi risale per l'innato vigor ch'egli à in sé stesso; / / e fra il duro ondeggiar che lo dibatte, / mentre che il turbo or cede ed or l'assale, / sembra ch'ei si trastulli, eppur combatte!"[16]. Ai fini di una valutazione critica e di un giudizio riguardo alle idee di Meli sulla rivoluzione rimane determinante e imprescindibile quanto egli scrive in alcuni suoi componimenti, come, ad esempio, in quello intitolato *L'insonnu di 25 anni*, in cui considera come un brutto sogno tutto il periodo che va dalla Rivoluzione francese al Congresso di Vienna.

Le varie manifestazioni della poesia meliana sono tante e tali che, giudicate alla rinfusa, potrebbero apparire disparate, convenzionali e retoriche; potrebbero indurre ad una valutazione complessiva superficiale e indiscriminata. A tal proposito il Piccitto giustamente avverte che "Accostando senz'altro, come spesso è stato fatto, elementi eterogenei appartenenti a periodi diversi e ben differenziati, si finisce col dare del Meli e della sua poesia un imma-

---

[15] G. Pullara, "Il Meli contestatore ante litteram," in *L'osservatore politico letterario* XX (1974): 74-76.
[16] G. Meli, *Al Lettore*, in G. Meli, *Opere poetiche*, sedicesima edizione, cit. 3.

gine caotica e contraddittoria oltre che statica e convenzionale, e in ogni caso un'immagine arbitraria, in quanto ricavata con l'erroneo procedimento di proiettare su un unico piano diverse e successive immagini"[17].

La mia personale preoccupazione è che il lettore, disorientato dagli atteggiamenti contraddittori della critica, possa formarsi un'idea preconcetta sul Meli e la sua opera. Per un approccio senza condizionamenti di sorta, si impone, quindi, l'invito a (ri)leggere Meli, senza aspettare che la critica raggiunga identità di vedute e convergenza di giudizi, e senza lasciarsi fuorviare dai suoi contrasti, ricordando invece che, come spiega Ezio Raimondi, "la lettura non è mai un monologo, ma l'incontro con un altro uomo, che nel libro ci rivela qualcosa della sua storia più profonda"[18].

CONCLUSIONE.

Se è giusto che si lasci alla critica di far il suo compito ed è anche giusto prendere atto dei suoi risultati e rispettarli, sia pur contrastanti, d'altra parte è, però, assolutamente necessario formulare un giudizio di valore sul Meli autore, per evitare che le divergenze di opinione fra critici non inducano a sminuire la grandezza e l'importanza del poeta in esame. A scanso di eventuali simili fraintendimenti o equivoci, precisiamo subito che Meli fu autentico poeta, poeta nato e quel che scrive gli esce spontaneo e melodioso[19]. Nelle sue opere egli trasfonde la sua sensibilità, la sua saggezza, il suo tono. Meli non fu un rivoluzionario, ma fu un poeta e

---

[17] G. Piccitto, *Op. cit.* 25.
[18] E. Raimondi, *Un'etica del lettore*. Bologna: Il Mulino, 2014 (copertina).
[19] L'arte meliana "affida tanta parte del suo fascino alla delicatezza della modulazione e dei passaggi dell'onda melodica e dell'efficacia della parola piegata ad evocare le più sottili sfumature tonali. [...] Occorrerebbe un commento che introduca il lettore nell'intima sostanza semantica delle parole e nel magico alone delle vibrazioni di colore e di tono che vi si creano intorno" (G. Piccitto, *Op. cit.* 23, n. 9).

come tale cercava quella sicurezza che gli permettesse di dedicarsi serenamente alla sua opera; desiderava vivere senza troppi problemi, ma ne aveva molti di natura economica per la particolare situazione familiare.

Come ogni grande poesia, la sua sa esprimere sentimenti e figure valide per tutti i tempi, parla al cuore e alla coscienza dei lettori, quali che siano la loro epoca e le loro condizioni civili e sociali in cui vivono, perché la grande poesia diventa voce di tutti e voce per tutti, senza distinzione di secolo, lingua, razza e religione. "Il Meli è un poeta universale e umano; l'intima e affettuosa aspirazione alla pace, alla libertà, alla giustizia, alla gioia è il ritmo stesso di tutta la storia degli uomini e Giovanni Meli ne fu uno dei rivelatori più significativi e più alti"[20].

Poiché le considerazioni esposte sopra potrebbero apparire affermazioni teoriche, astratte e apodittiche vorrei concludere, dimostrando per altre vie il valore poetico del Meli. Intanto si può osservare che tutte le opere del Meli, anche quelle che non vengono considerate capolavori in assoluto, sono giudicate positivamente, anche se non mancano critiche su uno o l'altro aspetto, ma nessuna ha avuto una stroncatura radicale. Per ciascuna opera non mancano apprezzamenti e valutazioni positive da parte di qualche critico. Così, ad esempio, Corrado Avolio e Alessio Di Giovanni ritengono che la miglior opera di Meli sia *La fata Galanti*; S. Camilleri trova che *L'origini di lu munnu* sia tra le cose più belle e interessanti fra quelle di una certa ampiezza[21]. Delle cinque egloghe alcuni ritengono che sia la più bella la *Primavera*, altri ritengono che sia invece la *Piscatoria*. Per quanto riguarda *Le Favole morali* Cesareo pone Meli al di sopra di La Fontaine, perché quest'ultimo creerebbe dei tipi, mentre il Meli creerebbe dei caratteri. Mario Sansone considera le *Favuli* non solo il capolavoro del Meli, ma il capo-

---

[20] G. A. Cesareo, *La vita e l'arte di Giovanni Meli*. Palermo-Roma: Sandron, 1924.
[21] S. Camilleri, *Op. cit.* 32.

lavoro della letteratura favolistica italiana. Per S. Camilleri il primo e vero capolavoro del Meli è la *Buccolica*. Sono molti gli studiosi che convengono che nelle Odi la poesia del Meli raggiunge livelli di grandezza assoluta.

Si è concordi nel ritenere che il Meli, scrivendo i versi che abbiamo riportato sopra con il doppio titolo *Lu labbru / Apuzza nica*, abbia avuto come modello il sonetto di F. Redi che ha un contenuto simile. Mettiamo ora i due testi a raffronto:

Sonetto di F. Redi	Componimento di G. Meli
Ape gentil, che intorno a queste erbette Sussurrando t' aggiri a sugger fiori, E quindi nelle industri auree cellette Fabbrichi i dolci tuoi grati lavori;	*Dimmi, dimmi, apuzza nica, unni vai cussì matinu? Nun c'è cima, chi arrussica, di lu munti a nui vicinu;*
Sedi tempre più fine e più perfette Brami condurgli e di più freschi odori, Vanne ai labbri e alle guance amorosette Della mia bella e disdegnosa Clori.	*trema ancora, ancora luci la ruggiada 'ntra li prati; dun'accura nun ti arruci l'ali d'oru delicati.*
Vanne, e quivi lambendo audace e scorta Pungila in modo che le arrivi al core L'aspra puntura per la via più corta	*Li ciuriddi, durmigghiusi 'ntra li virdi soi buttuni, stannu ancora stritti e chiusi cu li testi a pinnuluni.*
Forse avverrà, che da quel gran dolore Ella comprenda quanto a me n'apporta, Ape vie più maligna, il crudo Amore. (Francesco Redi, Sonetto XLIV)	*Ma l'aluzza s'affatica! Ma tu voli e fai caminu. Dimmi, dimmi, apuzza nica, unni vai cussì matinu?*

Lascio il lettore libero di trarre le deduzioni che gli suggerisce il raffronto dei due componimenti. Per non influenzarlo nel suo giudizio, mi limito a fare qualche osservazione e a citare qualche commento.[22]

---

[22] A proposito dei due brani messi a confronto il Camilleri annota: "L'argomento di un insipido sonetto del Redi diventa melodia purissima nel Meli. L'ape diventa un pretesto di canto, una lieve nota dell'universo che da sola glorifica la natura nella bellezza del giorno che nasce. Niente di tutto questo c'è nel sonetto del Redi, almeno in queste quattro prime stanze, il Redi lo troviamo nei rimanenti versi,

Nella rielaborazione dei temi che mutuati dalle numerose fonti che prese come spunto e come modello, Meli si mostra spontaneo e originale. Egli dimostra di avere un vero talento poetico e un gusto intuitivo e raffinato, utilizza alla perfezione la tecnica compositiva. Anche se molti componimenti derivano da modelli letterari arcadici e settecenteschi, le opere del Meli si tengono ben lontane dalle pastorellerie arcadiche della poesia italiana. Il paesaggio nella descrizione del Meli si trasfigura in serena e poetica contemplazione; le immagini, le descrizioni, le notazioni paesaggistiche si caricano di vibrazioni ed emozioni poetiche "Mentre nei modelli tutto, o quasi, è convenzionale, manierato, insincero, in Meli si fa sereno, intimamente gioioso, autenticamente lirico. C'è il superamento dell'Arcadia, e ciò avviene per forza di sentimento, per immediatezza lirica: il Meli dà la sua anima, ricca di melodia e di limpidezza cristallina, e di colpo trasforma i convenzionalissimi versi brevi dell'Arcadia in musica Purissima"[23]. Le svariate opere e i molteplici temi che costituiscono la produzione poetica del Meli si compongono in un unico ed omogeneo cosmo letterario, legati insiemi e amalgamati dall'afflato poetico e dalla stessa cifra stilistica.

---

che sono meno importanti, perché la poesia, la vera poesia si è chiusa alla quarta stanza" (S. Camilleri, *Op. cit.* 42).
[23] S. Camilleri, *Op. cit.* 39-40.

Voci dal mare
Viaggi e viaggiatori nel Mediterraneo degli Antichi

Rosario Giovanni Scalia

Nel II libro delle Argonautiche di Apollonio Rodio (vv. 1009-29), la mitica nave Argo costeggia la sponda meridionale del Ponto Eusino, l'odierno Mar Nero, e il suo equipaggio, guidato dall'eroe Giasone, assiste con stupore allo spettacolo di popoli esotici e stravaganti. Si tratta dei Tibareni e dei Mossineci: gli uni, singolarmente, simulano le doglie mentre le loro donne partoriscono; gli altri mostrano un senso del pudore invertito rispetto all'etica greca: si chiudono in casa per svolgere attività che i Greci sono soliti compiere sulla pubblica piazza, mentre non si vergognano di andare in giro nudi o di avere rapporti sessuali in pubblico.

Sebbene la rielaborazione di Apollonio risalga soltanto alla prima età ellenistica, il mito degli Argonauti era uno dei più antichi elaborati dalla civiltà greca, che lo considerava anteriore persino alle saghe eroiche omeriche dell'Iliade e dell'Odissea. La costruzione della mitica nave Argo era infatti sentita dai Greci come l'atto fondativo, l'*àition*, della loro arte nautica, la prima volta in cui la nazione ellenica aveva costruito uno scafo e si era messa per mare.

E di nazione ellenica si può a buon diritto parlare, poiché significativamente l'impresa degli Argonauti è un'impresa panellenica; ha cioè lo stesso carattere che più tardi avrà la Guerra di Troia; l'inconfondibile crisma che, al di fuori del mito, avranno quei luoghi e quelle celebrazioni, a partire dalle Olimpiadi, in cui tutti i Greci antichi si riconosceranno.

L'incontro con popoli fantastici e detentori di un'etica differente o contraria rispetto a quella greca, narrato da Apollonio, è una potente allegoria di quel relativismo dei valori che i marinai greci maturarono come frutto della loro esperienza di incontri con popoli e culture diverse. E se talora il confronto con il diverso si gioca sul piano di uno snobistico senso di superiorità che sancisce una pregiudiziale prevalenza del Greco sul Barbaro, molte altre volte costituisce uno stimolo ad una comprensione e ad un'accoglienza del diverso che non si esaurisce sul piano pratico dell'ospitalità dello straniero, pur sacra ai Greci, ma investe anche la sfera ideologica della tolleranza e dell'apertura.

Significativamente uno dei più celebri e radicali manifesti del relativismo greco ci giunge da Lesbo, una piccola isola immersa nel Mare Egeo, opposta alle coste dell'Asia Minore, che in questi giorni è tornata ad essere drammatico crocevia di popoli e di culture. Qui Saffo, non a caso una poetessa, tra la fine del VII e l'inizio del VI secolo a.C., proclama orgogliosamente che:

> Alcuni dicono che la cosa più bella sulla nera terra
> sia un esercito di fanti, altri di cavalieri, altri ancora una flotta di
> [navi:
> Io invece dico che la cosa più bella
> è ciò che ciascuno ama (fr. 16 V., vv. 1-4).

La sonora voce di Saffo è voce dal mare che si apre al diverso, abbandona il pregiudizio, rifiuta l'assolutismo dell'etica aristocratica omerica e l'aprioristica condanna di chi opera scelte divergenti dalla *communis opinio*. Voce che si è nutrita delle rotte, delle terre e dei popoli dell'intero Mediterraneo[1].

---

[1] Sul rapporto tra la poesia lirica greca, le identità locali e il viaggio si veda G. B. D'Alessio, *Defining local identities in Greek lyric poetry*, in R. Hunter — I. Rutheford (edd.), *Wandering poets in Ancient Greek Culture. Travel, Locality and Pan-Hellenism* (Cambridge: Cambridge University Press, 2009) 137-167. Più in generale, l'intero

Un mare che nell'Antichità fu fecondo cantiere per l'elaborazione di un complesso e polisemico concetto di viaggio, dove i dati dell'esperienza concreta si fondono con rappresentazioni simboliche, e le precise traiettorie delle carte nautiche si intersecano con percorsi fantastici e viaggi della memoria, in un'incessante osmosi tra materiale e immaginario[2].

È il Mediterraneo ad esercitare su alcuni popoli un irresistibile impulso alla navigazione e alla scoperta, a spingerli a fare del mare la loro dimora; è il Mediterraneo a suscitare in altri la diffidenza nei confronti delle sue rischiose scommesse, a convincerli ad arretrare le loro città nell'entroterra per sfuggire ai suoi pericoli.

Per molti secoli i faraoni egiziani, il cui regno eppure si estendeva per lungo tratto sulla fascia costiera, preferirono mantenere il baricentro del proprio regno all'interno del bacino del Nilo, piuttosto che affacciarsi a pericolose imprese; Fenici e Greci, al contrario, si protesero sul mare e ne fecero il regno delle loro audaci esplorazioni, spesso propedeutiche allo stabilimento di futuri empori o alla fondazione di nuove colonie[3].

---

volume è un'interessante disamina sulla figura del poeta errante nel mondo greco antico.

[2] Di questi incontri, oltre che le fonti letterarie, offrono una ricca testimonianza anche le vestigia della cultura materiale e le rappresentazioni iconografiche, specialmente vascolari. Si veda ad esempio J. M. Barringer, *Skythian Hunters on Attic Vases*, in C. Marconi (ed.), *Greek vases: Images, Contexts and Controversies* (Leiden — Boston: Brill, 2004) 13-26.

[3] Sulle differenti attitudini dell'Egitto dei Faraoni e dei Fenici riguardo la navigazione e i commerci marittimi, come anche sulle relazioni commerciali fra i due popoli, cfr. L. Casson, *The Ancient Mariners. Seafarers and Sea Fighters of the Mediterranean in Ancient Times* (New York: The Macmillan Company, 1959) 4-26, e J. S. Bowman, *Exploration in the World of the Ancients* (New York: Facts on File, 2005) 28-43. Sui pericoli provenienti dal mare e sull'uso di arretrare gli insediamenti urbani rispetto alla costa si veda L. Casson (1959), *cit.*, 43-57. Sulle esplorazioni e sulle rotte fenicie e greche nel Mediterraneo occidentale, si veda C. Bonnet, *Greeks and Phoenicians in the Western Mediterranean*, in J. McInerney, *A Companion to Ethnicity in the Ancient Mediterranean* (Chichester: Wiley Blackwell, 2014) 327-40.

Temerari navigatori, in secoli remotissimi, non esitarono ad attraversare il temuto limite delle Colonne d'Ercole per tentare esplorazioni lungo le coste atlantiche, sia che si trattasse delle acque tempestose della Spagna del Nord o della Francia occidentale, sia di quelle calde delle coste africane del Marocco.

Tali imprese marittime hanno lasciato, in special modo nella mitologia dei Greci, un'impronta eroica e leggendaria, in cui tuttavia all'esaltazione per la gloria futura fanno spesso da contraltare le paure e le ansie di chi si metteva in mare.

Mettersi in viaggio per mare, in balia dei venti e delle tempeste, delle correnti e del destino, racchiudeva in sé un senso tragico che i Greci lucidamente avvertivano. Il conflitto tra libertà e necessità, che in maniera così mirabile essi rappresentarono nel teatro tragico, sembrava acuirsi una volta sul mare.

Senza dubbio partire esaltava quel senso di libertà che l'allontanarsi dalla terraferma ispira, il costituirsi in una comunità nuova, quella degli uomini a bordo, che si autoregolamenta e si rimodella. Un senso di libertà che dovettero avvertire quegli uomini e quelle donne che, nel corso dei grandi movimenti di colonizzazione, lasciarono la madrepatria greca per fondare nuove *apoikìai*, parola la cui etimologia suggerisce l'idea della lontananza dalla propria casa. Sulle navi c'erano avventurieri, commercianti, schiavi per debiti, reclusi, emarginati, sconfitti nelle *stàseis*, le guerre civili che ave-vano sconvolto in epoca arcaica le *pòleis* greche, perseguitati politici in fuga dalle tirannidi, nobili cadetti esclusi dall'eredità e in cerca di gloria. E tutti si lasciavano alle spalle una città in cui non sarebbero probabilmente più tornati, con la speranza di un destino migliore, di un riscatto sociale, di un progresso economico per sé e per la propria famiglia.

Non è un caso che, una volta sbarcati, sul Mar Nero come in Sicilia, le loro comunità non riproducessero le gerarchie sociali e i rapporti di potere della madrepatria dalla quale fuggivano, ma sperimentassero piuttosto forme di governo nuove, che fecero di questi insediamenti d'oltremare un vero e proprio laboratorio della futura democrazia greca.

Ma l'inebriante senso di libertà non attenuava il sentimento di una necessità incombente e fatale, capace di suscitare un'inquietudine profonda. Era questo il motivo per il quale, prima ancora di mettersi in viaggio, il capo della spedizione, l'*oikistès*, inviava messaggeri a consultare l'oracolo di Apollo a Delfi, quasi a voler domare con l'ambigua luce della profezia l'incerto destino della sua rotta; a voler demandare alla potenza degli dei ciò che la debolezza umana si sentiva incapace di ottenere: un percorso sicuro e un approdo certo. Nei loro canti di buon augurio, i *propemptikà*, gli amici poeti auguravano buon viaggio a chi si metteva per mare, invocando su di lui, come unico rimedio, la protezione divina[4].

Anche Odisseo, di ritorno da Troia, visita l'antro di Eolo, re dei venti (*Odissea* X, vv. 1-76), e accetta in dono l'otre che imprigiona i venti cattivi, potenziali nemici della sua futura navigazione. E per ottenere protezione soprannaturale contro i pericoli del mare egli si affida di volta in volta al potere divino di Atena, alle arti magiche di Circe, all'onniscienza delle vane ombre dell'Ade.

Eppure la potenza del mare è tale, nell'immaginario collettivo dei Greci, che nessun intervento soprannaturale riesce del tutto a imbrigliarla, nemmeno quello del dio Poseidone, che ha il privilegio e la condanna di essere il monarca di un regno liquido e per questo mutevole, sfuggente, insubordinato per sua stessa essenza.

---

[4] Sulla colonizzazione greca si veda ad esempio la fondamentale opera di T. J. Dunbabin, *The Western Greeks: the History of Sicily and South Italy from the Foundation of the Greek Colonies to 480 B.C.* (Oxford: Clarendon Press 1948) e quella di J. Boardman, *The Greeks Overseas: Their Early Colonies and Trade* (London: Thames & Hudson 1999[4]). Sul genere letterario del *propemptikòn* si veda Saffo, fr. 5 V., accorata richiesta della poetessa ad Afrodite e alle Nereidi di un sicuro approdo per il fratello, considerato il primo *propemptikòn* della letteratura greca; altre celebri testimonianze di questo genere sono Teocrito, *Idilli* VII, 52 segg., e, in ambito latino, Orazio, *Odi* I, 3 e Properzio, *Elegie* I, 8.

Gli antichi poemi del mare, come l'Odissea o le Argonautiche, e più tardi l'Eneide, sublimano in una galleria di miti e leggende i timori che atterriscono il navigante. Non solo la paura più ovvia, quella del naufragio, per opera delle azzurre Simplegadi, gli scogli posti all'imbocco del Bosforo, la cui simultanea chiusura sconquassava le navi, o delle mostruose Scilla e Cariddi, forse i gorghi dello stretto di Messina. Altre paure sono più misteriose, impalpabili. Se ne vede soltanto l'effetto, la scomparsa in eterno del marinaio, il mancato ritorno a casa. Ma oscura ne resta la causa.

Le famiglie che piangono la scomparsa sul mare dei loro cari li immaginano sedotti dal canto di misteriose Sirene, tramutati per sempre in bestie dai filtri di insidiose maghe, perduti senza scampo nella terra dei Lotofagi, il popolo dal frutto tanto dolce quanto maledetto, capace di indurre l'oblio, di far dimenticare la casa.

E dopo un lungo viaggio persino il ritorno è ricco di incognite. I *nòstoi*, i ritorni degli eroi greci da Troia, ne sono un eloquente paradigma: nessuno dei principi Achei, trionfatori dei Troiani, troverà in casa la gloria che si aspetta di meritare.

Nel libro XI dell'Odissea (vv. 385-464) Ulisse, ancora ramingo sul mare benché siano trascorsi molti anni dalla fine della guerra di Troia, e senza speranza ancora di poter rivedere la sua Itaca, scende nell'Ade e vi incontra, con sua grande sorpresa, il suo generale, il re dei re, Agamennone signore di Argo e di Micene. Il glorioso vincitore della guerra di Troia. Apprenderà che per Agamennone il ritorno è stato foriero di sventura. La moglie Clitemestra lo ha attirato a tradimento dentro la reggia e insieme al suo amante Egisto lo ha trucidato in un tripudio di sangue, "come un bue alla greppia".

E ad Ulisse il defunto Agamennone profetizza un ritorno altrettanto doloroso. Ad una Itaca ben diversa da quella che egli ha lasciato ormai quasi venti anni prima. Un'isola che gli tenderà insidie, infestata com'è dai pretendenti che attentano alla fedeltà della moglie Penelope e ambiscono a succedergli sul trono.

Ritorno (*nòstos*) e dolore (*àlgos*) sono dunque indissolubilmente legati, come nella parola italiana "nostalgia", dove il dolore è la sofferenza di chi sa di non poter ritornare, ma anche la consapevolezza, che è la stessa di Agamennone e Ulisse, che ciò che si è lasciato non esiste più. Almeno non nella forma e nelle tinte che ha assunto nella dimensione dolceamara del ricordo.

Nell'Agamennone di Eschilo (vv. 855-975) l'ipocrita accoglienza della moglie al marito, preludio al suo assassinio, si manifesta nel gesto di Clitemestra di stendere tappeti tinti di rossa porpora — un frutto del mare — davanti ad Agamennone, invitandolo a calcarli. Quasi che Clitemestra voglia prolungare anche sulla terraferma, e fino al momento estremo, l'incertezza del destino marino di suo marito, le insidie del mare cui l'approdo non ha messo fine.

I mantelli di porpora, simbolo per antonomasia della regalità divina, al punto che Agamennone li calpesta con ritrosia, nel timore di macchiarsi di *ỳbris*, di attirare su di sé l'ira di qualche dio invidioso, e nel probabile presentimento della sua imminente fine.

In risposta all'esitazione del marito, alle sue perplessità di fronte agli eccessi di quel lusso, la donna ribatte:

> Ma c'è il mare - chi mai lo asciugherà? —
> che di molta porpora succhi preziosi sempre alimenta
> e rinnova per tingere stoffe (vv. 958-960).

La porpora, dunque, diventa simbolo dell'infinito rigenerarsi del mare, drammaticamente contrapposto all'esiguo tempo che separa Agamennone dal buio eterno, dal cruento massacro di cui ancora una volta il rosso acceso dei mantelli è tragica prefigurazione.

Raramente un prodotto materiale ha assunto un valore così fortemente iconico come la porpora: orlò i laticlavi dei senatori romani, tinse le vesti regali e sancì lo scherno del Cristo flagellato, rivestito di porpora per essersi proclamato re dei Giudei, accompagnò la nascita degli Imperatori Bizantini, i Porfirogeniti, i nati nella porpora, sancì il lusso dei codici medievali più ricchi, suggerì la sacralità dei principi della Chiesa, i Cardinali, i Porporati.

E la porpora è senza dubbio una delle più nobili figlie del Mediterraneo. Prodotto del mare la definisce Agamennone (v. 946), con un aggettivo, *"alourghès"*, il cui suffisso indica in greco il rapporto di filiazione tra artigiano e manufatto. È il Mediterraneo stesso dunque l'artista che produce la porpora, l'ideale bottega artigiana nella quale i Fenici, da diligenti apprendisti, hanno pazientemente appreso a pescare ed essiccare il *mỳrex*, per poi estrarre da questo mollusco le poche preziose gocce che esso contiene.

E fu ancora l'audacia dei Fenici, la smisurata ambizione della loro rete commerciale, ad assicurare alla porpora quella diffusione senza la quale le sarebbe stato impossibile acquisire la ricchissima simbologia che contiene.

Altri nobili figli il Mediterraneo ha prodotto, incubandoli nelle sue profondità o sulle sue coste, e trasportandoli lungo le sue liquide vie. Come l'ingegno dei Fenici nell'estrarre la porpora sarebbe risultato vano senza un mare che ne diffondesse il pregio, allo stesso modo sarebbe accaduto per il papiro egiziano, che per secoli interi il Mediterraneo ha indissolubilmente legato all'idea stessa di libro e di circolazione libraria, o per la ceramica greca, la cui ricchezza iconografica diffondeva un patrimonio di miti e leggende destinato a costituire una *koinè* culturale per tutto il mondo antico[5]; o, ancor prima, per quella lega di stagno e rame, il bronzo, che diede il nome ad un'intera epoca, e che portava in sé il segno di primitivi abbracci tra le miniere di rame d'Oriente e quelle di stagno dell'Ovest o delle Isole del Nord[6].

---

[5] Sulla circolazione libraria nel mondo antico si veda G. Cavallo (ed.), *Libri, editori e pubblico nel mondo antico* (Bari: Laterza, 2009[5]).

[6] Sugli "incroci" mediterranei nell'Età del Bronzo cfr. A. B. Knapp, *Bronze Age Mediterranean Island Cultures and the Ancient Near East*, "The Biblical Archaeologist" LV, 3, 112-28. Per un'altra antichissima rotta mediterranea, quella dell'ambra, si veda inoltre J. S. Bowman, *cit.*, 46-51. Altri meno nobili traffici commerciali che caratterizzarono le rotte mediterranee furono ovviamente la

E più avanti nel tempo, altri impervi abbracci e altri leggendari prodotti unirono il Mediterraneo all'Oriente, lungo la favolosa via della Seta, capace di portare già in epoca romana il lusso serico delle stoffe orientali fino alla corte degli Imperatori di Roma.

Nel Mediterraneo degli Antichi il viaggio si colora ancora di altri significati simbolici. Esso è metafora di condanna per tutti coloro che sono costretti ad affrontarlo per necessità, si tratti dell'esilio personale di un personaggio sgradito al potere o del movimento di massa di uomini obbligati a spostarsi sotto la spinta migratoria o espansionistica di nuovi popoli.

Se infatti i popoli greci sentirono acuto il richiamo del viaggio e dell'avventura sul mare, al gusto della scoperta e dell'esplorazione fa da contraltare il senso profondo, identitario, delle radici, l'indissolubile vincolo che il cittadino sente, specialmente in epoca classica, nei confronti della *pòlis* che lo ha generato. Quando i discepoli propongono a Socrate di scappare dal carcere ed evitare così la morte, tra i motivi del suo rifiuto ha un posto di rilievo il legame indissolubile che il cittadino contrae con la *pòlis* e con le sue leggi[7].

E questi episodi spiegano bene il lamento dolente di tutti gli esuli che sono costretti a lasciare la loro patria, o comunque il luogo in cui si configura il loro orizzonte culturale e umano. Il lamen-

---

tratta degli schiavi, per cui si veda D. J. Kirtatas, *Slavery and economy in the Greek world*, in K. Bradley — P. Cartledge (edd.), *The Cambridge World History of Slavery. The Ancient Mediterranean World* (Cambridge: Cambridge University Press, 2011) vol. I, 91-111, e più in generale l'intero volume, e quella delle prostitute, per cui si veda M. M. Henry, *The Traffic in Women: from Homer to Hipponax, from War to Commerce*, in A. Glazebrook — M. M. Henry (edd.), *Greek Prostitutes in the Ancient Mediterranean*, 800 BCE — 200 CE (Madison: The University of Wisconsin Press, 2011).

[7] Cfr. ad esempio Platone, *Critone*, 52 b e 53 c. Nel *Fedro* di Platone (230 c6 — d2), inoltre, il personaggio che dà il nome al dialogo irride Socrate perché non conosce neanche i sobborghi rurali di Atene, e non è solito uscire mai fuori dalle mura della città.

to di Ovidio, che Augusto ha relegato nella lontana e inospitale Tomi, sul Mar Nero, privandolo della lussuosa vita mondana della Roma del primo secolo. O quello di Seneca, esiliato da Claudio in Corsica, in bilico tra consolatorie riflessioni filosofiche e brighe per ottenere i favori di qualche potente che gli conceda il ritorno a corte[8].

Il paradigma dell'esiliato, dell'uomo per cui il viaggio è condanna, prima ancora che opportunità, è un paradigma persistente nel mondo antico. E peraltro non è infrequente che un viaggio intrapreso per condanna si trasformi in un'eccezionale opportunità, come avvenne ad esempio allo storico greco Polibio di Megalopoli[9].

Nell'epica classica l'archetipo del dannato a viaggiare, più ancora che da Odisseo, che comunque tende a una mèta, è incarnato da Enea. L'apolide costretto a lasciare Troia, la propria città distrutta dagli Achei, e a vagare per tutto il Mediterraneo prima di poter trovare una terra in cui fondare una nuova città, scaturigine prima della futura gloria romana.

Nel suo peregrinare Enea si imbatte in altri fuggiaschi ed esuli, con i quali incrocia il proprio destino. Fra tutti Didone, regina di

---

[8] Ovidio consegnò il suo lamento di esule alle elegie dei *Tristia*. Quanto a Seneca, il documento più rappresentativo della sua condizione di esiliato sono le *Consolationes*. In quella dedicata alla madre Elvia emerge chiaramente la penosa condizione dell'esule, che per consolare la madre del suo esilio sceglie significativamente il genere letterario della *consolatio*, tradizionalmente usato per i defunti. Di converso, nella *Consolatio ad Polybium*, Seneca dal suo esilio in Corsica consola Polibio, ricco e potente liberto dell'imperatore Claudio, della morte di un fratello, con il malcelato intento di assicurarsi l'intercessione di Polibio presso Claudio e di ottenere così il ritorno.

[9] Polibio giunse a Roma come ostaggio di guerra nel 166 a.C., in seguito alla vittoria romana nella battaglia di Pidna (168 a.C.) ma diventò ben presto un personaggio di rilievo del circolo romano filellenico degli Scipioni e dovette alla sua deportazione la sua fortuna di storico, grazie alla conoscenza diretta dei meccanismi del potere romano e delle strategie militari, che ebbe modo di osservare personalmente accompagnando Scipione Emiliano nelle sue campagne militari.

Tiro, rimasta vedova e usurpata del regno, e per questo costretta anche lei a cercare un nuovo sito per una nuova città. Quella Cartagine che, per ironia del destino, si opporrà un giorno a Roma in uno scontro per la vita e per la morte.

Ma tutto il Mediterraneo degli Antichi è solcato da popoli in fuga: dai repentini moti migratori seguiti all'incalzante avanzata dei popoli del mare nell'età del ferro all'instancabile errare degli Ebrei, ora in fuga dall'Egitto dei Faraoni, ora dispersi dalle legioni romane in un'interminabile diaspora che si tinge di note esistenziali; dalle masse di eretici in fuga dalla persecuzione, in una primitiva applicazione del principio *cuius regio, eius religio*, al dilagare dei cosiddetti barbari, che cambiarono in maniera irreversibile il volto del Mediterraneo.

E infine il mondo mediterraneo degli Antichi ha elaborato l'idea del viaggio come occasione privilegiata di arricchimento personale, di volta in volta culturale o spirituale[10].

È questo lo scopo dei viaggi di Erodoto, appassionato studioso del vicino Oriente, o ancor prima di quelli di Solone, curioso osservatore dell'Egitto e della Lidia. E antesignani degli intellettuali europei protagonisti dei *Grand Tour* settecenteschi furono i rampolli dell'aristocrazia romana, che facevano del viaggio in Grecia una tappa obbligata del loro percorso di formazione, prima di lanciarsi nel *cursus honorum*.

Ed è probabilmente pensando a loro che il greco Pausania, nel II secolo d.C., scrive la *Periegesi della Grecia*, una guida della Grecia ad uso del turista colto, capace di accompagnarlo dal santuario di Delfi all'acropoli di Atene, fino allo stadio di Olimpia, nel Peloponneso.

---

[10] Sul tema del viaggio nel mondo antico si veda L. Casson, *Travel in the Ancient World* (Baltimore: The Johns Hopkins University Press, 1994). Si vedano in particolare i capitoli IV e dal VI al XIII, dedicati rispettivamente al viaggio nel mondo greco e in quello romano.

In epoca ellenistica si era peraltro definito un vero e proprio canone di *mirabilia* che ogni uomo curioso del mondo doveva necessariamente visitare, prime fra tutte quelle che passarono alla storia come le Sette Meraviglie. Sette come i Sette Sapienti, quasi a voler suggerire l'idea di una pietrificata saggezza insita nella grandiosità di questi monumenti. Opere come la statua criselefantina di Zeus a Olimpia, il tempio di Artemide ad Efeso, il Colosso di Rodi e, in ultimo, il Faro di Alessandria d'Egitto diventarono mèta di pellegrinaggio culturale da parte di studiosi e intellettuali, antenati dei turisti colti provenienti da tutta Europa che nel Settecento e nell'Ottocento cercavano in Italia le vestigia delle antiche civiltà classiche.

Il viaggio spirituale, infine, anch'esso gravido di conseguenze per tutta la storia d'Europa, dal pellegrinaggio medievale al moderno Cammino di Santiago, ha probabilmente, nel mondo antico, un nome e una data.

Fu Elena, madre di Costantino, nel 327 d.C., con la sua spedizione archeologica in Terra Santa, a fissare i luoghi di culto del pellegrino cristiano dal IV secolo in poi, tracciando un itinerario da Occidente ad Oriente che aveva il suo culmine nella Chiesa del Santo Sepolcro a Gerusalemme.

Lungo questo itinerario si snodarono e si intrecciarono, per tutto il Medioevo, i percorsi più vari: pellegrini in cerca della remissione dei peccati, commercianti speranzosi di lucrosi guadagni, crociati avidi di denaro o assetati di avventura, santi, predicatori, eretici, prelati, mendicanti[11].

---

[11] Sul pellegrinaggio nell'area del Mediterraneo in età tardo antica e medievale si veda M. Dietz, *Wandering Monks, Virgins, and Pilgrims. Ascetic Travel in the Mediterranean World. A. D. 300-800*, (University Park, Pennsylvania: The Pennsylvania State University Press, 2005). Il volume di O.R. Constable, *Housing the Stranger in the Mediterranean World. Lodging, Trade and Travel in Late Antiquity and the Middle Ages* (Cambridge: Cambridge University Press, 2004) affronta invece in particolare il tema dell'ospitalità dello straniero e del pellegrino con particolare riferimento alla nascita e allo sviluppo dell'istituzione del fondaco. Sul pellegrinaggio in

E ovviamente tutti questi viaggi continuarono a svolgersi per le liquide vie del Mediterraneo e attraverso la sofisticata rete di comunicazione che rendeva il Mediterraneo un sistema integrato con le principali vie fluviali e con le migliaia di chilometri di vie di terra che i Romani avevano lastricato e dotato di un servizio postale, il *cursus publicus*, nella convinzione che un Impero nel quale è difficile viaggiare è un impero perduto[12].

E non a caso abbiamo lasciato per ultimi quelli che furono forse i più instancabili viaggiatori del Mediterraneo degli Antichi: i soldati, che lo percorsero in lungo e in largo, ora impegnati in rapide incursioni o in guerre regionali, ora animati dall'ambizioso progetto di poterlo infine denominare *Mare Nostrum*.

Certo è che il continente liquido[13], per vincoli geografici o per necessità demografiche, ha sovente creato forzate prossimità, difficili coabitazioni, che lo hanno reso nei secoli un potente catalizzatore tanto di incontri quanto di conflitti.

E la necessità bellica, spesso giocata su una dialettica tanto semplice quanto ultimativa, quella tra vita e morte, non ha mancato di produrre effetti secondari, spesso involontari o semplicemente inconsapevoli, di fondamentale importanza: temerarie esplorazioni, scoperta di nuove rotte, fenomeni di globalizzazione *ante litteram*, profonde trasformazioni non solo nella condizione del vinto ma anche in quella del vincitore.

Probabilmente il miglior paradigma per spiegare molte di queste guerre mediterranee, e l'incerta dialettica vincitore/vinto che esse generarono, è il celeberrimo verso di Orazio riferito alla

---

epoca e in territorio bizantino si veda anche A. Kuelzer, *Byzantine and early post-Byzantine pilgrimage to the Holy Land and to Mount Sinai*, in R. Macrides, *Travel in the Byzantine World* (Aldershot, Hants: Ashgate Publishing Limited, 2002) 149-64.
[12] Sul sistema stradale romano si veda L. Casson (1994), *cit.*, 163-175 e J. S. Bowman, *cit.*, 74-92.
[13] Il Mediterraneo è definito "continente liquido" nel celebre saggio di F. Braudel, *La Méditerranée et le monde méditerranéen à l'époque de Philippe II* (Paris: Armand Colin, 1949).

conquista romana della Grecia (*Epistole* II, 1, 156): *Graecia capta ferum victorem cepit*: "la Grecia conquistata conquistò a sua volta il selvaggio vincitore".

Orazio intendeva dire che alla conquista militare romana, la Grecia aveva saputo opporre le armi immateriali, eppure potentissime, della sua cultura e della sua letteratura, riportando così la vittoria più profonda e duratura. La vittoria più vera.

Una quieta pazienza, ovvero poesie in viaggio
La poesia itinerante di Rita Dinale

Anthony Julian Tamburri
JOHN D. CALANDRA ITALIAN AMERICAN INSTITUTE
QUEENS COLLEGE CUNY

La poesia di Rita Dinale risponde ad una serie di esperienze girovaganti che iniziarono durante la sua fanciullezza. Figlia di un ingegnere che passò del tempo in Somalia e in Etiopia per conto del regime, Dinale aveva cominciato la sua diaspora da ragazzina. Il girovagare dei genitori la portava in Africa, in un periodo quando era "una ragazzina svagata e allegra", come poi si s'è descritta anni dopo nel suo libro di raccontini [1]. Negli anni successivi ha vissuto in varie zone dell'Italia, in Brasile, e per la maggior parte della sua vita, negli Stati Uniti, e soprattutto per la maggior parte della sua vita nel New England dove è rimasta in pianta stabile fino alla morte.

Professoressa d'italiano allo Smith College, Dinale aveva ovviamente mantenuto i suoi contatti con il Bel Paese. E non erano soltanto occasionali quali ad esempio dei viaggi personali di ritorno che fa spesso uno che vive definitivamente all'estero. Ma Dinale aveva addirittura dei contatti culturali più che diretti, avendo amministrato delle volte il programma d'italiano di Smith College a Firenze, per cui diversi anni li passava per intero come direttrice del programma del terzo anno all'estero, ovvero il "junior year abroad". Questi, in un certo senso, si figuravano anche come dei viaggi di ritorno, una specie di rimpatrio linguistico-culturale che dà allo straniero — in questo caso "la straniera", parola cara alla

---

[1] *Una ragazzina svagata e allegra* (Forte dei Marmi: Galleria Pegaso editore, 1993).

stessa Dinale — la possibilità di risciacquare i panni in Arno in tutti i sensi della frase[2].

Tre sono le raccolte liriche di Rita Dinale[3]. A queste poi bisogna aggiungere la summenzionata raccolta di storielle delle sue esperienze da ragazzina nel 1942, quando la famiglia dovette tornare in Italia. In questa sede mi soffermerò su qualche poesia della raccolta *Una quieta pazienza*, il suo secondo libro di poesie che risulta inoltre quello più sostanzioso e che include principalmente delle nuove poesie della sua traiettoria lirica; infatti, delle quarantacinque poesie ivi incluse, soltanto quattro vengono riprese dal suo primo libro intitolato *Tutti i luoghi che ho visto*.

Lungo la lettura di questo secondo volume il lettore si imbatte in una serie di temi che, malgrado le loro caratteristiche universali di significabilità, si integrano facilmente pure in un discorso sulle esperienze erranti e migratorie che, nel complesso, sono quelle della Dinale. Dico errante in quanto mi vengono in mente due possibili significati: o quello del muoversi senza meta, e quindi soggetto a spostamenti; oppure quello che, nello spostamento, è dovuto ad uno stato inquieto, irrequieto, se non addirittura instabile per quanto riguarda un senso di sé e di dove si può considerare casa, come infatti viene descritta dalla Dinale "la straniera", nella poesia omonima, donna che è "[e]rrante per terre non sue". Di conseguenza, si potrebbe anche parlare in questo senso di una specie di sospensione in cerca di "terre" e di "foscoliane tombe", come dice la Dinale stessa nella suddetta poesia ("La straniera"), proprio perché tale girovagare la fa sentire come "una pianta divelta", strappata e sradicata; cioè senza radice, come diceva Jo-

---

[2] E qui bisogna anche aggiungere che Dinale, di origine pisana, tornava non soltanto in Italia ma addirittura alla sua amata Toscana.
[3] Due brevi, di una cinquantina di pagine ciascuna: *Tutti i luoghi che ho visto* (Sarzana: Carpena, 1976); *L'Olimpo è vuoto* (Firenze: Pananti, 1997); e una più lunga, intorno alle novanta pagine: *Una quieta pazienza* (Genova: Edizioni S. Marco dei Giustiniani, 1987).

seph Tusiani nella sua ormai famosa "Song of the Bicentenntial" dove parole come "plucked" (divelta), "sunder" (scindere), "deracinated" (sbarbicato) e, finalmente, "grief" (dolore) vengono identificate come termini consoni all'emigrazione nei confronti dell'opera tusianea[4]. E sono parole conformi, come si verrà a capire, alla retorica diasporica di Rita Dinale, come si è appena visto sopra nella sua autoidentificazione come, appunto, "una pianta divelta".

Tale sradicamento a sua volta mette in dubbio l'identità dell'individuo e lo spinge a definire la sua esistenza, giacché la vita — questa specialmente della Dinale — è in costante movimento da un luogo ad un altro, quei luoghi, come dice Dinale con la sua prima raccolta, "che [ha] visto", quei luoghi, come dice nella chiusura della stessa raccolta, che costituiscono il contenuto della vita, che danno infatti significato alla vita: "La vita / è mettere insieme i mesi e i giorni / e poi considerarli / uno per uno, questo triste / quello contento". Ed è attraverso gli anni che si prova a dare qualche sembianza di valore alla propria vita, come ce lo racconta l'io narrante della poesia di Dinale[5]:

> Due anni, tre anni, quindici
> anni, ho in mano la cenere
> raccolta ai bordi del prato,
> sono seduta sulla cima d'un albero
> spoglio e mi guardo intorno
> cercando la mia vita
> io, che ho paura di morire

---

[4] Si veda il capitolo dedicato a Tusiani nel mio *Re-reading Italian Americana: Generalities and Specificities on Literature and Criticism* (Madison, NJ: Fairleigh Dickinson UP, 2014) 75-88.

[5] Va sottolineato che da ora in poi quando mi riferisco alla frase "l'io narrante" con un aggettivo la descriverò al femminile per ragioni alquanto comprensibili se non proprio ovvie.

Passato del tempo, e con l'io narrante sola a contemplare la vita alla fine di questa prima raccolta lirica, il lettore nota alcune cose significative. Innanzitutto, l'io narrante è letteralmente sospesa ("sulla cima d'un albero") in un ambiente disadorno ("spoglio") con "in mano" delle ceneri che ha raccolto, non al centro, ma addirittura "ai bordi del prato". Una situazione, la sua, che la tiene lontana da qualsiasi specie di vita centrale, e cioè attiva e di conseguenza soddisfacente. Ci troviamo di fronte, invece, ad un individuo in attesa, anzi in cerca — "mi guardo intorno / cercando", dice l'io narrante — di qualche cosa di valore e di significativo alla sua esistenza, temendo infatti che non sia del tutto vano. Si potrebbe anche leggere questa situazione come metafora della vita di uno che si è spostato dalla sua dimora nativa. E in tal senso, possiamo collocare l'io narrante di questa poesia — come anche di altre poesie qui e in altri libri della Dinale — in uno stato di interstizio in cui non sarà né più italiana né mai americana. Infatti, l'idea che l'italiano rimanga in uno stato di interstizio non è per niente nuova. Questo non essere né l'una né l'altra ci rammenta un articolo di Alberto Tarchiani che aveva pubblicato negli Stati Uniti all'inizio del novecento. Secondo lui, come appunto si legge, l'immigrante rimane sempre legato alla sua cultura nativa per motivi più che emotivi: "Gli italiani d'America non possono (per ragioni sentimentali superiori a qualunque controllo) che naturalizzarsi a metà: e di questa metà si debbono contentare i nativi"[6].

---

[6] Si veda il saggio di Alberto Tarchiani ne *Il Cittadino - The Citizen* (New York), 9 dicembre 1915; adesso in Francesco Durante, a cura di, *Italoamericana* (Mondadori, 2005) 72-74, da cui cito. Tarchiani poi continuò: "… e di questa metà si debbono contentare i nativi. Per la medesima ragione che gli italiani d'Italia si contentano della semi nazionalizzazione degli stranieri che acquistano la cittadinanza sperando e a ragione (e con magnifici resultati) che le nostre scuole e il nostro ambiente facciano degli ardenti e generosi patrioti dei loro figliuoli. Così, è inutile illudersi, nonostante che l'ambiente, le scuole, il carattere anglo-sassone che qui impera, non abbiano un'influenza così diretta e decisiva, pure i figli di italiani che nascono e crescono negli Stati Uniti, sono fatalmente destinati a divenire de-

Questi italiani d'America, come sostiene Tarchiani, restano emotivamente legati al vecchio paese. E proprio a causa della lontananza dalla loro nazione che provano dei forti affetti che possono alternarsi tra quelli teneri, malinconici, e nostalgici, se non pure languidi e sdolcinati, questi ultimi che a loro volta possono trasformarsi in addirittura dei sentimenti sdolcinanti, la ragione per cui diversi immigranti fanno di tutto per immedesimarsi nella cultura della nazione ospitante. Inoltre, anche se non ci sono dei motivi articolati al livello di politica in senso stretto della parola, si tratterebbe pure di un esilio, cioè un allontanamento personale che non ha nulla a che fare con la sfera pubblica ma che invece è tutto concentrato sull'individuo, come dice la stessa Dinale nella poesia intitolata per l'appunto "Esilio". Questa personalizzazione poi è sottolineata dalla presenza dell'aggettivo "mio" e allo stesso tempo dall'assenza di alcun riferimento a qualunque elemento di carattere comunale, come si legge sotto:

> Il mio esilio
> è questa solitudine
> da isola lontana
> > I fischi delle navi al largo
> > risuonano, navi che non passano
>
> > vicine, né si fermano
>
> > mai, perché qui c'è troppa neve
> > e il vento gelido
> > strapperebbe le vele.

I primi tre versi, inoltre, richiamano quello stato di interstizio che Arnold van Gennep chiama "liminare"[7]; e lo descrive come quel

---

gli americani, e purtroppo [...], in molti casi, non degli americani modello" (73).
[7] Arnold van Gennep, *I riti di passaggio*, tradotto da Maria Luisa Remotti, introduzione di Francesco Remotti (Torino: Bollati Boringhieri, 1981 [1909]) 11. Van

"periodo di margine", transitorio, (11) di un "passaggio da un mondo (cosmico o sociale) ad un altro" (10). Quel passaggio non dissimile da uno che migra da una nazione ad un'altra, che si sposta infatti da un mondo culturale e sociale che è diverso da quello che in seguito lo ospita[8]. E tutto questo viene sottolineato dalla struttura dei tre versi. Due termini — "esilio" e "lontana" — si riferiscono alla condizione dell'esule, quello stato di allontanamento che, in questo caso, fa sorgere uno stato di eremitaggio, e, diciamo pure, non desiderato, che viene inoltre articolato da altri due termini — "solitudine" e "isola". È un'interpretazione poi che viene messa in rilievo dalle immagini dei versi successivi delle "navi al largo" che non solo "non passano" ma addirittura non "si fermano / mai". Come se non bastasse, tutto questo è dovuto principalmente al "vento gelido", che in questa situazione risulta anche come metafora per l'effetto che hanno sulla nostra io narrante l'esilio, la solitudine, e la lontananza. Un "vento gelido" allora che ha come referente un qualchecosa di distaccato, distante, indifferente, disinteressato, se non pure insensibile e apatico. Tutto questo inevitabilmente contribuisce alla sensazione di un'insufficienza di poter dialogare con il vicino per cui non può che sentirsi vuoto nei confronti del mondo che vi si trova intorno.

Gennep vede tre stadi nella sua "categoria speciale di *Riti di passaggio*" (10). Egli scrive: "… ritengo legittimo distinguere una categoria speciale di *Riti di passaggio*, i quali si presentano a una trattazione analitica come *Riti di separazione, Riti di margine, Riti di aggregazione*" (10). Continua: "Se dunque lo schema completo dei riti di passaggio comporta in teoria dei riti *preliminari* (separazione), *liminari* (margine), e *postliminari* (aggregazione), bisogna che nella pratica vi sia un'equivalenza dei tre gruppi, sia per la loro importanza, sia per il loro grado di elaborazione" (11).

[8] E qui non dico che lo accoglie perché non sempre la nazione di arrivo accetta facilmente l'immigrante, fatto verificato diverse volte nella storia moderna e contemporanea, e specialmente da quella storia emigratoria italiano/americana di *illo tempore* e da quella più recente immigratoria africano/italiana di oggigiorno. Detto questo, il verbo "ospitare" qui è pure esso problematica data la significabilità quasi automatica di un ricevimento positivo.

Quel senso di vuoto — il presente che è fatto di solitudine e di insicurezza, se non pure di instabilità — pullula nella seconda raccolta di poesia. Si apre questo secondo volume con un riferimento autoriflessivo che, come quasi tutti i riferimenti di questo genere, mette in allerta il lettore a una serie di considerazioni:

"Poesia è una voce"

Poesia è una voce che risponde
a una voce in segreto,
un patto nascosto
a tutti ignoto
eccetto alla donna che parla
a se stessa, lentamente
      come in un incontro
      tra timidi amanti,
      le loro lunghe carezze nella notte…

Per primo, si viene a capire che la poesia è una manifestazione di una necessità di reagire alle condizioni della vita. La scrittura di per sé si colloca quindi in quella categoria di desiderio, se non proprio di bisogno, da parte dell'individuo di trovare uno sfogo, se si può dire, tramite la scrittura. È una libera manifestazione di sentimenti o di stati d'animo tramite i quali uno scrittore riesce meglio a comprendere in modo più approfondito quei dati dell'esperienza immediata del mondo che gli sta intorno: e cioè, "risponde / a una voce". Seconda cosa, che, almeno in questo caso, si tratterà di una comunicazione interna, anzi intima, che rimane nascosta a tutti fuorché a chi parla: "in segreto / un patto nascosto", si legge. Un dialogo interiore, quindi, che funge, come si vede sopra, anche da conversazione fra donne, una voce confortante se non pure, addirittura, incoraggiante. È, infatti, come si articola sopra, "un incontro / tra *timidi* amanti" di "lunghe *carezze*" (corsivi miei), una descrizione tra sostantivi ("amanti", "carezze") e aggettivi ("timidi", "lunghe") che comunicano sia intimità che incertezza, se non pure esitazione.

Questo "patto nascosto", che è appunto la summenzionata "Poesia è una voce", è il componimento lirico che premette la raccolta; è una prefazione ad un volume diviso in sette sezioni ("Africa che torna", "Primo intermezzo", "Silenzio di donna", "Intermezzo secondo", "Gli strati perduti", "Epilogo") ciascuna focalizzata su un tema diverso. La prima sezione infatti è una specie di ritorno nella memoria di una vita già vissuta, come si racconta nella poesia senza titolo che apre la sezione:

> Voltandomi al passato mi abbandono
> in amoroso liberante abbraccio
>   di pietra e marmo
>   tra le colline ondate
>   di odore d'erba e d'acacia
>   nel curvo infinito orizzonte
> della pianura africana
> dove i leoni passeggiano calmi
> tra il silenzioso fragore degli altri
> animali in corsa
>
> verso una libera vita.

Questo voltarsi verso il passato servirebbe per descrivere un desiderato sentimento di pace and tranquillità, tanto da riempire la poesia di una serie di ossimori che si accostano, a loro volta, a una serie di aggettivi; e che insieme accompagnano l'io narrante "verso [la sua tanto desiderata] libera vita". Avvinta da un forte abbraccio ("di pietra e marmo") che rassicura l'io narrante, in quanto "amoroso" e "liberante", lei si immagina tra "colline ondate" in un "curvo infinito orizzonte"[9]. E si trova in un'Africa popolata di leoni, con altri animali, che "passeggiano calmi" — che già il fero-

---

[9] Non ignoriamo l'eco leopardiano qui.

ce "leon[e]" e l'aggettivo "calm[o]" non costituiscono un solito binomio — fra un "silenzioso fragore" di quelle altre bestie: "altri / animali in corsa". L'immagine generale è un quadro di leoni ed altri animali africani che hanno tutto ciò di necessario per godersi di una libertà in uno spazio infinito, un quadro che non è per nulla minacciante. E il fatto che sia proprio quello — questo bel quadro di una "pianura africana" — in cui si abbandona l'io narrante, ci viene da chiederci se non è proprio lei, questa nostra voce femminile, che, attraverso questa specie di immedesimazione, si muove "verso una libera vita" analoga a quella di cui si godono gli stessi animali africani, perché è la composizione della poesia con quell'ultimo verso staccato da tutti gli altri che dà a noi lettori la possibilità, anzi la scelta, di poter leggere questo verso come riferimento pure all'io narrante e non soltanto ai leoni ed altri animali presenti nella poesia. Sarà in fin dei conti questo richiamo esotico che, seppur soltanto per il momento, offrirà un po' di tregua alla costante ricerca di quel qualcosa che l'io narrante sembra così tanto bramare. E toccherà al lettore di approfondire e, in seguito, di dare significato ai riferimenti potenzialmente ambigui nelle poesie, di provare a riconoscere in un certo senso quella specie di intenzionalità della voce lirica.

A questo punto, torniamo alla poesia "La straniera", che chiude la prima sezione della raccolta. Con un netto riferimento all'aspetto nomade, alla sua mancanza di una dimora fissa, per così dire, è la lingua che le viene a dare qualche senso di valore alla vita.

"La straniera"

Una straniera
errante per terre non sue
che nessuna le è patria,
estranea sempre e lontana
come una pianta divelta:

> senza terra dunque
> senza le foscoliane tombe,
> memore lontano
> dei fanciulleschi racconti.

Insieme a ciò che si era detto sopra a proposito del nomadismo dell'io narrante, in questa prima metà della poesia vediamo inoltre che di valore non estraneo e non alieno c'è soltanto il ricordo di un qualcosa di distante nel tempo ("memore lontano") che richiama poi "fanciulleschi racconti". Questi ricordi "fanciulleschi" risultano significativi innanzitutto perché segnano una distanza temporale; ormai adulta e in cerca di qualche cosa di familiare, i ricordi dell'infanzia la riportano ad un'epoca potenzialmente più tranquilla e bella. In secondo luogo, l'infanzia segnala anche un periodo di innocenza e, in un certo qual modo, una prospettiva secondo la quale tutto è bello:

> Ma le voci d'oltrarno
> le vengono incontro
> come ritorno a un bene perduto
> che non doveva abbandonare,
>
> realtà unica il sommesso
> parlare e lo scrivere
> profondo,
> le voci ritrovate nel suono
> dolce e aspro,
>
> le giuste parole.

Questa erranza che provoca "memore lontano" di "fanciulleschi racconti" si avvera, come si legge sopra, tramite la lingua, sia essa orale che scritta: cioè, entrambi il parlare e lo scrivere. È l'espressione linguistica, si capisce in questa seconda metà della poesia, la costituzione della "realtà unica". La ricerca — nonostante il risultato ("dolce e aspro"), di ciò che si crede sia la verità, vale a dire la summenzionata "realtà unica" — ha quindi come meta "le giuste parole".

E prima di chiudere questa prima lettura, mi soffermerei un attimo a sottolineare che la Dinale qui non distingue in modo netto e chiaro tra l'orale e lo scritto. Mentre in altri poeti americani italiani[10] si trova una netta distinzione fra i due modi di articolazione linguistica, qui si vede che l'io narrante li mette sullo stesso livello. E mentre in altri poeti "girovaganti" si manifesta tramite tale distinzione anche, se non addirittura specialmente, la differenza di classe — quelli che sanno leggere e scrivere vis-à-vis gli altri che sono analfabeti — in questa poesia sembra che l'io narrante voglia ritenere uguali i due modi di articolazione linguistica. E cioè, l'oralità si trova in una posizione narrativa non per nulla inferiore allo scritto, e forse perché l'oralità è in fin dei conti la base non solo per l'alfabetismo ma addirittura per lo scambio di idee: infatti lo scritto rimane quello che è, mentre l'orale è subito soggetto a reazioni di chi ascolta e di conseguenza offre la possibilità di cambiamento e, un aspetto ancora più significativo, di sviluppo di idee e concetti, proprio perché le dichiarazioni preliminari vengono contestate, tanto per parafrasare Walter Ong[11].

Torniamo intanto alle "giuste parole" menzionate sopra. È chiaro che la lingua è il veicolo di comunicazione, e, dall'altro canto, è anche vero che la lingua è l'elemento basilare tramite il quale ci si identifica in ogni senso della parola — e mi viene in mente come esempio spicciolo, direbbe qualche scettico, quello della nomenclatura etnica per gli americani di origine italiana. Ma la lingua chia-

---

[10] Per l'uso del termine "americani italiani" anziché "italoamericani" o qualche suo variante, rimando il lettore al mio *To Hyphenate or not to Hyphenate: the Italian/American Writer: Or, An Other American?* (Montreal: Guernica Editions, 1991) e al più recente *Una semiotica dell'etnicità. Nuove segnalature per la scrittura italiano/americana* (Franco Cesati Editore, 2010), specialmente capitolo uno.
[11] Walter J. Ong. *Orality and Literacy, The Technologizing of the Word* (New York: Routledge, 2002, 2a edizione) 78-79.

ramente trasmuta tutto, anche se a volte non sembrerebbe abbastanza adeguata per poterci permettere di comunicare ciò che vogliamo trasmettere. Perché, come ci ricorda l'io narrante nella poesia "Gli strati perduti", "Quando si avvicina la fine / non restano più le immagini del ricordo, / restano solo le parole". E, continua la poesia, quando "i pensieri / non prendono veste / [perché] ingolfati nel viscido nulla, / perdute [sono] anche le parole". E qui indubbiamente — ci rammenta ancora una volta l'io narrante — si dovrà anche tener presente il discorso del *gender* in quanto, come si legge nella poesia intitolata "Silenzio di donna", "la parola non detta" è "strangol[at]a" e quindi ammutolita da una forza estranea, e non per scelta di chi non parla.

Il mito mediterraneo della Mater Matuta e le sue applicazioni nel cinema di Giuseppe De Santis

Maria Rosaria Vitti-Alexander
NAZARETH COLLEGE

Giuseppe De Santis, un regista indubbiamente singolare in quanto sin dall'inizio della sua carriera artistica si è sempre ritrovato agli antipodi di una scala di gradimento, amato dai critici oppure odiato, conosciuto in ogni suo aspetto oppure ignorato completamente. Nato a Fondi, un piccolo paese della bassa Ciociaria, Giuseppe De Santis dedica tutta la sua ricca vena artistica a trattare quella che era stata la sua classe sociale, il contadino, la gente senza terra, il pastore, il piccolo artigiano, senza dimenticare un altro essere umano troppo spesso relegato al silenzio e alla sottomissione, la donna.

In mezzo ai suoi Ciociari, De Santis cresce facendo sue le tante storie di quel mondo tradizionale e vecchio di millenni, con le sue superstizioni, con il suo carico di paganesimo e di tabù che troppo spesso irretiscono in una stretta maglia di restrizioni ataviche. Al tempo di De Santis Fondi era soprattutto un mondo che si potrebbe chiamare del vecchio testamento, popolato da uomini impegnati in una lotta per la sopravvivenza che troppo spesso sfociava nella violenza e nella vendetta, violenza come unico modo conosciuto per riavere il proprio, vendetta per difendere l'onore del nome e della famiglia. Un mondo patriarcale duro e accartocciato su se stesso, dove la figura del maschio si ergeva indomita. Ma è importante sottolineare che è proprio questo mondo di diseredati e di poveri, di pastori e di senza terra, a inculcare nel giovane De Santis una venerazione per la giustizia, per la difesa dei deboli e per dare la propria voce a quelli che non ce l'hanno, tra questi so-

The Mediterranean as Seen by Insiders and Outsiders (Bordighera, 2016)

prattutto la donna. È il continuo riscontro della misera condizione della donna nel mondo duro della sua infanzia a muovere De Santis a pensare il femminile, a riflettere su di essa come soggetto sociale in transizione in una società schiava di costumi atavici che continuava a volerla relegata ad una condizione di inferiorità e di dipendenza. Tale riflessione sul mondo della donna ha fatto di Giuseppe De Santis un regista unico in quei lontani anni '50 quando le conquiste femminili in una società ancora ostinatamente patriarcale quale l'Italia, e la Ciociaria in particolare, avevano ancora un lungo e difficile cammino.

In questo intervento mi ripropongo di mostrare come per la donna dei suoi lavori, Giuseppe De Santis ha contrapposto al mondo ciociaro che ha da sempre negato alla donna qualsiasi complessità di carattere, il mito mediterraneo della Grande Madre, della Mater Matuta che racchiude in essa la doppia identità sempreverde di dea buona e cattiva, generatrice e protettrice, seduttrice e tirannica, fata e strega. Erma bifronte è l'immagine femminile di De Santis che allerta alla necessità di trovare per lei una risoluzione alla dominanza del maschio che ne ha invece sempre voluto erroneamente separare il binomio.[1]

---

[1] Mater Matuta era una arcaica dea romana venerata nel mondo latino. Il nome proprio della dea era Mater, mentre Matura era il predicato che indicava la sua natura "aurorale" (mattutina). La Mater Matuta erano grandi statue di tufo scoperte per caso alla periferia di Santa Capua Vetere. Statue che rappresentavano una divinità materna di cui ancora oggi non si conosce il nome. In quei tempi Capua svolgeva un importante ruolo di collegamento tra Sud e Nord, tra Etruria e Magna Gracia e le immagine della Madre occupavano un posto centrale nella loro cultura, madri che venivano riprodotte in tutta la loro arcaicità. Oggi queste statue sono descritte come "statue materiche" perché senza espressioni né viso ne gestualità del corpo, ma nel passato le enormi statue erano decise rappresentazioni di donna in tutta la sua doppia natura, creatrice e dunque madre buona che protegge e cura, distruttrice e dunque crudele, strega che porta alla perdizione.

Nel 1954 Giuseppe De Santis produce *Giorni d'amore*,[2] una storia d'amore come indica il titolo, ambientata nel suo amato paese, la Ciociaria, un mondo contadino di cui mette a nudo in tutta la sua misera bellezza la triste condizione dei contadini e la disperata arretratezza del paese. De Santis punta il dito contro le superstizioni che lo attanagliano, ne scopre le regole fisse e invalicabili che rendono dura la vita e irrealizzabile qualsiasi cambiamento, ma soprattutto sottolinea il rigido posto assegnato alla donna, e dal quale è impossibile fuggire.

In *Giorni d'amore* Giuseppe De Santis si fa portavoce di due giovani innamorati Angela e Pasquale. Una storia semplice quella dei due, e perciò tragica nella sua normalità. Angela e Pasquale innamorati e fidanzati non possono sposarsi, i risparmi delle due famiglie messi insieme non arrivano neppure a pagare un miserissimo matrimonio da 'bella figura.' Dopo innumerevoli tragicicomici tentativi di addizioni e sottrazioni dei pochi soldi disponibili, si arriva all desolata conclusione: la 'fuitina' è l'unica strada che Angela e Pasquale possono prendere. In un paese di campagna povero e arretrato la "fuitina", scorciatoia dei poveracci, offre un modo per sposarsi senza doversi sobbarcare le spese del matrimonio. E in aggiunta, in una società ancora governata da leggi ancestrali che vede la donna 'compromessa' dopo una notte passata sola con un uomo, ci si rivolge alla chiesa per un matrimonio riparatore per il riscatto dell'onore della ragazza e del nome della famiglia.

L'oppressione dei costumi del paese è alleggerito in *Giorni d'amore* da una narrazione ricca di colori delle case, dei vestiti rattoppati, dai suoni che provengono dai vicoletti pieni di ogni cosa, accompagnata dal continuo canto dei contadini, dalle grida dei paesani e dal rumore incessante che esce dalle finestre. Eppure dietro l'apparente ironia con la quale il regista si avvicina al sog-

---

[2] Per una dettagliata discussione di questo film di De Santis rimando al volume di Antonio Vitti, *Giuseppe De Santis e il cinema italiano del dopoguerra* (Pesaro: Metauro, 2011).

getto, è palpabile l'amore per i suoi personaggi, l'accoramento per la situazione in cui si ritrovano e l'impossibilità di qualunque altra risoluzione. Come evidente è l'ambascia del regista nel trattare il tragicomico dramma familiare che travolge le due famiglie amiche da sempre alle prese con la farsa del litigio per rendere 'la fuitina' credibile agli occhi della gente. In un paesino chiuso e attento alle apparenze è necessario nascondere la vera condi-zione finanziaria della propria famiglia.

Giorni d'amore è una rilettura moderna della favola di Cenerentola dove alla fantasia del trionfo del bello e del fantastico subentra la realtà del vero, del mondo contadino fatto di sacrificio e di lotta, dove niente è fantasioso né facile. Affinché l'amore possa trionfare, anch'esso deve attenersi alle leggi severe della realtà contadina. Nel film *Giorni d'amore* il regista procede ad una vera e propria di-costruzione della classica favola di Cenerentola punto per punto, per poi riproporla sotto il riflettore della luce abbagliante del vero tragico che scandisce la vita del mondo contadino. Nella favola classica Cenerentola, pur vestita di stracci e costretta ai lavori più umili dalle sorellastre, la sera del ballo al castello si ritrova per incanto vestita di tutto punto:

-l'abito
-le scarpine
-i capelli
-la carrozza
-i cavalli
Tutto è perfetto.

Accompagnata da una carrozza trainata da due bellissimi cavalli Cenerentola arriva al castello dove incanta al primo sguardo il principe che vuole ballare tutta la sera solo con lei. Alla fine con il ritrovamento della scarpina che la riporta al principe innamorato, la costruzione del sogno di Cenerentola è completo.

Per *Giorni d'amore* di De Santis la di-costruzione della favola classica segue lo stesso percorso, ma per Angela, la Cenerentola moderna di un mondo contadino, ogni cosa succede al contrario, è il negativo di un fotogramma ben conosciuto. Il film ha inizio con una nota positiva, Angela ha una dote, dunque un marito assicurato, dunque Angela può mostrare inpunemente il volto dell'altra realtà femminile, la tentatrice che vuole essere accontentata nei suoi desideri: "Se mi vuoi bene portami dal parrucchiere e poi al cinema" comanda perentoria Angela al povero Pasquale, completamente assorbito nel compito di misurare la lunghezza e la larghezza della dote di Angela. Ma il mondo misero dei due giovani non è fatto di cose magiche e si rivela in tutta la sua shoccante verità. La dote della ragazza è alquanto insolita, è innegabilmente un pezzo di terra, ma è incoltivabile. La dote promessa a Angela per le sue nozze con Pasquale non è altro che il fosso divisorio dei pochi campi adiacenti delle rispettive famiglie. "Lo riempiremo di terra" dice Pasquale per rassicurare la sua Angela, e "ci pianteremo degli aranci, e mentre aspettiamo che crèscano pianteremo verdure." L'annuncio di una dote così fuori dal 'comune' dà inizio alla demolizione della favola di Cenerentola che nega tutto alla dolce Angela:

-il vestito da sposa. Ad Angela non è permesso un vestito bianco come lei sogna, troppo caro. La cinepresa segue la povera ragazza nei lunghi ed impossibili incontri con le sarte del paese, il vestito resta una realtà irraggiungibile. L'abito bianco di Angela diventa la foto di una modella seducente in abito da sposa che lei si stringe sul petto mentre dorme.
-le scarpette per le nozze di Angela non sono certo quelle di Cenerentola. Le sue le sono state regalate dal calzolaio del paese, il piccolo gobbo innamorato che gliele offre in segno del suo amore impossibile;
-i fiori d'arancio che dovrebbero celebrare la sua verginità non si possono comprare, non bastano i soldi. Allo sconforto di Angela che sussurra a Pasquale: "A una povera ragazza che gli

resta se ci levi pure i fiori d'arancio," Pasquale cerca di rimediare rubando." Scende dalla bici ed entra in un aranceto, coglie fiori d'arancio e li intreccia teneramente tra i capelli di Angela. Ma è felicità effimera, i due giovani scoperti devono scappare sotto i colpi di fucile del guardiano dell'aranceto.

- la permanente che Angela sogna di farsi fare per il giorno del matrimonio, non si realizza nella confusione che segue la loro fuga. I capelli, immagine della seduzione femminile non sono parte del suo mondo.
- la carrozza di Cenerentola trainata da cavalli diventa per Angela la bicicletta scassata di Pasquale.
- il castello che deve riceverli per la fatidica notte d'amore non è altro che la capanna che la famiglia di Angela ha costruito il figlio guardiano degli animali. Al primo maldestro tentativo di Pasquale di possedere Angela, la ragazza si ritrae intimidita, lei non si sente veramente sola, si sente osservata da mille occhi, e rumori strani escono da ogni angolo della capanna, tutto intorno oche, galline, conigli, gli animali della famiglia che sembrano partecipare all'arrivo dei due. Angela attonita allontana Pasquale, gli ordina di non toccarla, lei si vergogna: "Le bestie sono come i cristiani vedono" e dunque niente notte d'amore.

La storia dei due fuggiaschi continua con un crescendo di tragicomici eventi fin quando finiscono su una spiaggia e Pasquale, ormai stanco e scoraggiato, è pronto a riportare Angela a casa senza averla posseduta. Sapendo il pericolo che corre è Angela a risolvere la situazione e portare la 'fuitina' alla giusta fruizione. Sotto gli occhi attoniti di Pasquale, Angela mette fuori la sua altra identità e si trasforma in donna seduttrice, volano scarpe e vestito, lentamente la ragazza entra in acqua. L'Angela che riemerge è una Venere che nasce dalle onde, il leggero tessuto della sottoveste aderente al corpo formoso, le gambe scoperte, le braccia alzate che sorreggono indolentemente i capelli.

Alla fine di una lunga storia tormentata da litigi, prove sbagliate, errori e incomprensioni da ambedue le parti, il matrimonio riparatore ha luogo. La storia d'amore di Angela e Pasquale finisce bene, i due si sposano in chiesa e l'onore di Angela è salvo. La coralità della narrazione continua con la partecipazione del paese, le due famiglie si rappacificano, Angela si fa la permanente ed ottiene la dote: il fosso segnaconfine che diventerà una volta riempito di terra un vero campo da coltivare. Sotto il sorriso però si assapora il rammarico per la fine degli ingenui sogni di Angela, l'abito bianco e i fiori d'arancio, e per quelli di Pasquale, la realizzazione di non poter soddisfare i desideri di Angela.

Giuseppe De Santis ha voluto ricostruire con *Giorni d'amore* la favola di Cerentola con i simboli di miseria e di privazioni di un tipico mondo contadino. È necessario sottolineare che *Giorni d'amore* è tutt'altro che una semplice favola d'amore in vena satirica e mancante di un tema politico sociale, esso invece offre a De Santis l'opportunità di fare cinema come strumento di insegnamento e di verifica di una condizione di arretratezza dell'Italia e della necessità di affermazione della complessa natura della donna.

Con *Non c'è pace tra gli ulivi*[3] del 1950 De Santis continua a narrarci la sua terra, la Ciociaria, un mondo patriarcale di pastori che vivono di pastorizia e transumanza, d'estate sono le montagne rocciose del loro paese a nutrire le gregge, d'inverno le pianure vicino al mare. Parla di gente che conosce una vita difficile, resa ancora più ardua dalla violenza e dalla prepotenza che spesso scoppia tra loro. Anche in *Non c'è pace* il racconto inizia con una storia d'amore e di miseria, quella di Francesco e Lucia. Francesco Dominici tornato dopo tre anni di guerra e altri tre di prigionia ritrova la sua famiglia indigente e la sua Lucia promessa sposa ad un altro. Le passioni che dominano *Non c'è pace* sono forti come forti e aspre sono le immagini del posto. Il racconto della storia

---

[3] Per una presentazione attenta e dettagliata di questo film, suggerisco il volume già citato di Antonio Vitti.

viene portato avanti da lunghe carrellate che salgono e scendono montagne desolate e impervie, coperte da sassi e sterpi, e pastori e pecore che sembrano confondersi con gli stessi massi delle montagne, il grigio delle loro povere vesti e delle cioce ai piedi è tutt'uno con la polvere e le grandi fascine di sterpi secchi che le donne trasportano sulle teste. Una vita dura, dice la voce del regista che introduce i personaggi, per tutti uomini e donne ma sono queste ultime, le donne che già dall'inizio del racconto rivelano la loro centralità nel pensiero di De Santis.

La prima ragazza che veniamo a conoscere è Maria Grazia, giovane di diciassette anni la cui misera condizione è rispecchiata dall'agnello che si porta dietro, entrambi timidi e destinati alla sottomissione, nessuno dei due padrone del proprio destino. Poi è la volta di Lucia Silvestri innamorata di Francesco ma ormai promessa sposa a Bonfiglio il prepotente ladrone del posto arricchitosi alle spese degli altri. La presentazione di Lucia è l'immagina al negativo di quella di Maria Grazia. Mentre di quest'ultima è messa in evidenza il volto giovane e ingenuo, il corpo ancora adolescente, opposta è la presentazione di Lucia. La cinepresa la riprende dal basso, immobile su una roccia, gambe divaricate, spalle erette, viso che guarda lontano, Lucia appare in tutta la sua bellezza. La cinepresa indugia sul suo corpo statuario, modellato, si sposta lenta sui grandi occhi pieni di forza e illuminati da una luce di sfida. La prima reazione di Lucia quando vede Francesco è infatti di sfida, gli parla del suo amore ma allo stesso tempo gli proibisce di avvicinarsi e toccarla, ormai è promessa sposa di un altro. L'atteggiamento di Lucia ha uno scopo, suggerire a Francesco la vendetta, a riportare le cose com'erano prima della sua assenza. Le due donne sono ambedue donne di Francesco, da amare e proteggere ma in modo diverso, una da sorella, l'altra da innamorata. E' a Bonfiglio futuro marito di Lucia che tocca il compito di puntualizzare la complessità della donna, di Lucia in questo caso. Alla festa ufficiale di fidanzamento Bonfiglio cerca di conquistare Lucia con oggetti d'oro e le si rivolge con il binomio Madonna/ Peccatrice. Madonna perché la più bella del paese ma questa stessa bellezza può fare di lei l'altra donna, la peccatrice ed è tale pensiero che lo spinge a chiederle "ma tu sei veramente una madonna?"

Anche il destino di Maria Grazia e Lucia sono due facce della stessa immagine, per Maria Grazia esso è sottomissione e annullamento di se stessa, per Lucia inganno e ribellione. Dopo lo stupro di Maria Grazia da parte di Bonfiglio, la giovinetta perde qualunque cognizione di se stessa e diviene succube del suo violentatore; in un mondo atavico e patriarcale alla donna è troppo spesso imposto di sottostare all'uomo che l'ha resa 'femmina,' e di annullarsi per farsi sua proprietà, oggetto inerme, cosa sua. All'inizio della storia il destino di Lucia sembra seguire quello di Maria Grazia, accettare, assecondare, sottomettersi. Dopo il vano tentativo di fuga con Francesco, vessata e picchiata dai genitori, Lucia si presta a rinnegare il furto delle pecore di Francesco da parte di Bonfiglio, finisce con accettare di sposare Bonfiglio e facendosi così oggetto di riscatto dei debiti di famiglia.

Non c'è pace tra gli ulivi è uno splendido esempio di film corale. Con un campo lungo la cinepresa si muove lenta verso i tratturi della montagna e focalizza una lunga fila di gente che avanza in preghiera e in canto, è la processione di Pasqua che per i pastori si svolge tra i massi e i rovi delle montagne che danno loro sostentamento. Sono immagini suggestive che raccontano la cultura della Ciociaria, le tradizioni, e le superstizioni di questi posti e di questa gente, ma esse svelano anche la loro solidarietà, la loro forza, soprattutto delle donne. Francesco venuto a sapere della violenza subita da Maria Grazia evade dal carcere per vendicarsi di Bonfiglio e sono loro, le donne a venire in suo soccorso. Braccato dai carabinieri Francesco si mischia nella folla della processione e le donne entrano in azione per nasconderlo. De Santis mostra dolci visi femminili che lo guardano per rassicurarlo e per offrirgli un qualsiasi oggetto che possa nascondere la sua identità, uno stendardo, un fazzoletto, un casuale movimento di gonna che possa coprirlo. Sono momenti ingenui nella loro immediatezza e semplicità che rivelano il culto della femminilità così caro a De Santis.

Da non dimenticare che è compito della donna nei lavori di De Santis portare a una risoluzione. Cosi è stato con il matrimonio di Lucia. Un triste corteo è quello che accompagna Lucia in chiesa, testimoni la gente del posto ferma lungo la strada. A tutti è nota la storia infelice delle due ragazze, ma proprio in questo giorno Maria Grazia trova la forza della ribellione se pur fugace, rifiuta l'imposizione del silenzio e della vergogna di donna violata e serva, e si fa pubblico spettacolo e impedisce il matrimonio. De Santis rende omaggio a questa immagine femminile di ribellione mostrandoci un'altra Maria Grazia, non il corpo gracile di giovinetta ma di donna che la sofferenza fa sembrare più alta e più forte. Il corpo eretto, le gambe divaricate, quasi in cerca di un equilibrio che veramente non sente, Maria Grazia si para davanti alla processione degli sposi e sotto lo sguardo del paese pubblicamente rivela la sua vergogna.

Il sacrificio di Maria Grazia risveglia l'indomita Lucia che, venuta a conoscenza della fuga di Francesco dal carcere, si risolve a raggiungerlo sulle montagne per aiutarlo e per redimere il suo tradimento. I carabinieri hanno ormai occupato i passi delle montagne e fanno cordone per proibire qualunque spostamento. Tocca a Lucia risolvere la situazione. Stupenda la scena della seduzione. La cinepresa ci accompagna in un oliveto dove è in corso la raccolta delle olive. Sono le contadine che fanno la raccolta, le più giovani ritte sulle scale raccolgono le olive dagli alberi, le più vecchie quelle già cadute. Lucia prende un canestro, se lo mette in testa e cerca di passare attraverso il cordone di controllo dei carabinieri, "Devo passare, io devo tornare a casa." ma è inutile, i carabinieri la respingono. La giovane non si arrende, guarda gli uomini, è il momento di metter fuori l'altra faccia della realtà femininina, la seduzione. I suoi bellissimi occhi si fanno acquosi, il corpo statuario si muove dolcemente, ha inizio la danza. Al suono del 'saltarello' Lucia incita le altre donne, "Ragazze si balla" la solidarietà scatta, tutte iniziano a ballare, corpi che si muovono, sguardi languidi che cercano gli occhi degli uomini, i carabinieri si distraggono, si avvicinano, sognano e Lucia fugge in montagna a raggiungere Francesco.

Un cinema impegnato quello di Giuseppe De Santis che non si limita ad indicare i problemi di una società che cambia, a mettere a nudo le lacune di un paese appena uscito non solo da una dolorosa guerra e da una lunga e difficile storia, ma che con il suo fare cinema cerca di offrire soluzioni, snodi possibili per correggere situazioni sbagliate. Così sono da spiegarsi le scene forti di *Non c'è pace tra gli ulivi*, dove vediamo la forza bruta dell'uomo padrone che sottomette la donna con la violenza fisica, che stupra per farne proprietà privata, cosa propria da piegare a proprio piacere. Condizioni non più plausibili in un mondo che cambia e si rigenera.

Per chiudere vorrei tornare a menzionare Fondi, il piccolo paesello Ciociaro del nostro regista. Un mondo conosciuto e amato, un mondo difficile ma mai dimenticato e abbandonato, un mondo che De Santis ha cercato con i suoi film di far conoscere, di capire meglio forse lui stesso, le difficoltà della società, dei costumi e correggerli, un modo per migliorare e crescere tutti insieme. Non una lotta solitaria è quello che auspica De Santis, impossibile date le circostanze e le condizioni, ma piuttosto un atto di solidarietà. Insieme si può cambiare, si può perdonare, si può continuare. È da qui, dalla terra arcaica e rozza della Ciociaria che De Santis impara i suoi valori umani e politici e ai quali resta sempre fedele. Riforme agrarie, distribuzione di terre nel paese latifondista del Sud, giustizia per una classe sociale mai presa in considerazione. E verso il genere femminile un interesse particolare, una sensibilità non riscontrata da nessun altro regista in quel periodo. Il tocco di De Santis nel presentare la condizione femminile è unico e si rifà al suo crescere in un mondo chiuso e diffidente specialmente verso le donne, creature di grande complessità e non semplice oggetto di possesso maschile. Ma anche nel mondo arcaico della storia gli uomini hanno lentamente imparato a riconoscere la donna, e dunque a cambiarne la rappresentazione. Nel III secolo a.C. appare una produzione di Grande Madre diversa, piccola in dimensione, non più monumentale come le prime, umanizzata e non più "statua materica" senza espressione e gestualità del corpo. Una "piccola madre" che appare bella nella sua umanità. Questa nuova rappresentazione della Grande Madre è particolarmente accattivante con i lineamenti fini, le gesta aggraziate e le vesti e le acconciature eleganti, questa immagine si pone in antitesi con le altre, è una umanizzazione della funzione materna: la donna è madre ma anche donna e come tale deve essere guardata, considerate e trattata. Ed è appunto il messaggio di Giuseppe De Santis, la donna deve avere un posto rispettabile in società, non può solamente essere vista e giudicata dalla cornice del suo corpo flessuoso e accattivante.

La Chiesa Cattolica, il Cristo del Vangelo e l'ospite inaspettato

Antonio C. Vitti
INDIANA UNIVERSITY

> Un monte tagliato a metà da una cava, e sotto,
> tra una marana e una fila di nuovi palazzi,
> un mucchio di miserie e una fila di nuovi palazzi,
> un mucchio di misere costruzioni, non case ma porcili.
> Bastava soltanto un tuo gesto, una tua parola,
> perché quei tuoi figli avessero una casa:
> tu non hai fatto un gesto, non hai detto una parola.
> Non ti si chiedeva di perdonare Marx! Un'onda
> Immensa che si rifrange da millenni di vita
> Ti separava da lui, dalla sua religione:
> ma nella tua religione non si parla di pietà?[1]

Come in tanti altri casi anche con la commemorazione del quarantennale della morte di Pasolini si corre il rischio di smarrire la vera natura, il significato della sua opera. La ricorrenza ha infatti riempito giornali e riviste di articoli scritti da intellettuali pentiti di averlo criticato in vita, per non parlare di quelli che si giustificano scrivendo di non aver capito bene lo sua attualità o vitalità intellettuale. Da qui nasce il sospetto di una mummificazione o almeno l'accenno di un tentativo di inquadramento intellettuale che troppo spesso sorvola la semplice verità di un Pasolini che si è ritenuto "anche" saggista ma soprattutto un intellettuale scomodo oltre a critico letterario e regista. Bisognerebbe anche chiedersi se non ci siamo forse dimenticati che Pasolini è un poeta

---

[1] "A un Papa in la religione del mio tempo" di Pier Paolo Pasolini (Milano: Garzanti, 1963) 125.

che ha attraversato tanti campi partendo dalla sua indole poetica[2] e spinto dall'urgenza di comunicare provocatoriamente la ricerca della verità. A tal proposito Pasolini stesso afferma:

> ... il mio primo libro, uscito nel '42, è stato un libro di poesie. Ed è anche vero che ho cominciato a scrivere poesie a sette anni di età, in seconda elementare (ho sotto gli occhi, lucido, quel quadernetto a righe, con la mia mano che scrive i primi versi [...] ma, chissà perché, quando, indistintamente, agli inizi della mia carriera letteraria, penso a me come a uno che "proviene dalla critica".[3]

Sappiamo anche che l'interesse per il cinema di Pasolini precede quello letterario benché egli si sia prima affermato come poeta e poi romanziere. A sette anni frequenta assiduamente il cinema della parrocchia di Salice dove si proiettano film muti. A Bologna, si iscrive a un circolo del cinema e vede alcuni classici: tutto René Clair, i primi Jean Renoir, e qualche film di Charlie Chaplin. Con questi film nasce il suo grande amore per il cinema.

L'ISPIRAZIONE RELIGIOSA PASOLINIANA

Secondo Pasolini la poesia religiosa moderna fin dal primo Novecento si era delineata su due tendenze opposte; quella rap-

---

[2] Persino Christian Metz che ha spesso polemizzato con Pasolini sulla semiotica ha affermato: "Pasolini era un personaggio straordinario [..] Credo che Pasolini avesse effettivamente delle intuizioni geniali, ma che le esprimesse 'male', se cosi' si può dire, sul piano scientifico, e questo lo ha screditato presso gli studiosi. Per esempio diceva che il cinema era una lingua, e per sostenerlo inventava una definizione di lingua che aveva valore solo per lui ... Era un poeta. [...] penso alla 'soggettiva libera indiretta' che riprendo esplicitamente nel libro a cui sto lavorando adesso, ma trattandola in senso meno poetico e più scientifico. Si tratta dell'idea di un discorso indiretto libero al cinema come una delle posizioni di enunciazione frequenti nel cinema." In Guglielmo Pescatore, "La semiologia del cinema? Bisogna continuare. Conversazione con Christian Metz." *Cinegrafie*, n. 1, 1989, ora in G. Pescatore, *Il narrativo e sinsibile* (Bologna: Hybris, 2001) 112.
[3] In (Allegato) incluso nel volume *Il portico della morte* a cura di Cesare Segre (Associazione "Fondo Pier Paolo Pasolini": Roma, 1988) xxviii.

presentata da Ungaretti e l'altra da Rebora. Quest'ultimo era rimasto chiuso nella vocazione religiosa dell'anteguerra legata alla esperienza vociana. L'altra ala si identificava, invece, con l'Ermetismo che, attraverso *La Ronda*, assunse un ruolo di ribellione contro i Vociani. Per Pasolini la ricerca di Dio in Ungaretti è essenziale e sempre identificabile con l'ispirazione poetica, mentre invece per Rebora e i Vociani essa è molto simile all'eloquio dei mistici e investe tutto l'essere e non solamente l'ispirazione poetica. L'ispirazione religiosa di Pasolini non deriva da queste due correnti ma dal suo viscerale amore evangelico e cristiano e dal suo atteggiamento contraddittorio di mettersi in condizioni da non aver niente da perdere, cioè nella misura in cui egli non si sentiva legato ad alcun patto di fedeltà con nessuna istituzione come il Partito Comunista o la Chiesa. L'unico suo obbligo era quella sua scandalosa ricerca della verità malgrado tutto e tutti che lo avrebbero portato allo scontro con le autorità.

Dopo la prima fase in dialetto friulano tinto di ermetismo, la poesia pasoliniana si è estesa in una lotta ideologica contro l'ermetismo e il novecentismo, sotto il segno di Gramsci e del suo sperimentalismo poetico. Entro l'ambito di questo sentimento s'incrociano la tendenza ad un'immersione totale e appassionata nella vita contemporanea e una predisposizione alla disperazione. Questi sentimenti spesso si intersecano con gli atteggiamenti più svariati sul piano religioso che a sua volta si mescola con la ribellione a Dio e con l'avversione dichiarata alla Chiesa Cattolica come istituzione di potere egemonico intollerante e conservatore. Fra le sue prime raccolte poetiche che meglio rivelano questi suoi caratteri originali, sono: *L'usignolo della chiesa cattolica* (1943-49) e *Le Ceneri di Gramsci* (1958) raccolta che può essere considerata la sua maggiore opera poetica. Nella composizione *La Passione* e *L'usignolo della chiesa cattolica* si sente il forte sentimento religioso che investe la descrizione della crocifissione che, seguendo il tono della lauda arriva a momenti poetici molto vividi. Lo stesso sentimento mistico si estende anche nella composizione *L'usignolo* dove affiora anche la ribellione a Dio che viene paragonato alle stelle lontane nel cielo. Questa protesta a Dio riaffiora anche in *Hymnus ad Nocturnum* dove Pasolini invoca e odia Dio allo stesso tempo. Queste brevi citazioni e referenze sono di fondamentale importanza per un avvio all'interpretazione dell'atteggiamento di Pasolini verso l'impulso religioso, la ribellione a Dio, come già documentato nelle ricerche fatte da Pietro e Carla Lazagna.[4]

Dopo questa introduzione mi propongo di trattare l'atteggiamento di Pasolini verso la Chiesa Cattolica come istituzione riferendomi alla sua ultima raccolta di poesie *Trasumanar e organizzar* del 1971, includendo anche riferimenti alla figura di Cristo nel film *Il Vangelo secondo Matteo* e al misterioso visitatore nel film *Teorema*. Ambedue le figure vanno intese come termini di paragone con i riferimenti religiosi affrontati in questo saggio riguardo alla poesia ma che come vedremo, si estendono anche al cinema fornendo una visione complessiva delle idee di Pasolini sul suo tanto discusso rapporto con la religione.

Trasumanar e organizzar come tutti i suoi libri di poesie è fondamentalmente polemico. La polemica investe la società borghese, i partiti e la Chiesa. La novità sta proprio nell'abbandono degli argomenti e tesi degli anni Cinquanta e Sessanta che erano determinati dal suo pensiero politico ed ideologico marxista. Pasolini introducendo la sua ultima raccolta di poesia tra le ragioni date per averle scritte, spiega: "Il primo di questi principi è stato quello di resistere contro ogni tentazione di letteratura-azione o letteratura-intervento: attraverso l'affermazione caparbia, e quasi solenne, dell'inutilità della poesia".

L'attacco alle istituzioni viene portato avanti dall'analisi interna dell'equivoco esistente nella società moderna, che ormai ne investe tutti gli aspetti. La crisi del mondo moderno coinvolge anche

---

[4] Pietro e Carla Lazagna, *Pasolini di fronte al problema religioso* (Bologna: Edizioni Dehoniane, 1970).

il poeta che è costretto ad abbandonare ogni forma poetica e ogni illusione di creare poesia poiché la condizione della società dell'epoca lo privava di qualsiasi interesse o coinvolgimento storico. L'antitesi pasoliniana del contrasto tra natura e storia perde così ogni valore dialettico e al poeta non resta che optare per la natura. Il che significa uno sforzo per riaffermare la sua vitalità e la presenza in rapporto all'esistenza senza storia. In queste condizioni il poeta può solo scrivere per prescrizione perché la vocazione non esiste più. Questa sua vitalistica reazione è un sentimento di affermazione di libertà e di continuo intervento nell'attualità che scaturisce da una dualistica posizione di fronte alla società. Da questo suo nuovo atteggiamento nasce il titolo della raccolta. Il "trasumanar" è una libertà metastorica che non si può esplicare in un intervento o atto storico cioè "organizzar". L'unica soluzione per poter continuare ad operare è nell'essere, da opporsi al fare, cioè l'impegno storico, che non può più attuarsi a causa della falsa coscienza che determina la perdita di ogni possibilità di "conoscenza". La conoscenza è diventata dogma; legge sia nel corpo politico; sia in quello religioso. Seguendo questa argomentazione Pasolini sviluppa la polemica contro la Chiesa nella prima parte della raccolta e particolarmente ne "L'enigma di Pio XII" in cui emergono chiaramente le sue idee riguardo alle virtù cristiane: fede, speranza e carità.

"L'enigma di Pio XII" apparve per la prima volta su *Nuovi Argomenti* e costò quasi la scomunica a Pasolini. La poesia nasce dal pretesto di essere stata richiesta su commissione dalla rivista *Cattolicesimo rivoluzionario*, in verità essa è uno sfogo personale di Pasolini contro Papa Pacelli ritenuto dogmatico e autoritario. Il Papa, Pio XII, si era alleato alla svolta politica americana della Guerra Fredda lanciando una vera e propria battaglia per escludere il movimento marxista italiano e dei paesi orientali e di quelli in lotta contro l'imperialismo e il colonialismo (Cuba). Il suo atteggiamento dogmatico e autoritario è confermato dal documento di materia religiosa sull'assunzione di Maria da lui interpretato come un atto di fede. Pasolini polemizza in riguardo alla mancanza di carità:

> Della carità so solo, come dice l'autorità, che c'è.
> E non solo che c'è: ma che è ciò che importa.
> Essa è comprensione della *creatura* fuori della storia
> e, insieme della storia: con le sue istituzioni!![5]

Pasolini basa la sua controversia sul fatto che la carità è il contrario di ogni istituzione che diventa sarcasticamente commovente in quanto "gli uomini in altro che in esse non sanno riconoscersi e, in fondo, le stesse istituzioni "ci rendono umilmente fratelli". C'è qualcosa di così misterioso nelle istituzioni in unica forma di vita e semplice modello per l'umanità. Che il mistero di un singolo in confronto è nulla. A questa interpretazione Pasolini oppone la contestazione, necessaria per salvarsi dall'integrazione del sistema sociale borghese, diventato tutt'uno con la Chiesa. La negazione delle istituzioni, incluso la Chiesa, diventa rivendicazione della verità. Di conseguenza la poesia rimpiazza la carità cristiana (àgape) che la Chiesa e il suo Papa hanno dimenticato. La Chiesa si è fatta istituzione fondendosi con la borghesia e deformando l'insegnamento di San Paolo.

Pasolini si riferisce alle prima *Lettera ai Corinzi* nella quale ne "L'inno all'amore" San Paolo aveva scritto: Ecco dunque le tre cose che contano: fede, speranza, amore. Ma più grande di tutte è l'amore.

Pasolini si rifà alla vecchia usanza cattolica di tradurre le tre parole greche: pistis, elpis e àgape in fede, speranza e carità, a quest'ultima parola Pasolini paragona la poesia.

Essendo l'ambiguità parte ineliminabile nella mercificazione della condizione umana, la poesia può solamente assu-

---

[5] "L'enigma di Pio XII" in Pier Paolo Pasolini, *Le poesie* (Milano: Garzanti, 1971) 564.

mere il ruolo "di comprensione della creatura fuori della storia, e, insieme, della storia: con le sue istituzioni!" Il ruolo che sarebbe spettato alla carità, viene assunto dalla poesia. Alla fede e alla speranza fattasi leggi, il poeta non oppone più una poesia ideologica tipo anni Cinquanta, ma un'idea di poesia aperta verso ogni possibilità vitale fino a toccare l'arbitrarietà e il gioco racchiuso ne *La nascita di un nuovo tipo di buffone* un cui Pasolini scrive:

> Che cosa comunico, se non comunico più,
> se, tutto sommato non ho mai comunicato
> altro che il piacere di essere ciò che sono?
> Ciò che mi insegnò mia madre?
>
> (Pasolini, *Le poesie*, 600)

Il poeta può continuare a scrivere poesie come oggetto esplosivo contro ogni illusione di qualsiasi atto storico, assumendo il naturale comportamento di distruttore di sensi. Il Papa d'altro canto rappresentante della Chiesa, dimentica l'importanza della carità cristiana, emettendo messaggi dogmatico-ideologici conformandosi e allineandosi al comportamento della borghesia. In quanto istituzione la Chiesa ha così contribuito a sopprimere di fatto, la carità nel comportamento. Il caso poi vuole che tale comportamento accettato dalla maggioranza sia quello borghese.

Da ciò nasce l'enigma papale cattolico e cioè come è diventato obbligatorio ed è stato accettato il comportamento borghese che per Pasolini elabora una spiegazione complicata in cui cerca di delineare le differenze esistenti fra il laicismo, nemico della Chiesa, divenuto religione senza àgape cioè privo di carità cristiana. Peraltro, la borghesia come la Chiesa Cattolica crede di contenere nella propria natura la carità, tanto da credere che il proprio comportamento debba essere ispirato solamente dalla fede e dalla speranza istituzionalizzando l'àgape e sopprimendola di fatto, come fa la borghesia. Dall'assenza di leggi scritte nasce, tuttavia, l'accettazione passiva di un determinato modello di vita che rappresenta una vera e propria alleanza di potere. Mentre nel mondo agrario e contadino la Chiesa poteva anche unirsi alla borghesia paleoindustriale, nel mondo moderno tale alleanza rappresenta una strumentalizzazione politica.

All'epoca della pubblicazione del poema, secondo Pasolini, la Chiesa nel suo irreligioso (perché senza carità) pragmatismo e nel suo trionfalistico ottimismo escatologico ha ignorato la trasformazione culturale-politica della società e ha continuato a sopravvivere con l'assenza totale della Carità senza la quale la Fede e la Speranza sono semplicemente mostruose perché assumono il ruolo delle leggi di una istituzione. Si tratta di un fenomeno che forse non può essere eliminato, perché, come il poeta stesso suggerisce l'umanità non può vivere senza più Padri e Madri. A tale quesito Pasolini fa alcune profezie:

> Anime belle del cazzo, per cos'altro moriranno
> i due fratelli Kennedy, se non
> per un'*istituzione*? E per cos'altro, se non per un'*istizuione*,
> morirono tanti piccoli, sublimi Vietcong?
> Poiché le istituzioni sono commoventi: e gli uomini
> in altro che in esse non sanno riconoscersi.
> Sono esse che li rendono umilmente fratelli.
>   (Pasolini, *Le poesie*, 568)

IL CRISTO PASOLINIANO

Come discusso sulla poesia degli anni Settanta, anche la cinematografia di Pasolini ha fasi diverse. In un'intervista radiofonica del 18/05/1972 Pasolini ha delineato due fasi del suo cinema, chiamando quella prima, che include i primi due film, *La ricotta* (1963), *Il Vangelo secondo Matteo* (1964) fase "nazionalpopolare" nel senso gramsciano.

Bisogna chiederisi in che modo Pasolini espliori la figura di Cristo nel film *Il Vangelo secondo Matteo* e la ponga come antagonista delle istituzioni in senso gramsciano? A mio parere egli la storicizza privandola della divinità e soffermandosi, invece, sull'aspetto naturale. E, infatti, nel film esiste l'idea del soprannaturale non in senso divino perché si arriva a una interpretazione che non si focalizza sulla vita di Cristo: Uomo-Dio ma rimane ancorata ad una interpretazione laica di un intellettuale impegnato che dialetticamente, spinge lo spettatore a interrogarsi con sincerità sulla propria interpretazione di Cristo, contrapposta a quella che per molti Italiani è legata alle impressioni della prima infanzia, e cioè, alle nozioni impartite dall'Istituzione Ecclesiastica. Scegliendo soltanto il testo di Matteo, lo scopo di Pasolini è di arrivare a mostrare che i discorsi di Cristo sono messaggi di giustizia e di riscatto rivolti soprattutto agli esclusi ma che secondo l'interpretazione della Chiesa Cattolica restano incompleti, perché trascurano il contenuto spirituale e l'essenza divina del Vangelo. Nel film pasoliniano non c'è nè una ricostruzione archeologica dei luoghi dove si sono svolti gli eventi nè una divinizzazione del personaggio di Cristo. Al contrario, nel film, predomina una storicizzazione ideologica aderente al personaggio storico che si avvicina all'intellettuale gramsciano che rappresenta il proprio gruppo sociale e difende i loro interessi. Un'operazione intellettuale che Stefania Benini nel suo libro *Pasolini: The Sacred Flesh*, citando Pasolini ha giustamente definita un'opera gramsciana:

> Now this film can truly be in the "national-popular vein of which Gramsci spoke [...]. It is a story with a fabulous background, on the one hand and ideological on the other, that does not look for historical accuracy...*The Saint Matthew* I intend to do is somewhat of an exaltation of the elements that were already present in *Accattone*, in *Mamma Roma*, and in *La ricotta* [...] That is, the liberation of religious inspiration in a Marxist[6]

---

[6] Stefania Benini, *Pasolini: The Sacred Flesh* (Toronto: University of Toronto Press, 2015) 72-73.

In questo film il regista utilizza la propria definizione di cinema di poesia per dare una voce agli esclusi. Egli, infatti, attraverso la soggettiva libera indiretta riesce a far parlare i suoi personaggi direttamente e a trasmettere la loro psicologia: le differenze di classe e culturali sono inoltre iscritte sui corpi delle persone scelte per la parte che non recitano ma fanno se stessi. La realtà del linguaggio del corpo che unita al luogo scelto permette di guardare una storia passata che si svolge al tempo presente e per analogia, parla anche del contemporaneo. In questo film Cristo ha il ruolo opposto rispetto a quello tradizionale dell'istituzione della Chiesa Cattolica; per esempio il muro assieme al muricciuolo di cinta che vediamo al fianco di Giuseppe all'inizio del film e l'abitazione che il regista ha scelto in un villaggio nell'Italia meridionale, per analogia rappresentano perfettamente un villaggio palestinese del secolo che vide la nascita di Cristo, la povertà accomuna gli esclusi nei secoli e, tra loro, per una determinata scelta, Cristo ha le sue origini.

La soggettiva libera indiretta permette a Pasolini l'identificazione dell'istanza narrante nello sguardo di un personaggio che agisce per processo diacronico in una sorta di monologo interiore: difatti all'inizio del film, emerge un primo piano di Maria che guarda Giuseppe, dopo che lei gli ha detto di essere incinta per opera dello Spirito Santo, attraverso il suo sguardo, intenso e preoccupato, (come se stesse cercando il volto del suo sposo per rassicurazione), Pasolini ci trasmette l'ansia e lo stato d'animo dei due protagonisti. Dopo la scena di Maria interviene un taglio, proceduto da un primo piano di Giuseppe, che sembra preoccupato e incredulo, a cui segue una nuova inquadratura di Maria che abbassa lo sguardo, come per dirci che Giuseppe dubita. La sequenza delle inquadrature prosegue prima, con Giuseppe che sposta in avanti il peso del suo corpo e apre leggermente la bocca come se volesse dire qualcosa a Maria senza trovare le parole, e dopo, traduce l'incertezza dell'uomo mostrata dal movimento inverso del suo corpo che sposta il peso indietro come per allontanarsi da lei. Successivamente interviene un'altra inquadratura di Maria che permette allo spettatore di vedere che i suoi occhi sono ancora rivolti verso il basso in segno di sconfitta e forse vergogna in quanto lo spettatore è portato a vedere il suo pancione e a questo punto egli viene coinvolto direttamente nella tensione che ha percepito tra la coppia.

In un nuovo taglio, la MDP mostra un totale di Maria in piedi di fronte a un muro a secco con un arco costruito con pietre che incornicia la figura della donna incinta. L'inquadratura, che dura poco più di cinque secondi, oltre a dare all'immagine un riferimento pittorico che influisce sulla percezione dello spettatore cristiano (che indirettamente e nel proprio subconscio non può non associare l'immagine all'icona della Vergine), allo stesso tempo, diversamente dai dipinti tradizionali, mostra la posizione di Maria all'interno della scena, leggermente a destra del centro, in una collocazione non simmetrica rispetto allo sfondo del muro di pietra. Va rilevato che la semplicità dei vestiti mettono in risalto l'estrema povertà in cui Maria e Giuseppe vivono.

Una coppia incredibilmente povera sta per avere un figlio fuori dal comune e con un concepimento fuori dal loro matrimonio: per questo grande evento si è scelta un coppia di subalterni che vive ai margini della società. Nei primi trenta secondi dopo i titoli di testa, Pasolini è in grado di comunicare senza parole, in un brevissimo spazio di tempo utilizzando la libera indiretta e il linguaggio del corpo lo stato d'animo e psicologico dei personaggi.

Ricorrendo di nuovo alla soggettiva libera indiretta Pasolini ci mostra come, dopo il sogno, Giuseppe accetta la rivelazione sognata e senza parole ma con un sorriso lo comunica a Maria che risponde con un sorriso che le illumina il volto. Il mezzo sorriso di Giuseppe rivela anche la preoccupazione per il peso dell'incarico che gli sposi dovranno assumersi. La reazione di Maria è in antitesi con quella di Giuseppe, perché lei non mostra emozioni contrastanti. Ancora una volta Pasolini presenta allo spettatore un primo piano del suo viso per mostrare ogni sua piccola espressione ed emozioni. Utilizzando al meglio il bianco e nero mentre Maria esce dalla sua misera casa, la sua silhouette è nettamente giustapposta all'oscurità dell'interno della sua baracca, e il contrasto mette in risalto le sue reazioni facciali. Il suo sorriso è così lieve che sarebbe difficile da vedere se fosse stato presentato in un qualunque altro modo. Il suo timido sorriso aggiunge un tocco umano, ma allo stesso tempo rende perfettamente il personaggio di Maria in quanto le conferisce una pace e una forza che oltrepassa, la comprensibile, unica e difficile situazione in cui si trova. Lei non è completamente sicura di come Giuseppe reagirà, ma è cautamente ottimista e allo stesso tempo sicura di se stessa. Il suo pudico comportamento e rappresentazione colgono perfettamente la sua situazione e ne fanno un ritratto memorabile di donna subalterna la cui passività è emblematica di un certo ceto sociale e del genere femminile di quell'epoca. Questa rappresentazione incoraggia il pubblico ad entrare in empatia con lei, mentre allo stesso tempo stabilisce le caratteristiche comportamentali delle persone a cui Gesù è venuto a portare il suo messaggio.

Per tutti questi motivi il Cristo pasoliniano assume un ruolo marxista di figura rivoluzionaria che invoca il rovesciamento del sistema che sottomette e opprime i poveri. Cristo non porta sulla terra l'amore fraterno che viene enfatizzato dalla Chiesa, ma annuncia: "Non sono venuto a portare pace, ma una spada" Mt, 10,34). Nel Tempio questa minaccia si avvera in una delle sequenze più toccanti e rivoluzionarie del film. Cristo entra nel Tempio e scaccia i mercanti mentre i Farisei guardano con disapprovazione dal balcone. Le differenze di classe vengono di nuovo enfatizzate con il mostrare le varie posizioni in cui si trovano gli antagonisti che sono disposti su livelli di altezza diversi per mettere in risalto la loro posizione sociale. L'ondata di libertà portata da Cristo viene rafforzata dal volo di una colomba rilasciata dalla propria gabbia e dall'arrivo di bambini festanti nel cortile del mercato e dal volto sorridente di Cristo. Le azioni di Cristo che rovescia i banchi dei mercanti che profanano il Tempio per estensione servono anche a cambiare la mentalità delle persone che dovrebbero seguire il suo esempio. La classe dominante non accoglie nè approva le gesta di Cristo, perché è condannata dalla sua avarizia. Pasolini ci ricorda anche che non bastano le parole e le azione per contrastare il potere; difatti quando Ponzio Pilato offre al popolo di scegliere secondo la tradizione di Pasqua tra i condannati, la scelta cade su Barabba invece di Cristo, "perché pur vedendo non vedono, e pur udendo non odono e non comprendono", con le parole di Cristo, Pasolini ci ricorda che il potere egemonico riesce a far agire il popolo contro i propri interessi.

L'OSPITE INASPETTATO

Pasolini stesso riferendosi al suo passaggio dalla letteratura al cinema ha scritto:

> [...] la passione che aveva preso la forma di un grande amore per la letteratura e per la vita, gradualmente si è spogliata dell'amore per la letteratura ed è diventata ciò che realmente era: una passione per la vita, per la realtà attorno a me, realtà fisica, sessuale, oggettuale, esistenziale. Questo è il mio primo e solo grande amore, ed il cinema mi ha spinto, in un certo senso, a tornare a quello ed esprimere solo quello.[7]

Negli anni Sessanta il cataclisma consumistico e la degradazione antropologica avevano contribuito alla perdita dell'autenticità della vita e incrementato la sua profanazione. Come analizzato nella prima parte di questo saggio il poeta in quel dato momento storico può scrivere soltanto per prescrizione. L'unica soluzione per poter continuare è nell'essere, da opporsi al fare, cioè l'impegno

---

[7] L. De Giusti, *I film di Pier Paolo Pasolini* (Roma: Gremese, 1983) 1983.

storico inapplicabile a causa della falsa coscienza borghese. Il cinema che per Pasolini è la realtà del linguaggio del corpo, consente la possibilità di esprimere per riproduzione la concreta fisicità in una realtà completamente cambiata in cui si può costatare la perdita della realtà del mondo dominato dalla borghesia. Per Pasolini soltanto un evento straordinario e fuori dal comune avrebbe potuto scuotere il vuoto della vita borghese. In questo modo avrebbe potuto rappresentare un mondo che aveva perso la visione da lui stesso definito:

> La mia visione del mondo è sempre nel suo fondo di tipo epico-religioso, [...] quindi i personaggi che sono al di fuori d'una coscienza storica, e nella fattispecie, di una coscienza borghese [...], e questi elementi epico-religiosi giocano un ruolo molto importante. La miseria è sempre, per una sua intima caratteristica, epica, e gli elmenti che giocano nella psicologia di un miserabile, di un povero, di un sottoproletario, sono sempre in un certo qual modo puri perché privi di coscienza e quindi essenziali.[8]

Con *Teorema* (1968), la figura dello sconosciuto che sconvolge la vita di una famiglia borghese, apparentemente tranquilla, merita un confronto con il Cristo de *Il Vangelo secondo Matteo*, in quanto segna un cambiamento nella visione di Pasolini sul tema che si sta affrontando. Mentre il Cristo intellettuale gramsciano enfatizza il suo messaggio sociale rivoluzionario alle masse contro i poteri costituiti, il personaggio dello sconosciuto non parla molto e rimane silenzioso per lunghe sequenze del film, ma si esprime con le azioni e attraverso la sua fisicità e il rapporto sessuale. Quando arriva inaspettatamente nella villa di una famiglia borghese, in una delle prime scene del film è seduto ed è immerso nella lettura di un libro intitolato: "Elementi delle costruzioni civili" al punto di non accorgersi che la cenere della sigaretta cade sui pantaloni

---

[8] Pier Paolo Pasolini, "Una visione epica del mondo," in P.P.P. *Per il Cinema* (Milano: Mondadori) 2846.

oppure della serva che lo fissa. L'ospite stabilisce un rapporto con gli altri membri della famiglia per mezzo di atti connotativamente borghesi: egli legge un libro d'arte con il figlio del padrone di casa, esamina un album fotografico con la figlia e condivide un passaggio dalla "Morte di Ivan Il'ič" di Lev Tolstoj con il pater familias. Come la figura pasoliniana di Cristo, l'ospite è un promotore di cambiamenti, ma invece di trasformare le persone attraverso le parole e le lezioni, le trasforma attraverso la fisicità delle esperienze sessuali e personali a fine di portare nella famiglia borghese il disordine, il caos e la consapevolezza del vuoto esistente nella loro vita di cui non erano neanche a conoscenza.

Nei suoi rapporti con i familiari, l'ospite mette in risalto il conformismo della borghesia, la preoccupazione per le apparenze e l'ordine che nascondono il vuoto della loro esistenza. Vediamo l'ospite durante una festa borghese subito dopo i titoli di testa in cui domina il decoro dell'apparenza. Tutti i partecipanti alla festa sono vestiti elegantemente e con colori vivaci. In questo ambiente il personaggio dello sconosciuto balza immediatamente all'occhio: non porta né giacca né cravatta; il colletto della sua camicia non è dentro il suo maglione, e a differenza degli altri uomini e delle donne che portano capigliature ben acconciate, i suoi capelli sono piuttosto trasandati. Sin dall'inizio, c'è una discrepanza tra il decoro che i familiari vogliono mostrare e le loro vite quotidiane. Quest'impressione di vuoto è rafforzata dalle ricorrenti immagine del deserto.

La prima ad entrare in contatto con l'ospite è la timida serva che viene immediatamente sopraffatta dal desiderio sessuale. Al primo contatto con lo sconosciuto Emilia reindirizza questa energia sessuale nelle sue faccende domestiche, ma vinta dalla disperazione di non potere consumare il suo desidero cerca di suicidarsi inalando il gas del fornello. L'ospite, però, la salva e la porta a letto per soddisfare i desideri sessuali della donna. Il figlio, Pietro, ha l'incontro successivo con l'ospite. Condividendo la camera da letto con l'ospite che va a letto nudo, Pietro è preso dalla curiosità e prova a sbirciare sotto il suo lenzuolo, ma poi piange vergognosamente quando è sorpreso in flagrante. L'ospite non si offende e lo consola leggendogli libri d'arte e dormendo con lui. L'incontro con la madre segue lo stesso schema legato all'appagamento dei desideri sessuali repressi che vengono soddisfatti dal generoso ospite.

Il padre, affetto da una malattia non specificata che non gli permette di fare l'amore con la propria moglie e rimane a letto in uno stato di afflizione, ma l'ospite lo guarisce mettendo i piedi del padre sulle proprie spalle. Come suo padre, la figlia soffre, ma in modo psicologico e subconscio piuttosto che fisico: ha paura dei ragazzi e degli uomini escluso suo padre. Nella festa iniziale resta con la serva in una stanza lontano dai ragazzi. Vediamo inoltre un ragazzo che le parla dopo una giornata a scuola e quando prova a baciarla la ragazza corre via. A differenza degli altri familiari che desiderano l'ospite, la figlia non ha il coraggio di esprimere il suo desiderio sessuale. L'ospite capisce perfettamente il suo stato d'animo e fa l'amore anche con lei.

La particolarità dell'ospite è proprio nella sua antitesi ai valori borghesi. Quando l'ospite e Pietro si preparano per andare a letto, l'ospite si spoglia completamente e dorme nudo mentre Pietro si sveste e poi si mette il pigiama. Inoltre, vediamo entrambe la serva e la madre affascinate dai vestiti dell'ospite, la prima pulisce i suoi pantaloni mentre la seconda li accarezza dolcemente. D'altra parte, lui è libero e a proprio agio nudo, e persino giocando con il cane mentre indossa solo la biancheria intima senza alcuna inibizione. Un'altra logica borghese che rovescia è quella legata al concetto capitalista dell'*homo economicus* che si concentra sul possesso e le cui azioni richiedono sempre qualcosa in cambio. L'ospite dà oppure forse sarebbe meglio dire regala oppure condivide, il suo amore e amicizia liberamente e apertamente. In una società in cui i rapporti sessuali rappresentano uno scambio basato sempre su interessi: soldi, matrimonio, fedeltà, devozione, eccetera, l'ospite non chiede nulla e si offre a tutti senza gelosia o aspettative di ricompensa. Questo suo comportamento cambia qualcosa nell'intimo di tutti i familiari borghesi che si manifesta quando improvvisamente egli va via. Ma è da notare che l'ospite non rappresenta il portavoce o l'esponente di un ceto sociale in particolare ma è anche necessario far notare che che incarna l'esatto opposto dei valori mostrati nel film dalla classe borghese. Dopo la sua partenza il figlio Pietro si da all'arte ma produce angosciosamente solo opere astratte destinate al fallimento su cui lui stesso urina, mentre la figlia finisce in uno stato catatonico.

I genitori reagiscono diversamente, la madre abbandona la sua castità e moralità borghese perseguendo una serie di relazioni sessuali infruttuose e vuote e il padre rinuncia alla sua fabbrica, si spoglia nella stazione di Milano e si perde nel deserto. Lo stato in cui questi personaggi finiscono è parallelo al loro stato iniziale difatti come ammette la madre, la partenza dell'ospite non ha distrutto niente di quello che aveva prima, visto che la sua vita era già vuota. Dunque, l'intellettuale serve principalmente a svelare le identità delle persone e a mettere a nudo il fallimento spirituale della borghesia e i propri inesistenti valori.

A differenza dei film precedenti non possiamo dire che l'ospite rappresenta i ceti più bassi ma che ha un effetto sulla serva, la subalterna del film, tra tutti i familiari solo lei non riesce a parlargli per cui si può affermare che prima del suo arrivo la serva fosse uno dei poveri senza voce in senso letterale e figurato. Quando, invece, l'ospite va via la serva insiste a portare la sua valigia dimostrando che ha imparato dalla sua generosità facendo un favore a qualcuno che non tornerà mai a ricambiarlo. Il suo gesto non è servile oppure fatto per dovere subalterno. Poi prova ispirata dall'ospite, lascia la villa e torna a vivere in compagna dove diventa una specie di santa e martire contro il neo capitalismo e sceglie di seppellirsi in un cantiere nelle periferie della città. Dunque, l'obiettivo finale dello sconosciuto è duplice: rivelare i mali morali e spirituali della società neo-capitalista e dei valori borghesi e ispirare una rivolta che ha un effetto soltanto su una subalterna.

In conclusione, il tanto discusso *Teorema* rietra perfettamente nel cinema di Pasolini che nella sua cinematografia ha sempre mostrato e sostenuto una realtà che non si può ridurre al naturalismo:

> [...] detesto il naturalismo. Non considero la natura naturale, la natura non è naturale. Il film è una ricostruzione completa del mondo, e quindi non è naturalistico. Mi si pone un'esigenza naturalistica, di fronte a cui io alzo proprio le barriere del mio modo di avere un rapporto col mondo [...]. Quando io faccio un personaggio, non lo voglio catalogare, incollare in un momento naturalistico di questo personaggio, lo costruisco attraverso il montaggio, attraverso tutti gli strumenti che ho a disposizione.[9]

Come ho cercato di mostrare, Pasolini definisce i suoi primi film compreso *Il Vangelo secondo Matteo* opere gramsciane nazionalpopolari ma nel momento in cui la società italiana si trasforma e sotto la spinta borghese subisce un processo di omologazione sociale, Pasolini sente la necessità di cambiare registro in tutte le sue manifestazioni artistiche per non dovere allinearsi e soccombere alla lingua e agli ideali della cultura di massa. La sua non è una reazione causata da una disillusione artistica (come si continua a ripetere) ma il risultato di una scelta poetica e ideologica che attraversa tutta la sua produzione incluso quella cinematografica ove, con un rinnovato linguaggio, egli continua la sua contestazione e opposizione al potere e al sistema che ha cambiato volto. Pertanto la sua rinnovata forma di protesta può essere compresa soltanto dalla dualistica posizione che Pasolini assume di fronte alla nuova società: la scomparsa di un pubblico popolare assieme

---

[9] (Walter Siti e Franco Zabagli a cura di, *Pier Paolo Pasolini, Per Il Cinema*, due tomi (Milano: Mondadori, 2001) 2786.

a quella di un vero referente popolare da assumere come protagonista per i suoi film, non gli permette di per poter continuare ad esprimere la passione per la vita e la realtà fisica, oggettuale ed esistenziale che lo avevano spinto a darsi al cinema per cui ricorre al mito, al sacro e a un linguaggio "aristocratico". In una nuova società in cui la Chiesa ha fatto il patto con il diavolo, cioè lo Stato borghese e l'omologazione ha cancellato il popolare, Pasolini difende il sacro perché secondo lui è la parte dell'uomo che offre meno resistenza alla profanazione del potere e allo stesso tempo è la più minacciata dalle istituzioni delle Chiese.

BIBLIOGRAFIA ESSENZIALE

Pierpaolo Antonello e Florian Mussgnug, *"Introduction,"* Postmodern Impegno: Ethics and Commitment in Contemporary Culture, eds. Pierpaolo Antonello e Florian Mussgnug. Oxford: Peter Lang, 2010. 10.

Pierpaolo Antonello, *Dimenticare Pasolini: Intellettuali e impegno nell'Italia contemporanea.* Milano: Mimesis, 2012.

Simona Bondavalli, *Fictions of Youth: Pasolini, Adolescence, Fascisms* (Toronto: University of Toronto Press, 2015.

Luciano De Carolis, *Pasolini e il Cinema.* Firenze: Firenze Atheneum, 2008.

Jean Duflot, *Entretiens avec Pier Paolo Pasolini.* Pierre Belfond, 1970.

Adelio Ferrero, *Il cinema di Pier Paolo Pasolini.* Milano: Mondadori, 1978.

Enrico Magrelli a cura di, *Con Pier Paolo Pasolini, Quaderni di Filmcritica.* Roma: Bulzoni, 1977.

Andrea Panizzi, *P.P.Pasolini future nostro contemporaneo.* Genova: De Ferrari Comunicazioni, 2014.

Pasolini on Pasolini. Interviews with Oswald Stack. Bloomington: Indiana University Press, 1969.

Walter Siti e Franco Zabagli a cura di, *Pier Paolo Pasolini, Per Il Cinem*a, due tomi. Milano: Mondadori, 2001.

Il Mediterraneo
"Rerum Concordia Discors"?

Assunta De Crescenzo
UNIVERSITÀ FEDERICO II – NAPOLI

> La forza della poesia nasce dalla forza del testo poetico. La forza di attraversare l'umano che è in noi per dare la parola all'altro, alla ricerca del dialogo, dell'ospitalità e della fratellanza. (Mohammed Bennis, *Il Mediterraneo e la parola*, 63)

Il dinamismo dell'interazione conoscitiva dell'uomo con la natura è esemplificato nei mitologemi mediterranei ed orientali della creazione che fanno capo all'immagine dell'uovo cosmico, aureo o argenteo, o comunque a una figura circolare e luminosa. Tale figura, simbolo del movimento infinito, ininterrotto, emerge dalle acque inferiori e oscure del caos primigenio. Secondo l'interpretazione junghiana, questa rappresentazione mitica non esprime la nascita naturale dell'umanità, bensì quella spirituale, che si manifesta attraverso la facoltà immaginativa e creatrice della nostra specie, come intuizione, come ispirazione. Si tratta, quindi, di un'epifania rivelatrice, il cui fine è risanare l'uomo dagli effetti traumatici del processo dell'autocoscienza, ristabilendone l'originale parentela con il creato[1].

È la parola, la parola poetica che invera le stazioni cruciali di questo *itinerarium* che l'individuo intraprende, più o meno consa-

---

[1] Lo spirito, osserva Salvatore Natoli, "è la forza che spinge l'uomo avanti nel mondo, è l'anima esposta, l'anima in cammino [...]. Lo spirito ci raggiunge nella forma dell'amore, del dolore, della pietà; ci viene incontro nell'esaltazione della bellezza, nell'obbrobrio, nella disperazione e ci chiama, ci invita all'opera. Lo spirito avanza nelle cose, ci scuote dall'indifferenza, desta l'anima dal suo torpore" (S. Natoli, 61-63).

The Mediterranean as Seen by Insiders and Outsiders (Bordighera, 2016)

pevolmente, per raggiungere la maturità, ossia la pienezza della propria esperienza e realizzazione: filogenesi e ontogenesi vichianamente si equivalgono[2]. La parola poetica è, infatti, per sua natura, parola simbolica; essa preserva e trasmette un patrimonio di conoscenze che si condensa in immagine; un'immagine che non dimora nella sfera meramente intellettuale dell'idea (*eidos*), ma si fa rappresentativa ed efficace (*eidolon*). Pertanto, sul piano dell'eziologia artistica, la parola poetica è il nucleo originario dell'opera, in cui si riflette la complessità linguistico-culturale che ne presiede la concezione; è il centro intorno al quale gravita la Memoria che celebra la storia dell'uomo, descrive e reinterpreta gli eventi salienti dell'esistenza, preserva e innova allo stesso tempo.

Un altro degli aspetti più affascinanti dell'arte è quello di comunicare, di gettare ponti, di armonizzare tensioni contrapposte, arrestando il delirio del non-senso e della violenza. Col presente saggio, intendiamo seguire un coro di voci, creare un percorso ideale, che nella complessità delle vicende che hanno segnato la storia del Mediterraneo, rintracci nell'etica della solidarietà, nella libertà, nel dialogo interculturale — e nella poesia che di tali valori si fa testimone —, il suo principio e il suo fine. "Tutti coloro che adottano il punto di vista secondo cui la storia dello scambio creativo veicola l'idea di tutelare il Mediterraneo come dimora comu-

---

[2] Vd. C. G. Jung e, in merito alle implicazioni vichiane, G. Modica. In tal senso, il Mediterraneo e la stessa meridionalità divengono un'idea-mito; si veda, ad esempio, quanto afferma Lucio Felici a proposito di alcune considerazioni del Leopardi nel suo *Zibaldone*, caratterizzate da una chiaroveggente profondità psico-antropologica, oltre che poetica: "Tutte le civiltà antiche sono state meridionali, e il loro spazio geografico ha abbracciato, progressivamente, l'Oriente indiano, persiano, anatolico, e poi l'Egitto, la Grecia, la Libia, l'Italia (prima il Mezzogiorno, la Magna Grecia, poi l'intera penisola romanizzata). [...] La condizione meridionale è una categoria sovrastorica che serve a leggere la storia dei popoli, la storia del mondo, proprio perché è anche una categoria dello spirito, uno stadio dell'evoluzione dell'individuo, i cui mutamenti interiori hanno, vichianamente, gli stessi ritmi, le stesse scadenze dei cicli storici" (L. Felici, 70, 76).

ne", precisa Mohammed Bennis, "si ritrovano al di là delle barriere, siano esse d'ordine geografico, linguistico, politico o culturale. Si ritrovano nell'opera e si sentono uniti nell'appassionata volontà di dare un senso nuovo alla recente idea di Mediterraneo" (M. Bennis, 13)[3]. Non vi è alternativa, sostiene Bennis: occorre adottare questo punto di vista, "affinché la superficie così agitata si plachi e lasci trasparire la sfera delle profondità (e delle altezze), ricca di colori e forme. L'adozione di questa prospettiva non esclude una consapevolezza delle differenze e delle peculiarità. La storia dello scambio creativo è sempre stata una storia in movimento, in cui le visioni si perdono per ritrovarsi nell'alcova della bellezza, della solidarietà, dell'infinito" (M. Bennis, 13).

La poesia ha valore, pertanto, se diviene essa stessa promotrice di pace o canto di denunzia e di provocazione. Arthur Rimbaud navigava coi suoi versi in un azzurro sconfinato ed eterno; nonostante la forte ambiguità simbolica che caratterizza gli esiti della sua poesia, Paul Claudel poté interpretare *Le bateau ivre* (1872) e la *Saison en enfer* (1873) come una sorta di alchemico pellegrinaggio nelle regioni profonde dell'essere, alla ricerca di una divinità nascosta, sconosciuta, eppur vitale, necessaria, emergente dall'in-

---

[3] Si veda, sempre ne *Il Mediterraneo e la parola* di Bennis, la postfazione di M. Donzelli, *La forza creatrice della parola mediterranea*, 105-117. Nato a Fes in Marocco nel 1948, Bennis, uno dei maggiori rappresentanti della poesia araba contemporanea e docente di Letteratura araba all'Università di Rabat, ha una cultura vasta e assai complessa, che è il frutto della "simbiosi da lui realizzata con autori come Imru' al-Qays, Omero e Bashō, Averroè, Rousseau e Kant, Ibn 'Arabī, Nietzsche e Rimbaud, una simbiosi tra spiriti liberi che produce voci e canti polifonici, in un Mediterraneo multiplo e armonioso, caratterizzato da un'apertura che trova la propria specificità nell'accoglienza, simbolo della generosità delle genti mediterranee. [...] La poesia si oppone a ogni frontiera chiusa ed è contro ogni interesse di parte: essa è, invece, il senso della partenza, dell'ospitalità, della generosità. Attraverso la poesia, il Mediterraneo diventa uno spazio aperto sull'infinito, una realtà ben diversa da quella attuale, che tende a disconoscere la diversità delle lingue e dei linguaggi e a riprodurre conflitti" (ivi, 107-108).

stancabile flusso e riflusso delle maree[4]. Anche nella poesia di Thomas Stearns Eliot ispirata al mare — ci riferiamo in particolare a *The Dry Salvages* (1941), terzo dei *Four Quartets*, le cui immagini marine ricordano quelle dell'*Odissea* — le emozioni individuali del poeta si oggettivano in immagini concrete universalmente comprensibili, ma evocatrici al contempo di un mistero, ovvero della dimensione superiore e serenatrice del Sacro.

Il concetto di Mare Nostrum come *mutatio* rigenerante, ovvero come continuità positiva nella perenne mutazione, è una vera e propria categoria gnoseologica di matrice eraclitea, un mito direttivo, necessario e insostituibile nella selva intricata di proposte che popolano l'immaginario contemporaneo. Il viandante che si cela in ognuno di noi, e soprattutto in chiunque intenda spingersi al di là della superficie fenomenica della realtà, non può fare a meno della bussola della tradizione mediterranea, che è principalmente memoria storica e poetica degli avvenimenti, come testimonia la cultura dei tanti, diversi "mediterranei" che pure sono interrelati da un patrimonio comune di simboli. Alle forme istintive e magmatiche di uno psichismo incontrollato, il simbolo oppone la sua attrazione centripeta e fondatrice, divenendo così un catalizzatore di energie creative all'interno del quale trovano dimora e unità le molteplici espressioni storico-artistiche distanti nel tempo e nello spazio.

Scipione Guarracino considera che il Mediterraneo è, sì,

> un'area di civiltà, ma di civiltà al plurale, che, senza nessuna pretesa di rappresentare una storia coerente, si sono variamente succedute, sovrapposte, intrecciate, contrapposte, addirittura accatastate una sull'altra, come dice Fernand Braudel, quasi mai riconoscendosi in un'unica religione o in un unico patrimonio culturale, come è invece per l'Europa con il cristianesimo e il Rina-

---

[4] Per ulteriori ragguagli sulla concezione artistica del poeta e drammaturgo francese, si veda P. Claudel 27-46.

scimento. Anche l'Europa è derivata da una successione di invasioni/migrazioni di popoli, ma è notevole il fatto che l'inizio della sua specifica storia, il IX-X secolo, venga a coincidere più o meno con la fase in cui questi movimenti trovano un loro assestamento, con la cristianizzazione, dopo quella di celti e germani, di slavi, scandinavi e magiari.

La peculiarità del Mediterraneo sta invece proprio nella sua attitudine a far convivere nello scambio continuo le diversità. (S. Guarracino, VII-VIII)

Occorre, pertanto, come ha sottolineato Franco Cassano, "riformare lo sguardo", convertirlo in un nuovo modo di vedere e concepire le cose, sfidando "l'inerzia mentale dei luoghi comuni, che spesso sono seduti in braccio alla madre di tutte le ovvietà: i rapporti di forza" (F. Cassano, XXIII). Lo "statuto" del Mediterraneo è oggi quello "di confine, di interfaccia, di mediazione tra i popoli"; la sua rilevanza, la sua centralità, pertanto, non consiste nel "riportare al centro vecchie terre, un riassegnare la proprietà di quel mare a qualcuno. L'espressione latina *mare nostrum*, odiosa per il suo senso proprietario, oggi può essere pronunziata solo se si accetta uno slittamento del suo significato" nella direzione del ""noi" mediterraneo"; in altre parole, il "soggetto proprietario" di tale aggettivo "non è, non deve essere, un popolo imperiale, che si espande risucchiando l'altro al suo interno". L'espressione *mare nostrum* "non sarà ingannevole solo quando sarà detta con convinzione e contemporaneamente in più lingue" (F. Cassano, XXIII-XXIV).

Si fa ancor più significativa, alla luce di queste interpretazioni, la testimonianza dei poeti maghrebini, e in particolare di Moncef Ghachem, poeta tunisino (nato il 29 luglio del 1946 a Mahdia, pluripremiato e tradotto in italiano, inglese, tedesco, greco e arabo), del quale vogliamo ricordare i versi sobri, dolorosi ma asciutti, fatti di terra e disincanto, che si nutrono tuttavia dello stesso impeto e dell'energia vitale da cui si origina l'amore. Amore come

Eros, ma anche come gemellanza spirituale e sodalizio poetico tra chi si ribella all'egemonia dello straniero, ai danni della colonizzazione, credendo nella libertà; e perciò rimane a lottare, rievocando gli amici scomparsi, perché vittime di un odio senza tregua, ma, grazie all'arte, presenze ancor vive e operanti:

> [...] Djaout, Sebti, Alloula, Mimouni, / figli dell'intatta sensibilità, / vivi amanti della spoglia libertà, / i vostri nomi innalzo oltre le nenie, / vi indico al riparo dagli strazi dell'addio, / fratelli ritrovati nel Poligono stellato, / rilancio il canto luminoso / delle vostre voci frammiste nella veglia di fuoco. // [...] Sotto il gelsomino dell'Amata / o nel timo raccolto sulla tomba di Camus / ci riconoscemmo / giullari della stessa strada, / foggiati dalla stessa luce, / assillati dalla stessa fame, / Rachid, la tua voce è una vena che brucia / e prepara nuovo bivacco di collera / alla tribù disonorata. // Sono loro l'Algeria "musica consolatrice". / Essi, l'amore di Nedjma indomita, / "la pallida smemorata dell'isola dei lotofagi". / Essi sono Lakhdar fuggito dalla cella, / che svende nel caffè dei camalli il coltello / affilato. // Sono i mendicanti del seme di libertà / nelle pitture di Maisonseul. / Sono esplosioni di risa della tenera intelligenza / nella poesia di Tibouchi. / Son loro il combattente che assale il bianco / tenace / tra le lettere infocate / della calligrafia di Koraichi. / Sono i pastori amici della mia vita / di figlio di favolosa luna. / Aldilà delle eclissi, / elevo i nomi dei figli diletti dell'Algeria indomata.[5]

Altrettanto significativa è l'esperienza del poeta iracheno Ayad Alabbar, che in suo resoconto di viaggio — viaggio reale, come cronista di guerra, tra i disagi, i rischi, le violenze fisiche e morali

---

[5] M. Ghachem, *Vivi* (tr. it. di S. Mugno), in A. La Rocca e A. De Crescenzo (a cura di), *Il mare ciclope. Per un'identità mediterranea*, Atti del Convegno di Napoli promosso e organizzato da Aristide La Rocca (Istituto italiano per gli Studi Filosofici, 24 aprile 1999), 209-211; la cit. è alle pp. 210-211. Vd. inoltre M. Ghachem, *Dalle sponde del mare bianco* (tr. it.). Messina: Mesogea, 2003; e i successivi *Mare bianco di mezzo* (tr. it.). Roma: Superstripes Press, 2012; *Il salto del cefalo. Storie di pesci, barche e marinai di Mahdia* [2010] (tr. it.). Messina: Mesogea, 2013.

di un Paese in lotta per la libertà, e viaggio interiore alla ricerca di un significato che oltrepassi le apparenze e riveli la trama nascosta dell'agire umano — combatte a modo proprio per la pace e la riconquista di un'identità che è nazionale e personale assieme: "Un vecchio mi consigliò di portare con me armi per difendermi dai pericoli o dalle insidie. Così portai con me le mie armi: l'essere, la mente, la lingua, la penna, il pennello e lo scalpello. Ogni città era una poesia, ogni paese un'epopea. […] L'arte, la poesia sono per l'appunto i mezzi nonché il fine dell'illimitata libertà dell'essere"[6].

La tradizione costituisce il modo in cui il passato s'inserisce nel presente; e il presente, a sua volta, s'intreccia con le trame più profonde della storia. "La storia", ha osservato Braudel, "non è altro che una continua serie di interrogativi rivolti al passato in nome dei problemi e delle curiosità – nonché delle inquietudini e delle angosce – del presente che ci circonda e ci assedia. Più di ogni altro universo umano ne è prova il Mediterraneo, che ancora si racconta e si rivive senza posa. […] Essere stati è una condizione per essere" (F. Braudel, 7)[7]. Dalla continuità dialettica tra passato e presente derivano le vicende di lunga durata, portatrici di valori che attecchiscono e permangono nel modo di vivere, di pensare, di essere degli uomini.

---

[6] A. Alabbar, *L'esilio come chiave di lettura dell'impossibile*, edito per la prima volta in La Rocca e De Crescenzo, 71-80; la cit. è alle pp. 71-72. Si veda in particolare la raccolta di Alabbar (Mosul – Ninive, 30 dicembre 1951), *Ferite nel cuore del tempo*. Torino: Ananke, 2001. Dopo i suoi studi presso l'Università Ein-Shams del Cairo, concernenti la lingua e la letteratura araba, il poeta si trasferì a Madrid, all'Accademia delle Belle Arti, dove conobbe Salvador Dalì, iniziando con lui un fruttuoso sodalizio artistico.

[7] Si veda anche, in merito alla situazione odierna, lo studio corposo e articolato di F. Canale Cama, D. Casanova, R. M. Delli Quadri, in part. il cap. XI, *Un Mediterraneo post-moderno*, di cui è autrice Francesca Canale Cama. Questo capitolo, che chiude il volume, risulta prezioso per la comprensione dei fatti e delle dinamiche storico-politiche a partire dalla nascita dell'Unione Europea, che è, nel giudizio dell'autrice, "l'evento più significativo nella storia del Mediterraneo nell'ultimo quarto di secolo" (ivi, 383).

La novità, come si è detto sinora, non può fare a meno della tradizione, che vuol dire principalmente continuità (consegna, affidamento, trasmissione) di consuetudini, memorie, conoscenze, valori, da una generazione all'altra; e, a sua volta, la tradizione, che è anche più specificamente tradizione artistica e letteraria (di qui l'importanza dei classici), rimanda inevitabilmente all'attua-lità: "L'attualità può essere banale e mortificante", asseriva Calvino, "ma è pur sempre un punto in cui situarci per guardare in avanti o indietro. Per poter leggere i classici si deve pur stabilire "da dove" li stai leggendo, altrimenti sia il libro che il lettore si perdono in una nuvola senza tempo"[8]. Per classico s'intende tutto ciò che resta e che preserva in ogni tempo e luogo la propria vitalità; è per questo che possiamo considerarli — facendo nostra una definizione di Giuseppe Pontiggia — i "contemporanei del futuro"[9].

Da Omero a Dante, da Ariosto e Tasso a Coleridge, Verne, Eliot, Baudelaire, Valéry, Rimbaud; da Neruda a Montale e a Biagio Marin[10]; da Lorca ai poeti combattenti del Maghreb e agli artisti catalani del Novecento; dal macedone Vlada Urošević ai poeti neoellenici Ioannis Gryparis (1870-1942), Costantino Kavafis (1863-1933), Giorgio Seferis (1900-71), il Mediterraneo è una costante tematica dalle valenze molteplici, suggestive, non di rado provocatorie[11]. Per i poeti ellenici, come per chiunque si senta parte viva

---

[8] I. Calvino, "Italiani, vi esorto ai classici." *L'Espresso*, 28 giugno 1981; poi in Id., *Perché leggere i classici*, 11.
[9] La definizione dà il titolo al libro di Pontiggia del 1998. In merito, si veda anche M. C. Nussbaum, 327-336.
[10] Si veda, in particolare, B. Marin, *Le due rive. "Reportages" adriatici in versi e in prosa*; il volume ospita testi del poeta e fine prosatore di Grado, che datano dai tardi anni Quaranta alla fine dei Sessanta; in essi l'Autore sostiene non solo l'opportunità, ma anche la necessità degli scambi culturali (oltre che di quelli commerciali) tra le due rive di un mare, l'Adriatico appunto, attraverso i quali soltanto è possibile raggiungere un "europeismo comune".
[11] Rinviamo il lettore al libro, interessante e composito, di P. Bruni e G. Picardo, *Voci del Mediterraneo*; in esso i due autori, come si legge nella quarta di copertina, "raccontano lotte incompiute e penne tenute controvento da spiriti ribelli".

dell'ecumene mediterranea, l'esperienza del viaggio per mare racchiude in sé tutta la forza dell'"evento" (*"tyche"*); coinvolge l'esistenza d'ogni singolo con i tratti dell'unicità, pur essendo patrimonio comune, e segna ineludibilmente la sua *forma mentis* (e quindi la sua sorte); il mare, cioè, è un elemento della Natura che appartiene all'*hic et nunc* dell'individuo, ma che al contempo si manifesta come *praesens numen*, ovvero come realtà trascendentale, come senso fondamentale dell'essere, proveniente dalla dimensione parallela e indeterminata dell'*ubique et semper*. Tale simultaneità dimensionale affiora nelle poesie di Kostas Chatzòpoulos (1868-1920) e di Ioannis Gryparis, che hanno vissuto in prima persona, trasmettendola poi ai loro lettori, l'ebbrezza della rinascita morale e spirituale che l'esperienza del viaggio, già di per sé ricompensa al dolore, ingenera nei cuori aperti alla speranza. Nei versi di Kavafis, Itaca, patria del *nostos* e terra promessa per antonomasia, si configura, al termine del viaggio sapienziale dell'esistenza, come approdo salvifico e risarcimento gnoseologico di fronte alle paure ancestrali dell'uomo. Il mare diviene sinonimo di libertà nella poesia di Giorgio Seferis, insignito del Nobel nel 1963: "è impossibile", argomenta Costantino Nikas amplificando la voce del poeta, "resistere al richiamo del mare, al piacere di sentirsi uomo libero al centro del mare libero, libero da ogni barriera, senza confini". Libertà è, soprattutto, possibilità di movimento e dunque di mutamento: "Se nessuna civiltà può fare a meno del movimento, il mare, il nostro mare, rappresenta per noi [Elleni] l'essenza stessa del movimento"[12].

Il Mediterraneo è parte integrante dell'uomo ellenico, è tutt'uno con la sua vita; una vita fatta di concretezza e di passioni antiche, intessute di mare, esperite sul mare e per il mare. La poesia omerica e la cultura ellenica in generale, pertanto, assurgono ad emblema dello spirito umano d'avventura e di conoscenza; secondo Ni-

---

[12] C. Nikas, *Gli Elleni e il Mediterraneo*, in La Rocca e De Crescenzo, 219-226; la cit. è alle pp. 225-226.

kas, un'indubbia quanto affascinante parentela (non solo fonologica) discopre affinità rivelatrici tra i significati di *naus* e *nous*: "navigare" vuol dire principalmente andar per mare; ma anche, oltre la lettera, sondare gli infiniti spazi della fantasia, in cui l'azzurro del cielo e del mare si confondono, e perlustrare le abissali profondità dell'animo umano, "alla ricerca di ciò che più di tutte le cose è difficile, se non impossibile, da raggiungere: quella verità, o meglio, quella parte della "totale verità" che è in ciascun uomo, la conoscenza di se stesso, quel "*gnôthi sautón*" scolpito sul tempio di Apollo delfico, continuo ed eterno monito per l'uomo a conoscere se stesso" (*Gli Elleni e il Mediterraneo*, in La Rocca e De Crescenzo, 220).

Anche Pirandello — che, come avrebbe ricordato Corrado Alvaro, ebbe dai Greci il "senso della natura"[13] (il *lignum vitae* di evangelica memoria era, per lui, non tanto la Croce quanto l'olivo sempreverde) e lo spirito mediterraneo del pellegrino — considerava il movimento, la ricerca inesausta come un espediente necessario per tener desta in sé la Vita, che è "un flusso continuo", e contrastare la sclerosi delle forme, anch'esse necessarie per la consistenza dell'essere, purché non troppo rigide e quindi refrattarie al libero e spontaneo movimento vitale[14]. Nelle poesie giovanili dell'Autore, alcune delle quali edite nel 1998[15], come anche nei suoi dipinti, il mare predomina con tutta la sua potenza evocatrice dell'*imago* archetipica[16]. Esso genera nel poeta stati d'animo fluttuanti, che talora presuppongono l'esistenza di uno stretto legame

---

[13] "Aveva a volte, come nella sua opera, un certo tenebrore proprio del sud, ma molte volte egli ha cantato come la cicala greca. Era greco, o meridionale, o mediterraneo, il suo modo di atteggiare a mimi assai spesso i fatti umani [...]. Greco o mediterraneo il senso del destino, e il modo tutto suo di scovare appetiti e passioni dominanti d'un personaggio" (C. Alvaro, Prefazione a L. Pirandello, *Novelle per un anno*, vol. I, tomo II, 1084, 1086).
[14] L. Pirandello, *L'umorismo* [1908], Parte seconda, cap. V, 210-211.
[15] Vd. R. Marsili Antonetti.
[16] Vd. A. De Crescenzo 2015, 273-291.

tra stato interiore e realtà esterna (nel linguaggio coleridgiano, una "coalescenza di soggetto e oggetto"); talaltra, invece, negano questo legame, accentuando l'alterità radicale del mondo della natura. Alla assoluta atarassia del mondo naturale (Leopardi *docet*), si contrappone il "triste privilegio di sentirsi vivere"[17] proprio dell'uomo. In alcune delle *Novelle per un anno*, che risalgono ai primi anni del Novecento, non è raro che i vasti scenari naturali svolgano una funzione "maieutica" nei confronti dei personaggi: in questi casi, la distesa marina ispira un sentimento che corrisponde, nel soggetto percipiente, a una regione emotiva del suo animo ancora nascosta o in procinto di affiorare[18]; sicché, in forza di questa corrispondenza analogica, il mare diviene una parte viva e determinante della realtà interiore del personaggio e, quindi, un potenziale motore dell'azione, pur conservando la sua autonomia di cosa esterna-estranea all'uomo. Ne *'U Ciclopu*, il dramma euripideo che l'Autore tradusse in dialetto siciliano nel 1918 in omaggio alla tradizione classica, Polifemo e Ulisse rappresentano due assoluti, due modi di concepire l'esistenza opposti e inconciliabili; l'unica via di salvezza è ritornare alla natura — ctonia per il Ciclope, marina per Ulisse — e al proprio destino. Una decina d'anni più tardi, in un'intervista del 1928 con Alberto Cecchi, Pirandello, a proposito della fase "mitica" del suo teatro, avrebbe sostenuto che ideali destinatari del mito, appunto, fossero "tutte le creature mortali"; all'origine dei miti egli scorgeva, infatti, "le vicende elementari e inderogabili dei cicli terrestri: le albe, i tramonti, le nascite, le morti"[19].

Da tali considerazioni percepiamo il grande valore che il concetto di tradizione assunse per Pirandello; e ne è una conferma il suo noviziato poetico, condotto nell'adolescenza sui classici greci e latini e sui nostri dell'Ottocento romantico. Nel *Discorso su Gio-*

---

[17] L. Pirandello, *L'umorismo*, Parte seconda, cap. V, 216.
[18] Vd. A. De Crescenzo 2001, 207-233.
[19] Intervista apparsa sul "Tevere" il 16 marzo di quell'anno; parzialmente riprodotta in G. Giudice, 495.

vanni Verga alla Reale Accademia d'Italia del 1931, egli si sarebbe annoverato tra gli scrittori "dallo stile di cose"[20] – Dante, Machiavelli, Ariosto, Leopardi, Manzoni, Verga –; e nell'ultimo periodo di vita avrebbe rivissuto questo sentimento di appartenenza alla stessa famiglia letteraria, rileggendo i grandi scrittori del passato, dai quali, diceva, aveva ricevuto "le impressioni più forti"[21]. L'essenziale, per lui, era soprattutto lo spirito di un libro, cioè il suo significato più profondo e riposto, nel quale si riflette lo spirito dell'autore, la sua volontà, i suoi sentimenti, ovvero il centro della sua vita interiore: "Solo lo spirito, in qualche momento sublime, può levarsi a un volo rapidissimo, comprensivo, avvolgente, e accogliere in sé tutta la vita. È l'epopea d'un attimo!"[22]. L'arte, allora — facciamo nostre le convinzioni dello Scrittore –, trascendendo le contingenze storiche, si rivela il luogo privilegiato e insostituibile in cui si dà voce allo spirito e alle sue facoltà conoscitive: una conoscenza olistica, cioè immediata, essenziale, sintetica, non surrogabile da nessun'altra attività dell'intelletto; né tantomeno raggiungibile dalla scienza e dalla tecnologia, incapaci di fondare un nuovo statuto gnoseologico ed etico della realtà. Pertanto, la poesia (intesa etimologicamente come "creazione" che suscita emozioni e idealità) che si ispira al Mediterraneo oggi si rivela assolutamente preziosa: monito e augurio al contempo, essa si fonda su valori come la fiducia nel dialogo, la ricerca di un'equilibrata si-

---

[20] L. Pirandello, *Giovanni Verga*, Discorso alla Reale Accademia d'Italia, 3 dicembre 1931, giorno in cui si celebrava il cinquantesimo anniversario de *I Malavoglia*; in ID., *Saggi, Poesie, Scritti varii*, 391-406; la cit. è a p. 392. Il Discorso del '31 riprende, con qualche modifica, il testo di quello tenuto al Teatro Massimo Vincenzo Bellini di Catania, il 2 settembre 1920, per l'ottantesimo compleanno di Verga.

[21] G. Caprin, *Colloqui con Pirandello*, "La lettura", 1° marzo 1927; ora in I. Pupo, 367-373; la cit. è a p. 372.

[22] L. Pirandello, *La vita che non viviamo*, "Il Momento", Torino, 28 gennaio 1906; poi in S. ZAPPULLA MUSCARÀ, 297-301; la cit. è a p. 299.

nergia tra arte e scienza, la capacità rigeneratrice dell'arte, affinché prevalgano, ora più che mai, la coesione, la concordia, l'umanità.

Dunque, è dall'incontro-scontro delle civiltà che fiorirono lungo le sponde del *Mare Nostrum* che si origina, in tutta la sua ricchezza e poliedricità, una cultura molteplice e varia con un sostrato comune. L'identità dell'Europa può emergere proprio dal recupero di quegli elementi, più o meno sommersi, che costituiscono per tante culture diverse e stratificate il medesimo sostrato culturale, filosofico, artistico, poetico (com'è noto, "identità" si riconnette etimologicamente a *"idem"*), che è vita, movimento, rinnovamento nell'alveo stesso della tradizione. Il Mediterraneo è un intreccio di popoli e di epoche, di costumi e ritmi vitali, di forme, colori, odori, suoni, sapori. È gioia solare ma, al contempo, lutto e tragedia. Tuttavia, tale consapevolezza non deve agire da deterrente; deve invece consolidarsi e tradursi in azione, mediante l'esempio, l'informazione, il dialogo, sostenuto dai fautori dell'ecumenismo. Se per i geografi, dunque, l'*oikouméne* designa l'insieme delle terre emerse con le loro particolarità geomorfologiche e climatiche ed il complesso delle esigenze e delle aspirazioni dei popoli che vi abitano, per chi crede nell'efficacia del pensiero e nelle capacità creative dello spirito, essa indica principalmente un'unione, una comunanza di idee e di princìpi, pur nel rispetto delle identità particolari, secondo l'accezione più antica, e non a caso religiosa, del termine. Dunque, l'ecumene mediterranea si configura come forza propulsiva orientata a suggerire nuove forme di intervento, promozione e collaborazione tra i diversi popoli e i diversi ambiti della nostra cultura. L'arte, nella sua istanza pacificatrice, potrebbe in tal modo reinnestarsi sulla pianta-madre della tradizione — nel nostro caso, una vite o un olivo con tutto il loro spessore simbolico — e rivivere con l'antico vigore, traducendo in atto le sue potenzialità coesive e armonizzanti.

Bibliografia

Alcaro, Mario. *Sull'identità meridionale. Forme di una cultura mediterranea*. Torino: Bollati Boringhieri, 1999.

Bennis, Mohammed. *Il Mediterraneo e la parola. Viaggio, poesia, ospitalità*. A cura di Francesca Corrao e Maria Donzelli. Roma: Donzelli, 2009.

Braudel, Fernand. *Il Mediterraneo. Lo spazio, la storia, gli uomini, le tradizioni* [1985] (tr.it.). Milano: Bompiani, 2014.

Bruni, Pierfranco e Picardo, Gerardo. *Voci del Mediterraneo. Aleramo, Buttitta, Campana, Corti, Silone e altri contemporanei*. Firenze: Mauro Pagliai Editore, 2009.

Calvino, Italo. *Perché leggere i classici*. Milano: Mondadori, 1995.

Canale Cama, Francesca; Casanova, Daniela; Delli Quadri, Rosa M. *Storia del Mediterraneo moderno e contemporaneo*. A cura di Luigi Mascilli Migliorini. Napoli: Guida, 2009.

Cassano, Franco. *Il pensiero meridiano* [1996]. Roma-Bari: Laterza, 2014.

Claudel, Paul. *Il cammino nell'arte. Il poeta e il vaso d'incenso* (tr. it.). A cura di Maria Antonietta Di Paco Triglia. Pisa: ETS, 2002.

De Crescenzo, Assunta. *La "funzione maieutica" del paesaggio nelle novelle de "La rallegrata" di Luigi Pirandello*. In Conte, Domenico e Mazzarella, Eugenio (a cura di), *Il concetto di "tipo" tra Ottocento e Novecento. Letteratura, filosofia, scienze umane*. Napoli: Liguori, 2001.

De Crescenzo, Assunta. *Pirandello e il Mediterraneo: i molteplici aspetti del paesaggio*. In Vitti, Antonio C. e Tamburri, Anthony Julian (a cura di). *Mare Nostrum. Prospettive di un dialogo tra alterità e mediterraneità*. New York: Bordighera Press, 2015.

Felici, Lucio. *La luna nel cortile. Capitoli leopardiani*. Soveria Mannelli: Rubbettino, 2006.

Giudice, Gaspare. *Luigi Pirandello*. Torino: UTET, 1963.

Guarracino, Scipione. *Mediterraneo. Immagini, storie e teorie da Omero a Braudel*. Milano: Bruno Mondadori, 2007.

Jung, Carl Gustav. *Simboli della trasformazione* (tr. it.). Torino: Bollati Boringhieri, 2012.

La Rocca, Aristide e De Crescenzo, Assunta (a cura di). *Il Mare Ciclope. Per un'identità mediterranea*. Napoli: Liguori, 2003.

Marin, Biagio. *Le due rive. "Reportages" adriatici in versi e in prosa*. A cura di Marco Giovanetti. Reggio Emilia: Diabasis, 2007.

Marsili Antonetti, Renata (a cura di). *Luigi Pirandello intimo*. Roma: Gangemi, 1998.

Modica, Giuseppe. *I cenni di Giove e il bivio di Ercole. Prospettive vichiane per un'etica sociale*. Milano: Franco Angeli, 1988.

Natoli, Salvatore. *Dio e il divino. Confronto con il Cristianesimo*. Brescia: Morcelliana, 1999.

Nussbaum, Martha C. *Coltivare l'umanità. I classici, il multiculturalismo, l'educazione contemporanea* [1997] (tr. it.). Roma: Carocci, 2014.

Pirandello, Luigi. *Saggi, Poesie, Scritti varii*. A cura di Manlio Lo Vecchio Musti. Milano: Mondadori, 1960.

Pirandello, Luigi. *'U Ciclopu*. A cura di Antonino Pagliaro. Firenze: Le Monnier, 1967.

Pirandello, Luigi. *L'umorismo* [1908]. Introduzione di Nino Borsellino. Prefazione e note di Pietro Milone. Milano: Garzanti, 1995.

Pirandello, Luigi. *Novelle per un anno*. A cura di Mario Costanzo. Milano: Mondadori, 1997.

Pontiggia, Giuseppe. *I contemporanei del futuro*. Milano: Mondadori, 1998.

Pupo, Ivan (a cura di). *Interviste a Pirandello. "Parole da dire, uomo, agli altri uomini"*. Prefazione di Nino Borsellino. Soveria Mannelli: Rubbettino, 2002.

Zappulla Muscarà, Sarah. *Pirandello in guanti gialli (con scritti sconosciuti o rari e mai raccolti in volume di Luigi Pirandello)*. Caltanissetta-Roma: Sciascia, 1983.

Mediterranean Voices and Amara Lakhous' Accent(s)
Arabic, Italian, or Simply Roman

Ryan Calabretta-Sajder
UNIVERSITY OF ARKANSAS

Ricordati, Parviz, siamo tutti stranieri in questa città [Roma]![1]

What does it mean to be Italian, or better yet, Roman? Considering the recent unification of Italy, the country maintains tied to a strong regional, cultural identity. Historically, Italy has been a country for emigration, rather than immigration, until the last thirty years, even though the peninsula and its islands have experienced various moments of internal migration, primarily in hope of better financially prosperous opportunities. The above quotation made by Amedeo, the protagonist of *Scontro di civiltà per un ascensore a Piazza Vittorio* reminds his friend, Parviz of the multi-cultural make-up of the eternal city, underscoring its place as a haven for migration, suggesting a certain 'melting pot' mentality. Within this backdrop, Algerian born, Roman 'trained' author Amara Lakhous runs the thematic gamut and his novels' style embrace a core one may categorize as belonging to Mediterranean Studies. Through adopting Hamid Naficy's theoretical concept of accented cinema, I will argue that Amara Lakhous has lost his arabic accent by the time he finished *Divorzio all'islamica a viale Marconi* by analyzing his use of space and place, language, in particular dialect and the mixing of languages, culture, and literary structure. In the end, it will become clear that like Amedeo,

---

[1] Amara Lakhous, *Scontro di civiltà per un ascensore a Piazza Vittorio*, 15-16.

the protagonist of *Scontro di civiltà per un ascensore a Piazza Vittorio*, Lakhous is as Roman as a seventh-generation Roman. As such, his literature deems a place in the Italian literary canon.

Born and raised in Algeria, Amara Lakhous attended both Koranic and French schools. Through his educational training, he has become fluent in four languages: Berber, Arabic, and French and later Italian, adopting Italian along with Arabic to be his literary tongues. Before publishing his first novel, Lakhous was an active journalist and radio personality; as the civil war continued to gain movement in the 1990s, he became growingly concerned with his own safety and in 1995 he had the opportunity to leave for Rome, which he quickly accepted and immediately enrolled in a doctoral program in anthropology where he studied the sociological situation of second general Italian-Arabs. He is currently the author of six books: *Le cimici e il pirata* (1999), *Scontro di civiltà per un ascensore a Piazza Vittorio* (2005), *Divorzio all'islamico a viale Marconi* (2010), *Un pirata piccolo piccolo* (2011), *Contesa per un maialino italianissimo a San Salvario* (2013), and *La zingarata della verginella di via Ormea* (2014), and has most recently assumed a professorial role in the American academy.

Interestingly enough, his first novel, *Le cimici e il pirata (1999)* was written in a bilingual format and *Scontro di civiltà per un ascensore a Piazza Vittorio* was originally written in Arabic and then rewritten, *not* translated, into Italian. In fact, Lakhous in various interviews explains the difference between translation and rewriting in which he provides very vivid examples of the latter.[2]

---

[2] One major difference between translation and re-writing for Amara Lakhous is the cultural references created, ie. an Arabic protagonist will be described with Arabic features know by the protagonist narrating. See Claudia Esposito, "Literature is Language: An Interview with Amara Lakhous," p 423, Rita Wilson, "Cultural Mediation through Translingual Narrative," pgs. 245-247, Ryan Calabretta-Sajder, "Amara Lakhous: da scrittore a rivoluzionario del giallo" forthcoming in *Italica*.

Scontro di civiltà per un ascensore a Piazza Vittorio won *il premio Flaiano per la narrativa* in 2006 and also *il premio Racalmare – Leonardo Sciascia*. His third novel, *Divorzio all'islamico a viale Marconi* was originally written in Italian and he has re-written it into Arabic.[3] His novels have been translated into more than fourteen languages, including French and English; however, he does not partake in the translation process.

As a migrant having left Algeria and settling in Rome, Italy, Lakhous embraced the concept of intercultural competence, demonstrated by his degree from the University of Rome, 'La Sapienza'. His works offer a unique perspective on contemporary life in Italy, particularly for the migrant population, but also for 21st century Italians, highlighting various themes including gender, social class, racism, and even language. In addition to presenting diverse perspectives to the literary canon, Lakhous' works challenge the current state of the *giallo* by exhibiting changes to the traditional model and adding his own voice to the genre. Although his opus touches upon a variety of aspects, this piece aims to argue that through his first two Italian novels, *Scontro di civiltà per un ascensore a Piazza Vittorio* and *Divorzio all'islamica a viale Marconi,* the novelist has already lost his Arabic accent and should be considered an Italian author, being placed into the Italian contemporary literature canon.

It is difficult to categorize the literary opus of Amara Lakhous; is he an Italian author or a migrant author? Can we define him as a Mediterranean author even though he was born in Algeria? With the resurgence of the Question of the Mediterranean along

---

[3] See Daniela Brogi, "Le catene dell'identità. Conversazione con Amara Lakhous." in *Between*, vol. 1, n. 1 (Maggio/May 2011), p. 3. Lakhous says, "Io ho scelto di scrivere in due lingue: ogni romanzo ha due versioni, una in arabo e una in italiano; spero di continuare e l'obiettivo è molto ambizioso: italianizzare l'arabo e arabizzare l'italiano: ci vuole tempo, ma ci sto lavorando con molto serietà."

with academia's newfound attention to its study, scholars and literary critics have and continue to disagree about a working definition to encompass this field, even to the extent that a foundation itself has been called into question. Some scholars believe the field should be defined according to religion, others geography or language, some still believe it to be an historical question. Conversely, Roberto Dainotto maintains that the Mediterranean Sea itself should determine the structure of the field, playing on the history, but also on the importance and the symbolism of water – as rebirth, cleansing, separation, and even return.[4]

In the past 30 years, the influx of migrants in Italy has generated an increase of literature which Paolo Giordano and Anthony Tamburri would define as 'Beyond the Margins'.[5] In fact, according to BASILI (*Banca Dati Scrittori Immigranti in Lingua Italiana*), a database of Immigrant writers in Italy established by Prof. Armando Gnisci and Dr. Francesca Sinopoli in 1997, shows at least 481 immigrant writers of Italian as of 2012, most of them unknown to the general public.[6] One of the questions that remains is how do we categorize this literature.

With roughly 500 migrant authors, many with more than one work published, a new genre of literature has been created; however, a proper genre or category of literature has yet to be defined. Some scholars call it 'border writing', others 'transnational literature', and some suggest adopting the concept of Italophone literature, mirroring our neighbors in France. With each possible category, other connotations and as such, issues arise. Both Federica Mazzara in "Beyond Italian borders: Amara Lakhous and the

---

[4] Roberto Dainotto, Keynote Address at Mountain Interstate Foreign Language Conference, Auburn University, September 2011.
[5] See, Paolo Giordano and Anthony Julian Tamburri, *Beyond the Margins: Readings in Italian Americana*.
[6] See http://www.disp.let.uniroma1.it/basili2001/. 21 May 2012.

Mediterranean Alternative" and Rita Wilson in "Cultural Mediation through Translingual" examine at length the concept of genre revolving around this 'new' literature. This dialogue may be a necessary one to initiate, but it can be argued that Lakhous' literature belongs within the Italian literary landscape.

In *An Accented Cinema: Exilic and Diasporic Filmmaking*, Hamid Naficy argues that a non-native director does not lose his native accent, that his/her ethnic past manifests itself in various modes. In the first chapter entitled "Situating Accented Cinema", Naficy states:

> Accented filmmakers are the products of this dual postcolonial displacement and postmodern or late modern scattering. Because of their displacement from the margins to the centers, they have become subjects in world history...However marginalized they are within the center, their ability to access the means of *reproduction* may prove to be as empowering to the marginalia of the postindustrial era as the capturing of the means of *production* would have been to the subalterns of the industrial era. (11)

Naficy demonstrates that accented directors — exilic, diasporic, and ethnic — often film a shared experience as migrants and he analyzes similarities between them:

> they [accented directors] memorialize the homeland by fetishizing it in the form of cathected sounds, images, and chronotypes that are circulated intertextuality in exilic popular culture, including in films and music videos. The exiles' primary relationship, in short, is with their countries and cultures of origin and with the sight, sound, taste and fell of an originary experience, of an elsewhere at other times. (12)

Although Naficy proposes a rather theoretical model to consider for film studies, its application might be even more prominent within literature due to the relationship between language and linguistics, i.e. the accent itself; Amara Lakhous however has mastered Italian language and culture, to the extent that his own accent is lost in the mix.

Before entering into the analysis of Amara Lakhous' two novels, *Scontro di civiltà per un ascensore in Piazza Vittorio* and *Divorzio all'islamica a viale Marconi*, it is important to recall some background information. The first novel, written in 2005, opens with the interrogation, which the reader learns later is a police investigation, of one of eleven friends and acquaintances of the main protagonist, Amedeo. These eleven chapters serve as a means to learn about Amedeo. In between each of these chapters, there is a 'wailing' chapter in which the narrator experiences Amedeo's perspective to the facts of the storyline. The story opens with the murder of *The Gladiator*, or Lorenzo Manfredini, which occurs in the elevator of the building, where almost all the characters reside, located in Piazza Vittorio. No one knows the murderer but when Amedeo suddenly appears missing, and the police realize that Amedeo is not in fact Amedeo but really Ahmed Salmi, the blame is wrongly placed on him; however, in the end, the truth does set him free.

Divorzio all'islamica a viale Marconi is the second novel taken into consideration. *Divorzio all'islamica a viale Marconi* tells the following story: Italian secret service agents receive a message that a group of Muslim immigrants operating in Rome, in the area of viale Marconi, is preparing an attack. Christian Mazzari, a young Sicilian with perfect fluency in Arabic is sent to infiltrate the group and discover its secrets. Christian begins his investigation undercover, living in the viale Marconi area under the alias of Issa, a Tunisian immigrant in search of a room and a job. His story is intertwined with Sofia's, a young Egyptian immigrant woman who wears the veil and is married to Said, called Felice, an ex-architect become pizza-maker. The narration itself is split between the perspectives of the two major protagonists, Issa and Sofia.

Through the eyes of Sofia, the narrator experiences the difficulties of Islamic culture for women. Sofia however has a larger issue at hand, her relationship with Felice, her husband. In the end, Sofia and Felice are the culprits. In the final scene, the reader discovers that Issa/Christian was set up – it was a test to see if he could be trusted and enter a higher level of security clearance with his position.

The concepts of space and place have become essential in the literary works of Amara Lakhous, beginning with Rome as a macrocosm and scaling smaller with individual Roman neighborhoods as microcosms. On a personal level, Lakhous has assumed a relatively unique relationship with Italy, first as a migrant himself, coming first to Rome and later to Turin, and secondly as a writer. He knows the world of Piazza Vittorio intimately because he inhabited this area while studying at 'La Sapienza'; therefore, it is no surprise that the protagonist, Amedeo, also settles there. In fact, the character of Amedeo can, in many regards, offer an autobiographical reading.

Piazza Vittorio is a unique area of Rome, found in the Esquiliano *rione* of the city, serviced by Vittorio Emanuele Metro station. Built after the Unification of Italy, Piazza Vittorio is one of the largest piazzas in Rome, garnished with galleries, usually uncommon in the Roman landscape. Originally, this area was inhabited by the upper class, however, in more recent years, Piazza Vittorio has hosted a variety of migrants, particularly from the Arab and Asian worlds, so much so that 'La Sapienza' has its Instituto Italiano degli Studi Orientali housed in that neighborhood.

In the novel, within the microcosm of Piazza Vittorio, only one Roman, Sandro, inhabits the building where Amedeo lives. The rest of the occupants are either migrants or non-Romans. Tensions are heightened throughout the novel due to cultural differences. Much of the tension, for example, is initiated by Benedetta, the Neapolitan *portiera* of the building. She represents the quintessential Southern Italian, assuming that all Northerners dislike her solely based on her Southern origins, while in reality, she is disliked because she is an unpleasant woman who acts as if she owns the building, rather than simply work there. Even though she has occupied the same position as *portiera* for her entire career, she is constantly afraid of something happening within the building which would cause her to lose her job. For example, she attempts to control the elevator, meaning she tries to persuade the tenants not to use it so that it will never break. The only tenant she respects is Amedeo because after a discussion about the elevator rules, he decides to always take the stairs.

Within the building therefore, the elevator becomes a microcosm within a microcosm, assuming metaphoric qualities and at some moments is quasi personified. In the individual chapters, each character's relationship to the elevator is clearly described by him or her. For example, Parviz, a friend of Amedeo, states:

> Io adoro l'ascensore, lo uso non per pigrizia ma per meditare. Primi il pulsante senza nessuno sforzo, vai su o scendi giù, potrebbe guastarsi mentre sei dentro. È esattamente come la vita, piena di guasti. Ora sei su, ora sei giù, potrebbe guastarsi mentre sei dentro. È esattamente come la vita, piena di guasti... L'ascensore è uno strumento di meditazione (16).

> I adore the elevator, I don't take it because I'm lazy—I meditate in it. You press the button without any effort, you go up or descend, it could even break down while you're inside. It's exactly like life, full of breakdowns...The elevator is a tool for mediation.

In this citation, the reader experiences a deeper side to Parviz, who is otherwise described in a negative light by Benedetta as weak and aloof. Instead, Parviz interprets the elevator as a metaphor for life, which offers a profound undertone in contrast with Benedetta's stereotypical assumptions.

An older inhabitant of the building, Elisabbeta Fabiani creates diverse drama within the microcosm of the elevator; she allows her dog, Valentino, to use it as a bathroom. Although the tenants are not happy about this, because she is Italian, she is never reprimanded. If she were a migrant, she would have been expelled from living there. The third perspective necessary to consider when analyzing the elevator is Antonio Marini, the professor at 'La Sapienza' who is originally from Milan. Marini states:

> Ho provato molte volte a organizzare riunioni di condominio per affrontare una volta per tutte alcuni gravi problemi, soprattutto quello dell'ascensore. Ho ribadito che l'ascensore è una questione di civiltà, e che dobbiamo stabilire regole chiare per utilizzarlo: è proibito buttare mozziconi di sigarette, è vietato mangiare, è proibito scrivere parole oscene, è vietato pisciare, ecc. Ho proposto di mettere una targa sulla porta dell'ascensore: 'Si prega di lasciare pulito l'ascensore!'. Però la proposta non ha ottenuto la maggioranza, dopo che l'olandese Van Marten se ne è andato dicendo: "Questa targa va bene solo sulle porte dei bagni pubblici!". (76)

> I repeated that the elevator is a matter of civilization, and that we must establish clear rules for using it: tossing out cigarette butts is prohibited, eating is forbidden, writing obscenities is prohibited, urinating is forbidden, and so on. I proposed putting a sign on the door of the elevator: 'Please keep the elevator clean!' But the proposal did not win a majority vote, and afterward the Dutch student Van Marten went off saying, 'Such a sign should only be at the entrance to a public toilet!'

Marini underscores the importance of the elevator above, first from a practical sense, but later enters into a class-structure discourse. The professor would like to extend his lectures to the elevator, offering his pretentious view of the world to all involved, which fails as noted by Van Marten's retort. As a microcosm though, it still must serve all walks of life, even if this may seem uncivilized to some. In fact, this is the precise reason Lakhous placed the elevator at the center of the novel:

> In *Scontro di civiltà* ho scelto l'ascensore perché volevo riflettere sulla domanda: come convivere insieme? L'ascensore è il luogo in cui si deve stare a stretto contatto e si sente l'odore, il profumo degli altri, guardandosi negli occhi qualcosa bisogna dire.[7]
>
> In *Scontro di civiltà*, I chose the elevator because I wanted to reflect on the question: how do we live together? The elevator is a place in which one must be in close contact with other; one can smell the odors or perfume of other, looking into another's eyes and speaking through them.

Even though Lakhous dabbles within the genre of the *giallo italiano*, his works supersede the confines placed by it, instead, he aims to call into question larger philosophical dialogues, one being the clash of cultures in everyday life, a universal theme applicable to readers across the globe.

The elevator then offers many meanings within the text, from the simple to the complex, acting as an independent island with the building, yet without the building there is no island, separating the two factions is impossible and lends the text bare. Being a *giallo*, there is a death, which not surprisingly occurs in the elevator; the killer however is the unexpected elderly lady, Elisabetta Fabiani, who murders The Gladiator with a knife in retaliation for stealing her dog and using him in a dog fight, where he is killed. When we consider the elevator as a representation of civilization, which also thus assumes a connotation related to technology on the macro level, Lakhous leaves the boundaries of Italy specific, especially with his make-up of misfit tenants, and the elevator can be moved to anywhere in the world. On the microcosmic level, the

---

[7] Daniela Brogi, Le catene dell'identità: Conversazione con Amara Lakhous, 2.

crimes are committed by two Italians, supposedly representing the civilized class (of course we learn of this after all the Italian characters insult the foreigners and turn on Amedeo once they learn he is not in fact Italian) but on the macrocosmic level, the elevator serves as a metaphor for any elevator anywhere in the world.

Remaining within the Roman landscapre, Viale Marconi serves as the setting for the second novel *Divorzio all'islamica a viale Marconi,* an area in which Lakhous himself lived for two years. Viale Guglielmo Marconi is located in the San Paolo neighborhood, which extends from the Magliana to viale Marconi, partly within the rione of Ostiense and Trastevere, and is the longest street in the eternal city. The neighborhood hosts the Università di Roma 'Tre' offering the area a cosmopolitan feel with its variety of students, along with a plethora of newly arrived migrants. For this reason, the protagonists of *Divorzio all'islamica a viale Marconi* reside here. In fact, Christian, the secret service agent, does not reside in viale Marconi, only when he becomes Issa, the Tunisian migrant does he find a bed in the area, underscoring the difficult situation of the migrant in contemporary Italian society.

Similarly to *Scontro di civiltà per un ascensore a Piazza Vittorio, Divorzio all'islamica a viale Marconi* also revolves around very few locations. The majority of the plot is centered on Little Cairo, an international calling center, news center (the news from Al Jazeers seems to be constantly playing) and gossip hub operated by *hegg* Akram. Outside of Little Cairo, which is the name in both the English and Italian translations, the plot primarily revolves around Issa's apartment that he rents from Teresa, where he lives with a majority of Egyptians, one Senegalese, one Moraccan, and one Bengalese, Omar, states, <<L'importante è che siamo tutti musulmani>> (47). In this regard, the novel is a split between the public and private realms, highlighting the double identity of each of the main protagonists: Christian/Issa, Safia/Sofia, and Said/Felice. The novelist thus plays with the concepts of public versus private when related to religion. In the public realm, all three characters assume a rather devout relationship with Islam, particularly Issa, whose legal name is Christian, an obvious pun. One of the few cross-overs between public and private occurs with Sofia's divorce, which happens privately, yet becomes public due to the nature of Issa's role in reuniting the couple; with this action, a second level of irony is introduced since Issa would love to engage more fully with Sofia, yet it is only to assist in rekindling the couple. Lakhous plays with the concepts of masculinity and religion through the same theme.

Omar's statement regarding a shared religious affiliation amongst the tenants seems to be the glue that molds the novel together, in the end however, it becomes the core of the satire through which the novel takes form; everything seems to revolve around religious fervor, yet the crux is that religious ideals advance the plot of the novel and once it consumes the readers' emotions, it explodes in our faces. Even before entering the text, it is clear to the Italian reader that the novel will be full of satire from the title itself and its allusion to *Divorzio all'italiana* by Pietro Germi, and this indication proves right. Therefore, Lakhous' manipulation of both place and space, introduces the reader to the non-tourist facades of the eternal city inhabited by a multicultural array of characters demonstrating the author's Italianness.

Much research already exists regarding the richness of language within the works of Lakhous, an aspect which is truly at the core of his style, both as author and within the context of his novels. He is a master and remains detail-oriented when creating speech for his individual characters; characterization is at the heart of his novels, noticed not only through language but also through his literary structure, which will be addressed later. The characters themselves are also very conscious about the language they speak and their utterances are interpreted. When dealing in

Arabic, most vocabulary presented in his novels deal with everyday life, often salutations, or sectorial vocabulary related to Islam.[8] More often than not, the word(s) itself is marked in italics and then transcribed with Latin characters and joined with an Italian explanation.[9] Often we see the characters greeting each other in Arabic, for example, "Assalamu aleikum, sorella". "Aleikum salam" meaning "Peace be with you" and its response, "and upon you". The use of Arabic in daily salutations adds to the realism of the migrant experience, and this example crosses both the linguistic and cultural nature. Although Arabic is present within both novels, it seems to add to the multi-cultural nature of the text, rather than as an accent, especially since Benedetta argues for Amedeo:

> Che dite? Il signor Amedeo è forestiero? Non ci credo che non è italiano! Non ho ancora perso la testa, sono in grado di distinguere tra gli italiani e gli stranieri...Amedeo parla l'italiano meglio di mio figlio Gennaro...se il signor Amedeo è forestiero come dine voi, chi sarebbe l'italiano vero?" (32-33)

Her exclamations make clear Amedeo's ability to demonstrate himself as Italian, even if, in reality he is not. Therefore, the perception of Amedeo maybe as important as his reality, if not more so.

Even though Arabic is intertwined within his novels, Lakhous supersedes a simple single faceted approach to writing, with his knowledge of Italy, linguistic and cultural, which highlights a deeper understanding of the people and their own roots — histor-

---

[8] Although this observation is rather clear and almost characteristic of Amara Lakhous' work, there have been numerous articles written having examined a variety of linguistic aspects in his works. Most notably are the following: see Brogi, Biorci, Grappaldi, Wilson.

[9] See Brogi, Biorci, Grappaldi, Wilson.

ical, cultural, and even as internal migrants. The best example of this concept is Benedetta, the *portiera* in *Scontro di civiltà per un ascensore a Piazza Vittorio*. Benedetta characterizes herself as Neapolitan rather that Italian and often speaks in her dialect. In the chapter entitled "La verità di Benedetta Esposito", she addresses the unknown listener, who the reader infers is Mauro Bettarini, the investigator by the end of the novel, in the 'voi' person, not to be informal, instead, she is using the 'voi' as it was and currently is at times used to replace the 'Lei' as seen in the South. This linguistic measure immediately signals her Southern origins for a native speaker. She maintains a rather conservative outlook when dealing with politics and migration, as seen by her adoration of Giulio Andreotti and her beliefs about Parviz. Before the reader meets her, we learn that she is Neapolitan in the opening line of the chapter, "Sono di Napoli, lo dice forte e senza mettermi scuorno" (31). She continues to brandish her Neapolitan pride by discussing the importance of Totò and his relationship with Naples: "Per caso Totò non è nato a Napoli? È il più grande attire del mondo, ha vinto cinque volte l'Oscar....È l'unico che mi fa ridere pure quando sto triste" (31).

When Benedetta becomes emotional, she naturally switches registers and reverts to the use of her dialect. For example, when she talks about Andreotti being connected with the mafia and cannot accept that reality, she says, "Maro', aiutace tu!" (31) or when discussing her age, "Manngaggia'a vecchiaia! E vabbuo'" (33) or even her first encounter with Amedeo when he attempted to use the elevator, she said, <<Guaglio', addo' vaje?>> (33). It is obvious that she uses dialect in two situations: first and foremost when she is emotional or becomes animated and secondly when it is a question of control. Lakhous' manipulation of her speech in dialect however reflects the situation of his other migrant characters; in reality, Benedetta represents every other non - Christian migrant within the text, a shared experience, she is too ignorant to understand. In this manner, Lakhous does two things rather cleverly. Most importantly, he writes in a metaphoric manner, using the microcosm to represent the macrocosm - the internal Southern Italian migrant represents the larger situation of external migration into Italy. On a larger note, Lakhous is speaking to migration on an international level. Through this method, he brings attention to the microcosm and reminds Italians of their own racial/ethnic biases in the exact same manner Pietro Germi did through his Comedy Italian Style films - Lakhous adopts the same model for his literary opus.

Knowing a language however deeply is not enough to lose, or maybe, change one's accent. Bi-and tri-lingual people have come to understand the importance of culture in order to better appreciate language, and vice-versa. The two concepts are inseparable, they remain intertwined, and as such, it is pertinent to examine Lakhous' use of culture within these novels.

> 1. "Che strano! Sta leggendo *il Manifesto*! È diventato comunista? Perché ha rinunciato alla *Padania*, al *Libero* e al *Giornale*?" (It's strange! He reads *Il Manifesto*! He became a communist? Why did he give up *Padania*, *Libero* and *Giornale*?).[10]

> 2. "Non sapete chi è Roberto Bossosso? È il leader del partito Forza Nord che considera nemici gli imigrati musulmani!" (You don't know who is Roberto Bossosso? He's the leader of the party Forza Nord that considers the Muslim immigrant).[11]

> 3. "Gentile, lo so, è una parola italiana che significa garbato ed educato, però in realtà è il cognome del ex-giocatore della Juventus e della nazionale italiana vincitrice dei mondiali 1982 in Spagna ..." (Gentile, I know, is an Italian word which means edu-

---

[10] Amara Lakhous, *Divorzio all'islamica a viale Marconi*, 101.
[11] Amara Lakhous, *Scontro di civiltà per un ascensore a Piazza Vittorio*, 15.

cated and polite, but in fact it's the surname of the ex-player of Juventus and the winning representation on the World cup in the 1982 in Spain ...).[12]

These three citations, although they may not seem critical, serve as a means to cultural integration and inclusion.[13] The first citation highlights the diverse newspapers in Italy, which are overtly known to be politically slanted, and defines the character through the path he chooses to gain knowledge. The second extract reinforces the crucial nature of politics in society, already introduced by the first one. The third point however may seem like the intruder since it distances itself from the topic of politics (even though politics are involved with Italian soccer). As a fundamental part of contemporary Italian society, it is important to be stay abreast of the sport. The migrant characters in these novels are immersed into Italian culture; politics assumes a great place in culture, especially when the politicians are deciding on your fate. As such, the political becomes the real in Lakhous' works, highlighting its importance in a post-modern society.

The concept of news/information within *Divorzio all'islamica a viale Marconi* itself is noteworthy and deems expansion since a huge discourse on the concept of news broadcasts is present throughout the novel. The main female protagonist, Sofia, makes it a point to watch the Italian, local news, while all the local migrants convene at Little Cairo, an international calling center, and watch the Arabic news. Thus, this double-edged sword that Lakhous plants for the reader is quite pointed. The only character of *Divorzio all'islamica a viale Marconi* who understands the im-

---

[12] Amara Lakhous, *Scontro di civiltà per un ascensore a Piazza Vittorio*, 77.
[13] These citations have been examined by Jovana Karanikic in a general fashion in her piece entitled "The Italian Literature of Immigration as a Cultural Crossroad The Significance of Realia and Onomastic Elements in the". In this piece, I analyze each citation individually.

portance of integration, even from the perspective of politics, is a female, veiled Muslim character.

Lakhous does not end his cultural education of the reader yet. The beauty of his accents, or lack thereof, do not simply come from Italian culture; their reach is much larger. In fact, he incorporates a lot of international culture to enrich his text. These terms and concepts most often come from an Anglo-American world. Here are a few pertinent examples:

> 1."... divoravo le riviste femminili straniere come Femmes d'Ajourd'hui, Marie Claire, Elle, Vanity Fair, Vogue, anche se scovarle era una vera impresa." (...I consumed the foreign female magazines such as Femmes d'Ajourd'hui, Marie Claire, Elle, Vanity Fair, Vogue, even though it was a whole adventure finding them.)[14]

> 2. "Alla fine mi sono ispirata a James Bond, pensando di installare una piccola telecamera nascosta nell'ascensore per scoprire il colpevole." (At the end, I got inspired by James Bond, and had idea to install a small camera in the elevator to find the guilty one.)[15]

> 3. "È inutile parlare con lei su un argomento dove non si citi un cane o Hitchcock o Agatha Christie, Colombo o Derrick, Montalbano o Poirot." (It's useless to speak with her about topics that not include a dog or Hitchcock or Agatha Christie, Colombo, Montalbano or Poirot.)[16]

---

[14] Amara Lakhous, *Divorzio all'islamica a viale Marconi*, 35.
[15] Amara Lakhous, *Scontro di civiltà per un ascensore a Piazza Vittorio*, 34.
[16] Amara Lakhous, *Scontro di civiltà per un ascensore a Piazza Vittorio*, 61.

4. "Noi siamo in guerra, una guerra contro il terrore War on Terror, come dicono i nostri alleati americani." (We are at war, a war against terror, a War on Terror, as our American allies say.)[17]

In this set of citations, Lakhous offers the reader a global context to think about the local concepts.[18] In the first citation, we hear the voice of the veiled Islamic woman, Sofia and how she engages in her 'dirty' pleasure of female women's magazines. This action underscores her feminist nature, which in the end surprisingly blows up in the reader's face. By citing global magazines instead of just Italian, Sofia demonstrates a broader sense of her feminist nature and as such, knowledge. The second and third citations are significant because the reader observes the auto-reference of genres, or the allusion of other figures of the *giallo* genre, in this case from an international perspective. This allusion is not an accident for Lakhous, in fact, auto-reference of genre is very common in the *giallo* genre and demonstrates his awareness of this narrative style. In this particular passage, he emphasizes his outside knowledge of the field, referencing other languages, cultures, and medium related to the *giallo*, which in turn diminishes the tone of his own Arabic accent. The last citation is one rather familiar to a North America reader, especially from the USA, since it has become part of our daily lives. Lakhous however is satirizing the phrase, principally the dear associated with terror, as he does with the concept throughout the entire novel.

---

[17] Amara Lakhous, *Divorzio all'islamica a viale Marconi*, 21. The concept of the 'War on Terror' however permeates the entire novel. The last reference to it is made on the final page of the novel (186).

[18] These citations have been examined by Jovana Karanikic in a general fashion in her piece entitled "The Italian Literature of Immigration as a Cultural Crossroad The Significance of Realia and Onomastic Elements in the". In this piece, I analyze each citation individually and from a literary and cultural studies perspective.

It seems pertinent to conclude this section of the piece speaking to his cinematic references. Lakhous views his literature in a similar way as Pietro Germi defined his films. In a recent interview I conducted with Lakhous he said:

> Fellini ha inoltre lavorato con Germi: cioè tutte le sceneggiature gliele ha fatte lui. Il neorealismo dice che possiamo fare un cinema diverso, invece di usare Cinecittà possiamo mettere la telecamera per strada. È quello che ho fatto io, che mi permette di scrivere i miei romanzi. Io vado in un quartiere, tipo San Salvario, Viale Marconi, e invece di mettere la telecamera metto me stesso e i miei occhi. Comincio a raccontare, e quindi il mio è neorealismo. Non mi interessano i grandi personaggi, mi interessano i personaggi semplici.
>
> Allora io ho cercato di spiegare a questo festival le mie referenze, che sono italiane. Il cinema italiano è per me fondamentale. *Divorzio all'islamica a Viale Marconi* non può essere realmente capito senza due riferimenti: *Divorzio all'italiana,* ma questo è scontato fin già nel titolo, e *Sedotta e abbandonata,* dove si parla della verginità, della visione della donna.

First and foremost, Lakhous shares an artistic philosophy with Italian cinema, both from the Neorealist and Comedy Italian Style periods. Fundamental for his works, he is interested in representing groups who need representation, just as in the Neorealist years. Yet, he simultaneously intertwines satire to grab the reader's attention and offer a commentary on the current state of affairs.

The reader is first exposed to this mentality in *Scontro di civiltà* with the Dutch character Johan, who comes to Italy to study and make films. This is how he meets Amedeo and how they become friends. Johan wants to make a documentary film about the residents of Piazza Vittorio and asks Amedeo to help convince everyone. In fact, he claims "Sei la nuova Anna Magnani!" (You are the new Anna Magnani!) to Benedetta, ironically both complimenting and insulting her, as she is Neapolitan but is drawn to Magnani's beauty and allure. The reference to Magnani however is noteworthy because of her nickname as "La Lupa" or the "perennial toast of Rome." In addition, there are various references to Italian cinema within the text, including neorealism and discussions of particular Italian actors and actresses, for example, Marcello Mastroianni is mentioned several times.

As already cited by Lakhous himself, the title of *Divorzio all'islamica a viale Marconi* is a clear reference to Pietro Germi's film. The character of Sofia continually plays with this concept throughout the novel since in Islam a couple is divorced after a husband says it three times. In addition however to Germi, Lakhous cites a wide range of cinema and media people. When Sofia describes the circumcision of the sister, the removing of the clitoris, she recalls *La ciociara* with Sophia Loren, particularly the scene in which her and her daughter are raped in the abandoned church. He also cites Fellini, and when describing the language of an employee at Little Cairo, the protagonist Issa states: "I'm very impressed by the way he speaks: in a very pure Roman dialect, just like the street kids played by Carlo Verdone." Therefore, the use of his Italian cinematic knowledge underscores the level in which he is truly integrated into Italian society.

Bridging culture from the cinematic to the literary, the fourth critical aspect regarding the novels' uniqueness is its characterization, which is clearly noted before you even enter his works.[19] The cover of the novels create a characterization in themselves: for *Scontro di civiltà per un ascensore a Piazza Vittorio* you have six characters with names and nationalities, except for Amedeo's of

---

[19] Lakhous works with the same artist for all of his novels. See Ryan Calabretta-Sajder, "Amara Lakhous: da scrittore a rivoluzionario del giallo" forthcoming in *Italica* for a more detailed response regarding his relationship with the designer.

course, while for *Divorzio all'islamica a viale Marconi* you have the double names of all the characters. In a typical *giallo* or *romanziere policier*, the reader immediately meets the cop and the robber. This style is particularly true with the works of Sciascia, who considered his literature the *anti-giallo* because justice was never served; the plot revolved solely around the chase. In a certain regard, Lakhous' interest in people, society, culture and how all three interact shares a similar feeling with that of Sciascia, both through his works and his cultural presence in Italian society. It is of little surprise then that *Scontro di civiltà per un ascensore a Piazza Vittorio* opens with Sciascia's quotation: <<La verità è nel condo di un pozzo: lei guards in un pozzo e vede il sole o la luna; ma se si butta giù non c'è più nè sole nè luna, c'è la verità>> (from *Il giorno della civetta*).

In *Scontro di civiltà per un ascensore a Piazza Vittorio,* the exact opposite is true; the narration is not linear or chronological and relies on the circular nature each character assumes. Instead of opening with the death of Lorenzo Manfredini, known as "il gladiatore," which follows the traditional *giallo* style, Lakhous' novel introduces each individual character through a monologue as they comment on role of the assassination and Amedeo's role in it. Manfredini, the victim, does not have a chapter describing him nor does Amedeo. Mauro Bettarini, the police officer is not introduced at all, but offers his two interpretations of the crime in the penultimate chapter, the first one being absolutely incorrect. Therefore, Lakhous has changed the concept of characterization from that of the traditional *giallo*; there is much more focus on sociology and psychology than on the police arrest; the chase does not exist. Robert Rushing in his piece entitled *Resisting Arrest*, defines the *giallo* cross-culturally as this push and pull aimed at getting the bad guy and serving justice. Lakhous' conception of justice supersedes placing a man behind bars. He aims to demonstrate or even remind the reader of his/her predisposed prejudices and to recall the dignity and humanity of every man.

Although no formal chapter is dedicated to Amedeo, the reader hears his voice and experiences his perspective in between chapters entitled 'wailing' in English or 'urlo' in the Italian version. These chapters are unique because they create an interesting twist to the narration. The wailing chapters are presented as a series of facts recorded in diary format. Each entry has a date and time. Often present in the *giallo* narrative, the reader is exposed to two varying perspectives, as such, it proves difficult to decipher the truth. Lakhous, on the contrary, imposes a diverse narrative structure with the series of monologues by each character; the wailing chapters also lack a reliable tone, even thought they are dated. Throughout the text therefore, the reader is unable to completely rely on the narrative voice of these pieces so he cannot accept their diary nature until the end. The diary serves to demonstrate the reality of the tale while the characters are in fact the unreliable voices. Simultaneously however, this diary is the closest example present of a 'chase' or at least a log of sorts.

As a diary, the wailing chapters go beyond a typical characteristic of the *giallo*. These interlocutory chapters chart a distant process of awakening/change/identification with Rome. As these chapters progress, the howling intensifies and by the end of the piece, although the truth about Amedeo's identity does indeed become public, he himself has never felt more *romano* and in fact by the end of the novel, he becomes the incarnate Romulus and Remus, the symbols of Rome.

Divorzio all'islamica a viale Marconi has a different organizational structure. In this work, the chapters alternate narrative voices from Issa to Sofia, offering only two perspectives, which at times seem contradictory. The titles used for the chapters reflect the adopted/fake identities of the characters: Issa is really Christian and Sofia is Safia. Additionally, there is no crime or death –

only the 'imaginary' threat of one. Although Sofia is supposedly the criminal, we learn in the end that she is not. This change of events throws the entire traditional *giallo* upside down. In fact, Lakhous states:

> I miei gialli non sono però gialli classici; nei miei romanzi importa veramente poco chi è l'assassino. Il mio obiettivo è di usare la storia per parlare del contesto: lo scontro di civiltà, la vita quotidiana. La questione principale non è capire chi ha ucciso "Il gladiatore", ma capire le storie di quelli che abitano nel palazzo, e capire come fanno questi personaggi così diversi a vivere così vicini.
>
> Nel giallo classico la causa di un omicidio è qualcosa d'importante. Per esempio, l'omicidio è avvenuto per vendetta, perché la vittima gli ha ucciso il padre, la madre, e così via. Nel mio romanzo il movente è l'uccisione del cagnolino, quindi già è commedia. In *Divorzio all'islamica in viale Marconi* non c'è un finale in realtà, ma è tutta una commedia dentro la commedia e quindi per me si tratta di un giallo comico. Ho preso la commedia all'italiana, il giallo e ho mescolato per creare questa complicità con il lettore.[20]

The fake nature of the hunt itself puts into question Lakhous' traditional influencers, to some point, yet he retains enough of the traditional characteristics to at the very least be compared to others. In the end, Issa is not duped by the bad guy, but by his boss. Therefore, it seems difficult in this reading to argue Lakhous' comparative nature to other Italian *giallo* authors even though other critics have. For example, some scholars have compared him to Carlo Emilio Gadda, including Mahmoud Jaran in his latest article "Due gialli a Roma tra via Merulana e Piazza Vittorio: Gadda

---

[20] Ryan Calabretta-Sajder, "Amara Lakhous: da scrittore a rivoluzionario del giallo" forthcoming with *Italica*.

e Lakhous a confronto." Although Jaran does indeed evidence his point well through the evidence chosen, I retain that Lakhous may allude or cite the noteworthy Gadda, and even though he adopts a Rome similar to Gadda, his narrative voice remains unique in numerous ways.

To conclude Lakhous' role in the Italian literary canon, the novelist's use of place and space, language, culture, and structure, demonstrates that he has lost his Arabic accent, or at the very least has mastered the Italian language and culture so that he choses whether or not, or maybe when to utilize it. As I have evidenced, with the help of other secondary texts, Lakhous knows his way around both Italian cinema and literature more than well enough to completely incorporate, and even cite at times, masters from the Italian canon. Moreover, his own personal voice flows from the text and when examined as a whole, it is clear that Lakhous has either lost or suppressed the Arabic accent from 1995 and has fully integrated into Italian society, in these two novels in particular that of Rome.

Works Cited

Brogi, Daniela. "Le catene dell'identità. Conversazione con Amara Lakhous." *Between*, 1:1 (Maggio/May 2011).

Esposito, Clauda. "Literature is Language: An Interview with Amara Lakhous." *Journal of Postcolonial Writing*, 48:4, 418-430.

Giordano, Paolo A. and Anthony Julian Tamburri. *Beyond the Margins: Reading Italian Americana*. Fairleigh Dickinson: Fairleigh Dickinson UP, 2007.

Horn, Vera. "Assaporare la tradizione: Cibo, identità, e senso di appartenenza nella letteratura migrante." *Revista de italianistica*, 19-20 (2010), 155-173.

Jaran, Mahmoud. "Due gialli a Roma tra via Merulana e Piazza Vittorio: Gadda e Lakhous a confronto." *Quaderni d'italianistica*, 35:2, (2014), 193-213.

Lakhous, Amara. *Scontro di civiltà per un ascensore a Piazza Vittorio*. Roma: Edizioni e/o, 2006.

____. *Divorzio all'islamica a viale Marconi.* Roma: Edizioni e/o, 2010.
Mari, Lorenzo and Polina Shvanyukova. "Linguistic Encounters Now and Then: Amara Lakhous and Tahar Lamri Engage in the Debate on (Dis)United Italy." *Carte Italiane,* 2:8 (2012).
Naficy, Hamid. *An Accented Cinema: Exilic and Diasporic Filmmaking.* Princeton: Princeton UP, 2001.
Rushing, Robert. *Resisting Arrest: Detective Fiction and Popular Culture.* New York: Other Press, 2007.
Wilson, Rita. "Cultural Mediation through Translingual Narrative." *Target: International Journal on Translation Studies,* 23:2, 2011. 235-250.

Works Consulted

Biorci, Grazia. "L'uso della metafora nella 'letteratura migrante.' Il case study dei romanzi di Amara Lakhous. *Rivista dell'Istituto di Storia dell'Europa Mediterranea,* 9 (dicembre 2012), 113-131.
____."Metafore e nuove visioni nella letteratura della migrazione in italiano." *La Libellula,* N. 5 (Dicembre 2013), 69-79.
Gjurcinova, Anastasija. "Translation and Self-Translation in Today's (Im)migration Literature." *Comparative Literature and Culture,* 15:7 (2013).
Groppaldi, Andrea. "La lingua della letteratura migrante: Identità italiana e maghrebina nei romanzi di Amara Lakhous." *Italiano LinguaDue* N. 2, 2012.
Karanikic, Jovana. "The Italian Literature of Immigration as a Cultural Crossroad. The Significance of Realia and Onomastic Elements in the." http://eprints.ugd.edu.mk/7793/6/__ugd.edu.mk_private_UserFiles_jovana.karanikik_Documents_Jovana%20Karanikic_Kulture%20u%20Dijalogu.pdf. 22 March 2016.
Ruta, Suzanne. "Humor Is an Instrument of Combat: A Conversation with Amara Lakhous." *World Literature Today,* 82:5 (Sept.-Oct. 2008), 14-17.

INDEX

AA VV [Arci Solidarietà Onlus]. 120, 124, 126-7, 131-3
Achaari, Mohammed. 13
Adamo, Giuliana. 104, 117
al-Qays, Imrú. 279
Alabbar, Ayad. 282-3
Alcaro, Mario. 289
Alfieri, Luigi. 1, 14
Aligheri, Dante. 103, 135, 284, 288
Alfonzetti, Beatrice. 69, 70
Altamura, Alberto. 199, 202
Alvaro, Corrado. 58, 286
Amari, Michele. 84, 90
Ambroise, Claude. 109, 117
Ampolo, Carmine. 136
An Na'Im, Abdullahi. 47
Andò, Salvatore. 1
Annovi, Gian Maria. 202
Antonello, Pierpaolo. 276
Anzaldúa, Gloria. 152-4, 157
Arabī, Ibn. 279
Ariosto, Ludovico. 284, 288
Arnim, Achim von. 122, 133
Attanasio, Maria. 114, 116-7
Averroè [Ibn Rushd]. 279
Avolio, Corrado. 207, 217

Bachtin, Michail. 90, 93
Baldacci, Luigi. 57, 70
Barnes, John C. 69-70
Bàrberi Squarotti, Giorgio. 69-70
Barringer, Judith M. 222
Bashō. 279
Baudelaire, Charles. 284

Bauman, Zygmunt. 111
Barea, Arturo. 150-1, 158
Bemporad. 52, 62
Ben Ali, Zine El Abidine. 24
Benini, Stefania. 266
Bennis, Mohammed. 276, 278-9, 290
Berna, Clara. 121, 133
Bianconi, Lorenzo. 50, 70
bin Laden, Osama. 37, 40-1
Biorci, Grazia.
Bisicchia, Andrea. 70
Bizet, Georges. 122
Boardman, John. 224
Boccaccio, Giovanni. 73-9, 82
Boiardo, Matteo Maria. 121
Bollettieri Bosinelli, Rosa Maria. 164, 187-8
Bombara, Daniela. 48
Bonavita, Lucilla. 73
Bondanella, Peter. 159, 161, 165, 187
Bondavalli, Simona. 276
Bonnet, Corinne. 222
Borelli, Gian Battista. 121, 133
Borgna, Gianni. 193
Borsellino, Paolo. 115
Bouchard, Norma. 81, 93, 110, 117
Bowman, Jeff S. 222, 227
Bradley, Keith. 228
Brahms, Johannes. 122
Brancati, Vitaliano. 102
Branciforte, Suzanne. 164, 187

Braudel, Fernard. 2, 81-2, 232, 280, 283, 290
Brogi, Daniela.
Bruni, Pierfranco. 284, 290
Bucaria. 185
Bufalino, Gesualdo. 55-6, 71, 102, 104, 111, 117-8
Bush, George W. 5, 36, 40
Butler, Judith. 139

Cacciari, Massimo. 105, 117, 194, 202
Calabretta-Sajder, Ryan. 292
Calvino, Giuseppe Marco. 212
Calvino, Italo. 284, 290
Cambi, Franco. 49-50, 70
Camilleri, Andrea. 102
Camilleri, Salvatore. 214, 217-9
Camus, Albert. 94-9, 101, 282
Canadé Sautemn, Francesca. 163, 187
Canale Cama, Francesca. 283, 290
Cantaro, Antonio. 12, 47
Caprin, Giulio. 288
Caracciolo, Lucio. 47
Cárdenas, Lázaro. 147
Carrol, Susanne. 171, 188
Casillo, Robert. 159, 164, 187
Cassano, Franco. 81, 281, 290
Casson, Lionel. 222, 230, 232
Cauti, Camille. 164, 187
Cavallo, Guglielmo. 227
Cecchi, Alberto. 287
Celletti, Rodolfo. 51, 65-66
Centre, Levy. 126, 134
Cernuda, Luis. 149

Cervantes, Miguel de. 82, 121, 133
Cesareo, Giovanni. Alfredo. 217
Chaplin, Charlie. 259
Chatzòpoulos, Kostas. 285
Chaume, Federico. 172, 187
Cherubini, Francesco. 57, 70
Ciccarelli, Andrea. 93, 105, 116-7
Cinotto, Simone. 164, 187
Cipolla, Gaetano. 152, 205, 209-10
Clair, René. 259
Claudel, Paul. 279, 290
Claudio [Claudius]. 147, 229
Claypole, Onat. 212
Clerici, Fabrizio. 90
Cocchiara, Giuseppe. 74, 79
Coleridge, Samuel. 284
Consolo, Vincenzo. 81-93, 102-18
Coppola, Francis Ford. 163, 187
Cordelli, Franco. 63, 70
Cossetto, Milena. 121, 133
Cozannet, François. 133

D'Alessio, Giovan Batista. 221
D'Amico, Fedele. 65, 70
Dainotto, Roberto.
Dalì, Salvador. 283
Danti, Luca. 50, 53, 54, 70
Darwish, Mahmoud. 99
De Angelis, Vanna. 50, 70
de Biase, Luca. 138
De Carolis, Luciano. 276
De Crescenzo, Assunta. 277, 282-3, 285-6, 290
de Gaulle, Charles. 18

De Gennaro, Rossana. 200, 202
De Giusti, Luciano. 270
De Santis, Giuseppe. 246-57
De Stefano, George. 158, 169, 1887
Delli Quadri, Rosa M. 283, 290
Derrida, Jacques. 55, 70
Deschamps, Emile. 59
Di Giovanni, Elena. 187
di Lampedusa, Tomasi. 102, 106-7, 118
Diamanti, Ilvo. 140
Dietz, Maribel. 231
Dimartino, Tania. 55-6, 71
Dinale, Rita. 234-5
Donzelli, Maria. 279, 290
Duflot, Jean. 276
Dunbabin, T. J. 224
Durante, Francesco. 237
Dvořák, Antonín. 122

Eisenstadt, Shmuel. 28
El Houssi, Leila. 47
Eliot, Thomas Stearns. 280, 284
Erasmo [Erasmus]. 92
Esposito, Jennifer. 160, 173

Farruggia, Elena. 121, 133
Feagin. 178
Fedi, Francesca. 206
Felici, Lucio. 278, 290
Ferrero, Adelio. 276
Ferroni, Giulio. 197, 202
Foscolo, Ugo. 209
Fouad Allam, Khaled. 47
Francese, Joseph. 110, 115, 117
Frollo, Claude. 122

Fruhbeck Moreno, Carlos Isidro. 154, 157

Gallo, Cinzia. 81
Gambino, Richard. 169
Garcia Lorca, Federico. 98, 284
Gardaphé, Fred. 159, 187
Garito, Ken. 173
Gazzara, Ben. 160
Germi, Pietro. 306, 310-1
Ghachem, Moncef. 281-2
Ghalioun, Bhuran. 47
Giordano, Paolo. 295, 315
Giudice, Gaspare. 287, 290
Gjurcinova, Anastasija. 316
Gnisci, Armando. 295
Goethe, Johann Wolfgang von. 121, 134, 206
Goldin Folena, Daniela. 49
González de Garay, María Teresa. 148-9, 157
Gramley, Stephen. 178, 187
Gramsci, Antonio. 260, 265-6, 271, 275
Grazia, Maria. 253-5
Gregory, Michael. 171, 188
Grilli, Giuseppe. 145, 147, 157
Groppaldi. Andrea. 316
Gryparis, Ioannis. 284-5
Guarracino, Scipione. 280-1, 290
Guasconi, Maria Eleonora. 47
Gubayr, Ibn. 90
Guerra, Saverio. 173
Guidantoni, Ilaria. 94
Guillén, Claudio. 147

Haller, Hermann. 174

Himmish, Ben Salem. 13
Henry, Madeleine M. 228
Hobsbawm, Eric J. 157
Hoexter, Miriam. 28
Holland, Francois. 201
Horn, Vera. 315
Horne, James W. 122
Hugo, Victor. 122, 134

Imperioli, Michael. 173
Inglese, Mario. 102

Jaran, Mahmoud. 315
Joyce, James. 103
Jung, Carl Gustav. 277-8, 290

Kahn, Harry. 67
Kammerer, Peter. 190, 202
Kant, Immanuel. 279
Karanikic, Jovana. 316
Kavafis, Costantino. 98, 284-5
Kirtatas, D.J. 228
Kline, Kevin. 165
Knapp, A. Bernard. 227
Köhler, Erich. 75, 79
Kuelzer, Andreas. 232
Kusturica, Emir. 122

La Paglia, Anthony. 173
La Rocca, Aristide. 282-3, 285-6, 290
Lakhous, Amara. 292-316
Lalor, Doireann. 69, 71
Latouche, Serge. 200, 202
Làudani, Maria. 119
Laurel [Stan] and Hardy [Oliver]. 122
Lavagetto, Mario. 49, 71

Lazagna, Carla e Pietro. 261
Le Goff, Jacques. 76, 120, 134
Lee, Spike. 159-189
Leguizamo, John. 160
Lejeune, Philippe. 104, 117
Leone. 181
Leonetti, Francesca. 150, 157
Leopardi, Giacomo. 207, 241, 278, 287-8
Lévinas, Emmanuel. 105, 118, 137
Levtzion, Nehemia. 28
Lippi-Green, Rosina. 172, 188
Llovet, Esther García. 154, 157
Lo Russo, Salvatore. 122, 134
Lollini, Massimo. 81, 85-6, 93, 105, 112, 118
Loren, Sophia. 311
Luperini, Romano. 83, 93

Macchi, Alfredo. 139
Machiavelli, Niccolò. 288
Macrides, Ruth. 232
Magrelli, Enrico. 276
Malinverno, Lisa. 185
Mangano, Mauro. 135
Manzoni, Alessandro. 49, 288
Marcel, Gabriel. 59, 137
Marconi. Clemente. 222
Mari, Lorenzo. 316
Marin, Biagio. 284, 290
Márquez, Gabriel García. 122
Marsili Antonetti, Renata. 286, 290
Martin, Dean. 165
Martinez, Gioacchino. 115

Mastrogiacomo, Daniele. 194, 202
Mazzara, Federica. 295
McInerney, Jeremy. 222
Meli, Giovanni. 203-19
Mellace, Raffaele. 69, 71
Menduni, Enrico. 193
Mérimée, Prosper. 122, 134
Messina Fajardo, Luisa A. 141
Messina Fajardo, Trinis Antonietta. 157
Metz, Christian. 259
Meyerbeer, Giacomo. 53, 58-9
Mihăileanu, Radu. 122
Minardi, Giovanna. 153-4, 157
Miranda, Francisco de. 155, 157
Modica, Giuseppe. 278, 290
Montale, Eugenio. 284
Morello, Monte. 78
Moreno, Carlos Fruhbeck. 154, 157
Mozart, Wolfgang Amadeus. 122
Mubarak, Hosni. 10-1, 24
Mussgnug, Florian. 276
Musumarra, Carmelo. 207, 209

Naficy, Hamid. 292, 296, 316
Narciso, Loredana. 119-20, 134
Narducci, Emanuele. 137
Nascarella, Arthur. 173
Natoli, Salvatore. 277, 291
Neruda, Pablo. 284
Nicastro, Guido. 55, 60, 69, 71
Nietzsche, Friedrich. 279
Nikas, Costantino. 285
Nussbaum, Martha C. 284, 291

O'Conell, Darah. 104, 118
O'Mawe, Catherine. 104-5
Obama, Barack. 40
Oddo, Maurizio. 154, 157
Omero [Homer]. 118, 279, 284
Ong, Walter. 244
Ovidio [Ovid]. 149, 229

Pagano, Tullio. 104, 118
Palagonia, Al. 173,
Pamies Bertrán, Antonio. 148, 157
Pàmies, Teresa. 147, 157
Panizzi, Andrea. 276
Paolinelli, Mario. 185
Papotti, Davide. 88, 93
Parini, Ilaria. 159
Pasolini, Pier Paolo. 87, 91, 94, 98, 109, 118, 140, 190-202, 258-76
Pätzold, Kurt Michael. 178, 187
Pavesi, Maria. 171, 185, 188
Pescatore, Guglielmo. 259
Piasere, Leonardo. 121, 127
Picardo, Gerardo. 284, 290
Piccitto, Giorgio. 212, 215-6
Pio XII. 262-3
Pirandello, Luigi. 52-72, 83, 102, 106-7, 117, 286-91
Pietrini, Sandra. 66, 71
Platone [Plato]. 228
Plutarco. 149
Pontiggia, Giuseppe. 284, 291
Ponza, Michele. 57, 71
Portinari, Folco. 49, 51, 71
Privitera, Daniela. 146, 157-8, 190

Pullara, Giovanni. 215
Pupo, Ivan. 288, 291
Purpura, Michele. 206
Pushkin, Alexandr. 122

Quirico, Domenico. 47

Raimondi, Ezio. 216
Rashîq, Ibn. 88
Reich, Jacqueline. 168, 188
Rehfues, Filippo Giacomo. 215
Remotti, Francesco. 238,
Remotti, Maria Luisa. 238
Renoir, Jean. 259
Ricœur, Paul. 116, 118, 137
Rimbaud, Arthur.
Riolo, Salvatore. 203
Rispoli, Michael. 173
Rivera, Annamaria. 47
* Rizzarelli, Maria. 197, 202
Romano, Marco. 135
Rosselli, John. 65, 71
Rousseau, Jean-Jacques. 279
Rushdie, Salman. 201
Rushing, Robert. 312, 316
Ruta, Suzanne. 316

Salmon, Christian. 194-5, 202
Salmon Kowarski, Laura. 172-3, 188
Salvetti, Guido. 71
Sapienza, Annamaria. 51, 72
Sautman, Canadè. 163
Scalambrino, Marco. 210
Scalia, Rosario Giovanni. 151, 158, 220

Sciascia, Leonardo. 86, 102-4, 106-7, 109, 116-7
Scorsese, Martin. 163-4
Scribe, Eugene. 59
Seferis, Giorgio. 284-5
Segre, Cesare. 259
Sénac, Jean. 94-101
Seneca. 146, 229
Settembre, Marco. 193, 202
Shvanyukova, Polina. 316
Sigona, Nando. 127, 134
Silvestri, Lucia. 253
Sinatra, Frank. 165
Sinopoli, Francesca. 295
Siti, Walter. 193, 201-2, 275-6
Soldani, Simonetta. 48, 51, 72
Soja, Edward. 88, 93
Sorvino, Mira. 160, 173
Soustre De Condat, Daniell. 120, 134
Spada, Silvia. 121, 133
Spinelli, Alexian Santino. 128, 134
Stammerjohann, Harro. 48, 71-2
Starr, Joshua. 119, 134

Tamburri, Anthony Julian. 164, 187-9, 234, 290, 295, 315
Tarantina, Brian. 173
Tarchiani, Alberto. 237-8
Tasso, Torquato. 284
Taylor, Christopher. 171-2, 188
Tedeschi, Rubens. 63, 68, 72
Tempio, Domenico. 212, 269
Todorov, Tzvetan. 76, 80
Tolstoj, Lev. 272
Torresi, Ira. 159, 164, 187-9

Travolta, John. 165
Turchetta, Gianni. 110, 113
Turrini, Mauro. 120, 124, 134
Tusiani, Joseph. 236

Ungaretti, Guiseppe. 260
Urošević, Vlada. 284

Vaccaro, Salvo. 47
Valentino, Rudolph. 165
Valéry, Paul. 284
van Gennep, Arnold. 238-9
Vaux De Foletier, François de. 120, 123, 134
Vázquez, Adolfo Sánchez. 148
Verdi, Giuseppe. 48, 53, 55
Verga, Giovanni. 65-6, 72, 103-4, 106-7, 118, 287-8
Verne, Jules. 284
Vitti, Antonio C. ix-x, 248, 252, 258, 290
Vitti-Alexander, Maria Rosaria. 246

Wilson, Rita. 293, 296, 304, 316

Yacine, Kateb. 97

Zabagli, Franco. 275
Zagarrio, Vito. 160, 169, 189
Zago, Nunzio. 104, 117
Zambrano, María. 149
Zappulla Muscarà, Sarah. 288, 291
Zarcone, Salvo. 206, 212
Zumthor, Paul. 76, 80

SAGGISTICA

Taking its name from the Italian—which means essays, essay writing, or non-fiction—*Saggisitca* is a referred book series dedicated to the study of all topics and cultural productions that fall under what we might consider that larger umbrella of all things Italian and Italian/American.

Vito Zagarrio
The "Un-Happy Ending": Re-viewing The Cinema of Frank Capra. 2011. ISBN 978-1-59954-005-4. Volume 1.
Paolo A. Giordano, Editor
The Hyphenate Writer and The Legacy of Exile. 2010. ISBN 978-1-59954-007-8. Volume 2.
Dennis Barone
America / Trattabili. 2011. ISBN 978-1-59954-018-4. Volume 3.
Fred L. Gardaphè
The Art of Reading Italian Americana. 2011. ISBN 978-1-59954-019-1. Volume 4.
Anthony Julian Tamburri
Re-viewing Italian Americana: Generalities and Specificities on Cinema. 2011. ISBN 978-1-59954-020-7. Volume 5.
Sheryl Lynn Postman
An Italian Writer's Journey through American Realities: Giose Rimanelli's English Novels. "The most tormented decade of America: the 60s" ISBN 978-1-59954-034-4. Volume 6.
Luigi Fontanella
Migrating Words: Italian Writers in the United States. 2012. ISBN 978-1-59954-041-2. Volume 7.
Peter Covino & Dennis Barone, Editors
Essays on Italian American Literature and Culture. 2012. ISBN 978-1-59954-035-1. Volume 8.
Gianfranco Viesti
Italy at the Crossroads. 2012. ISBN 978-1-59954-071-9. Volume 9.
Peter Carravetta, Editor
Discourse Boundary Creation (LOGOS TOPOS POIESIS): A Festschrift in Honor of Paolo Valesio. ISBN 978-1-59954-036-8. Volume 10.
Antonio Vitti and Anthony Julian Tamburri, Editors
Europe, Italy, and the Mediterranean. ISBN 978-1-59954-073-3. Volume 11.
Vincenzo Scotti
Pax Mafiosa or War: Twenty Years after the Palermo Massacres. 2012. ISBN 978-1-59954-074-0. Volume 12.

Anthony Julian Tamburri, Editor
Meditations on Identity. Meditazioni su identità. ISBN 978-1-59954-082-5. Volume 13.

Peter Carravetta, Editor
Theater of the Mind, Stage of History. A Festschrift in Honor of Mario Mignone. ISBN 978-1-59954-083-2. Volume 14.

Lorenzo Del Boca
Italy's Lies. Debunking History's Lies So That Italy Might Become A "Normal Country". ISBN 978-1-59954-084-9. Volume 15.

George Guida
Spectacles of Themselves. Essays in Italian American Popular Culture and Literature. ISBN 978-1-59954-090-0. Volume 16.

Antonio Vitti and Anthony Julian Tamburri, Editors
Mare Nostrum: prospettive di un dialogo tra alterità e mediterraneità. ISBN 978-1-59954-100-6. Volume 17.

Patrizia Salvetti
Rope and Soap. Lynchings of Italians in the United States. ISBN 978-1-59954-101-3. Volume 18.

Sheryl Lynn Postman and Anthony Julian Tamburri, Editors
Re-reading Rimanelli in America: Six Decades in the United States. ISBN 978-1-59954-102-0. Volume 19.

Pasquale Verdicchio
Bound by Distance. Rethinking Nationalism Through the Italian Diaspora. ISBN 978-1-59954-103-7. Volume 20.

Peter Carravetta
After Identity. Migration, Critique, Italian American Culture. ISBN 978-1-59954-072-6. Volume 21.

www.ingramcontent.com/pod-product-compliance
Lightning Source LLC
Chambersburg PA
CBHW032056230426
43662CB00035B/424